2015年版

电网技术改造工程预算定额

第一册　建筑修缮工程（上册）

国家能源局　发布

图书在版编目（CIP）数据

电网技术改造工程预算定额：2015 年版. 第 1 册，建筑修缮工程：全 2 册/国家能源局发布. —北京：中国电力出版社，2015.10（2016.7 重印）

ISBN 978-7-5123-8424-8

Ⅰ. ①电… Ⅱ. ①国… Ⅲ. ①电力系统－技术改造－预算定额－中国②建筑工程－技术改造－预算定额－中国 Ⅳ. ①F426.61

中国版本图书馆 CIP 数据核字（2015）第 237425 号

电网技术改造工程预算定额（2015 年版）　第一册　建筑修缮工程（上册）

中国电力出版社出版、发行　　航远印刷有限公司印刷　　各地新华书店经售

（北京市东城区北京站西街 19 号　100005　http://www.cepp.sgcc.com.cn）

2015 年 10 月第一版　　2016 年 7 月北京第三次印刷　　印数 10001—12000 册

850 毫米×1168 毫米　横 32 开本　31 印张　　809 千字　　定价 **220.00** 元（上、下册）

国家能源局关于颁布《电网技术改造工程定额及费用计算规定》（2015年版）和《电网检修工程定额及费用计算规定》（2015年版）的通知

国能电力〔2015〕270号

各有关单位：

为适应电网检修、技改工程快速发展的需要，科学反映其物料消耗及其市场价格变化情况，合理确定和有效控制电网检修、技改工程造价水平，规范电网检修、技改工程投资行为，维护各参与方合法权益，我局委托中国电力企业联合会组织编制完成《电网技术改造工程定额及费用计算规定》（2015年版）和《电网检修工程定额及费用计算规定》（2015年版）。现印发你们，请遵照执行。

附件：1．电网技术改造工程预算编制与计算规定

2．电网技术改造工程概算定额（建筑修缮工程、电气工程、通信工程共3册）

3．电网技术改造工程预算定额（建筑修缮工程、电气工程、输电线路工程、通信工程、调试工程共 5 册）
4．电网拆除工程预算定额（电气工程、输电线路工程、通信工程共 3 册）
5．电网检修工程预算编制与计算规定
6．电网检修工程预算定额（电气工程、输电线路工程、调试工程、通信工程共 4 册）

国家能源局（印）

2015 年 7 月 15 日

总 说 明

一、电网技术改造工程预算定额（2015 年版）一套共 5 册，包括:

第一册　建筑修缮工程（上、下册）　　第二册　电气工程

第三册　输电线路工程　　第四册　调试工程

第五册　通信工程

二、本册为第一册《建筑修缮工程　上册》(以下简称本定额)，本定额适用于 1000kV 及以下电网、±800kV 及以下换流站、通信站、串补站的检修、技术改造工程。上述工程以外的项目可以参照执行。本定额不适用于新建、扩建工程。

三、本定额是编制工程概算的依据，也是编制最高投标限价、投标报价和工程结算的基础依据。

四、本定额是根据国家和有关主管部门颁发的技术规定、规范，施工质量检验及评定标准编制的。

（一）所依据的主要规程、规范

1. DL/T 5210.1—2005　电力建设施工质量验收及评定规程　第 1 部分: 土建工程。

2. DL 5009.3—2013　电力建设安全工作规程　第 3 部分: 变电站。

3. 现行有关变电工程建筑、结构、装饰、水工建筑、水工结构等设计规范。

4. 现行有关建筑工程的设计、施工、质量、安全、环保等规程与规范。

（二）主要的技术标准

1. 国电电源［2002］786 号　电力建设工程施工技术管理导则。

2. LD/T 72.1～11—2008　建设工程劳动定额　建筑工程。

3. 中电建协［2009］44号　中国电力建设工法汇编。

4. 电力建设工程工期定额（2012年版）。

五、本定额是在正常的自然条件、环境条件下，按照电网检修或技改工程合理的施工组织设计、合理的施工机械配备，选择常用的施工方法与施工工艺，并考虑了建筑与安装在合理交叉作业条件下进行编制的。定额中的人工、材料、施工机械消耗量反映了电力建设行业建筑施工技术与管理水平，代表着电力行业社会平均生产力水平。除定额规定可以调整或换算外，不得因具体工程实际施工组织、施工方法、劳动力组织与水平、材料消耗种类与数量、施工机械规格与配置等不同而调整定额。

六、消耗量的确定和价格的取定

（一）人工

1. 本额定人工工日是根据全国统一劳动定额为基础，按照八小时工作制计算。人工等级分普通工（简称“普工”）和技术工（简称“技工”），人工消耗量包括基本用工、超运距用工、人工幅度差、辅助用工，不分工种以工日表示。

2. 本定额人工工日消耗量是按照正常合理的劳动力组织、劳动效率确定的，包括定额子目内直接生产用工消耗量、定额子目外直接生产用工消耗量、工序施工准备与收尾用工消耗量、使用工具用具人工消耗量、操作机械人工消耗量。

3. 本定额人工工日单价，普通工37元/工日，建筑技术工52元/工日。

（二）材料、半成品、成品

1. 本定额中材料分为计价材料和未计价材料，未计价材料费用未包含在定额基价中，其价格可依据电力工程造价主管部门发布的材料价格信息，未计价材料消耗量除定额另有说明外，不作调整。

2. 本定额中的材料、半成品、成品是按照国家质量标准和相应的设计要求，且具有质量合格证书和试验合格记录的产品考虑。

3. 材料的消耗量包括施工中消耗的主要材料、辅助材料、零星材料，并包括了合理的施工损耗量、现场堆放损耗量、场内运输损耗量。有关施工措施使用的周转性材料在定额中按照摊销量计列。

4. 材料用量较少、材料费用低的零星材料合并为“其他材料费”，以“元”表示。

5. 本定额包括施工现场加工、配制、制作、预制的材料、半成品、成品的场内运输费用。场内运输包括被加工、配制、制作、预制的材料、半成品、成品从存放仓库或堆放地点运至施工加工地点的水平与垂直运输。

6. 定额中的材料与设备的划分执行《电网检修工程预算编制与计算规定》（2015 年版）、《电网技术改造工程预算编制与计算规定》（2015 年版）中的建设预算费用性质划分规定。凡在定额材料栏内、章节说明、定额注释中明确的设备外，均为材料。

7. 本定额中计价材料单价按照电力行业 2015 年第一季度材料预算价格综合取定。

（三）施工机械台班

1. 本定额施工机械台班消耗量是按照正常合理的机械配备、机械效率确定的，包括基本消耗量、超运距消耗量、超高度消耗量、必要间歇时间消耗量、机械幅度差等。

2. 本定额施工机械原值在 2000 元以内、使用年限在两年以内的不构成固定资产的小型机械或仪表的购置、摊销和维护，未列其施工机械台班消耗量，包括在《电网检修工程预算编制与计算规定》（2015 年版）、《电网技术改造工程预算编制与计算规定》（2015 年版）的施工工具用具使用费中。

3. 本定额施工机械台班单价中包括行走机械、吊装机械的操作司机人工费。加工机械、泵类机械、焊接机械、动力机械等操作人工均含在相应定额子目的人工消耗量中。

4. 本定额中施工机械台班费按电力行业2015年机械台班库综合取定。

七、本定额中包括的施工工作内容，除各章节说明外，均包括从施工准备、场内运输、施工操作到完工清理全部过程所有的施工工序。

八、场内运输及超高降效

（一）本定额水平运输费综合在相应定额子目中，不单独计算，当水平运输距离大于1km时，应增加运费。垂直运输费按照第14章定额规定计算。

（二）本定额第12章构筑物工程中，混凝土管道安装、室外沟道、室外池井、变配电构支架工程不单独计算垂直运输费及超高降效增加费，其费用综合在相应的定额子目中。

（三）本定额垂直运输费用中不包括混凝土预制构件与钢结构构件吊装费。

九、半成品、成品

（一）本定额中的半成品、成品是指施工单位自行制作或委托制作或市场采购的符合产品质量要求的建筑配件或构件。

（二）本定额中混凝土是按照施工现场集中搅拌站制备考虑的，当工程采用施工现场搅拌机制备混凝土时，按照本定额附录D相应的单价进行调整；当工程采用商品混凝土时，按照价差处理。混凝土制备费包括组成混凝土的材料费、混凝土搅拌的人工费与机械费、混凝土场内水平运输费、混凝土制备材料损耗费、混凝土搅拌与运输的损耗费。

（三）本定额中砂浆是按照施工现场搅拌机制备考虑的，当工程采用人工制备时不做调整；当采用商品砂浆时，按照价差处理。砂浆制备费包括组成砂浆的材料费、砂浆搅拌的人工费与机械费、砂浆水平运输费、砂浆制备材料损耗费、砂浆搅拌与场内运输的损耗费。

（四）半成品、成品钢结构费用包括钢材下料、加工、除锈、焊接、防锈、防腐、面漆费用；包括钢结构制作材料与配件费、人工费与机械费；包括钢结构制作材料与配件的损耗费、场内运输费。

（五）成品门窗费用包括门窗框、门窗扇、气窗、小门、玻璃费用；包括材料下料、加工、拼装、除锈、焊接、防锈、防腐、面漆费用；包括门窗制作材料费、五金费、配件费、人工费与机械费；包括门窗制作材料与配件及五金的损耗费、场内运输费。

十、定额中混凝土施工以机械运输为主、人工浇注，当工程施工采用混凝土输送泵浇注时，施工现场制备（搅拌）的混凝土按照本定额附录 D 相应的单价进行调整；每浇注 $1m^3$ 混凝土成品增加机械费 11.02 元，减少人工费 11.28 元。泵送混凝土工程量按照施工实际数量计算。

十一、本定额中凡注明“××以内”或“××以下”均包括“××”本身，凡注明“××以上”或“××以外”均不包括“××”本身。

十二、本说明内未尽事宜，按各章说明执行。

目　录

上　册

第 2 章　地基处理工程

第 3 章　砌 筑 工 程

第 4 章　混凝土与钢筋、铁件工程

第 5 章 金属结构工程

第 6 章　隔墙与天棚吊顶工程

第 7 章　门窗与木作工程

第 11 章 装 饰 工 程

第 12 章 构筑物工程

第 13 章 脚手架工程

第 14 章 垂直运输及超高工程

第1章　土石方与施工降水工程

说　明

1．土质分类见附录G“土壤及岩石（普氏）分类表”。定额中普土为分类表中Ⅰ～Ⅱ类土质；定额中坚土为分类表中Ⅲ～Ⅳ类土质；定额中松石为分类表中Ⅴ类土质；定额中次坚石为分类表中Ⅵ～Ⅷ类土质；定额中普坚石为分类表中Ⅸ～Ⅹ类土质；定额中特坚石为分类表中Ⅺ～Ⅻ类土质。

2．土石方定额中不包括施工降水、排水费用，发生时按照有关规定另行计算。

3．根据地质资料划分干土、湿土、淤泥、流砂。当土壤含水率≥25%时为湿土；当土壤含水率≥40%时为淤泥或流砂。通常以常年地下水位标高分界，地下水位标高以上为干土，地下水位标高以下为湿土。

4．支挡土板定额分密撑和疏撑。密撑是指满支挡土板，疏撑是指间隔支挡土板。定额综合考虑了不同间隔疏撑，执行定额时不做调整。

5．人工开挖土方定额按照干土编制，工程挖湿土时人工工日数量乘以1.16系数。干土与湿土工程量应分别计算，采用降水措施开挖的土方量按照干土计算。

6．人工开挖沟槽、地坑深度按照6m以内考虑，工程挖土深度超过6m时，超过6m部分工程量每增加1m（不足1m按照1m计算）按照6m以内相应定额人工数量增加9%工日。

7．开挖有支撑设施条件下的土方时，支撑设施区域内的土方开挖人工按照相应定额人工数量乘以系数1.39。

8．人工开挖桩间土方时，桩间区域内的土方开挖人工按照相应定额人工数量乘以1.45系数。计算桩间区域内的土方开挖工程量时，扣除桩所占体积，不计算送桩深度区域土方体积，不计算相邻群桩外围之间空地面积大于 36m^2 区域土方体积。

9．人工挖冻土厚度超过 1m 时，定额乘以 1.05 系数。

10．爆破定额是按照电雷管导电起爆编制的，工程采用火雷管爆破时，雷管应换算，数量不变。扣除定额中的胶管导线，换为导火索，导火索的长度按照每个雷管 2.12m 计算。

11．石方爆破按照炮眼法松动爆破考虑，不分明炮、闷炮，但闷炮的覆盖材料应另行计算。

12．定额不包括处理炮孔地下渗水、炮孔积水所发生的费用，应根据处理的方式另行计算。定额不考虑覆盖设施、安全警戒设施等费用；定额中包括封锁爆破区、爆破前后检查费用。

13．推土机推土、推土机推石碴、铲运机铲运土在重车上坡时，如果坡度大于 5%，其运距按照坡度区段斜长乘以表 1-1 中系数。

表 1-1　　坡 度 系 数

坡度（%）	5～10	<15	<20	<25
系数	1.75	2	2.25	2.5

14．人力车、汽车在重车上坡时的降效因素，已综合在相应的运输定额子目中，不另行计算。

15．机械挖土定额子目中已综合了人工清土、修坡的费用，不再另行计算人工费。

16．机械挖土土壤含水率在 25%～40%时，定额人工工日数、机械台班量乘以 1.15 系数。

17．推土机推土或铲运机铲土，土层厚度平均小于 300mm 时，推土机台班量乘以 1.25 系数，铲运机台班量乘以 1.17 系数。

18．挖掘机在垫板上进行作业时，人工数量、机械台班量乘以 1.25 系数。定额中不包括垫板铺设费用，按照相应的定额另行计算。

19．推土机推、铲运机铲未经压实的积土时，按照相应定额乘以 0.73 系数。

20．机械施工土方定额是按照一、二类土质编制的，如实际土壤类别不同时，定额中机械台班量乘以表 1-2 中系数。

表 1-2　　土质类别系数表

项　　目	三类土	四类土
推土机推土方	1.19	1.4
铲运机铲土方	1.19	1.5
挖掘机挖土方	1.19	1.36

21．机械上下行驶坡道的土方量，应合并在土方工程量内计算。

22．汽车运土坡道如需铺筑材料时，其费用另行计算。

23．土石方回填：

（1）土石方混合回填碾压时，石方比例大于 35%时，按照石方回填碾压计算；石方比例小于 35%时，按照土方回填碾压计算。

（2）填石碾压定额中包括掺土碾压、石方破解碾压等工作内容。工程实际土方掺合比例、石方破解程度与定额不同时不做调整。

（3）填土、石碾压遍数及机械推平是综合考虑的，并考虑了机械碾压不到处的人工平整夯实等各种因素，执行定额时不得因碾压遍数与机械配备等而调整。

（4）回填土石方定额中已考虑密实系数的影响。

24．定额考虑了泵类明排、轻型井点降排水施工方法。

工程量计算规则

1．挖、填、运土石方工程量均以挖掘前的自然密实体积计算。如工程需要根据其他体积计算土石方工程量时，按照附录 F“土石方松实系数表”进行换算。

2．土石方开挖以场地平整（室外设计）标高为开挖起点。

3．平整场地工程量计算。

建设场地挖、填土方厚度在±300mm 以内时，按照平整场地计算工程量；挖填土方厚度超过 300mm 时，按照场地竖向布置挖填方计算工程量。单位工程计算场地平整费用。

（1）建筑物、能够计算建筑体积的构筑物按照外墙外边线每边各加 2m 以平方米为单位计算工程量。

（2）不计算建筑体积的室外独立设备基础、室外独立池井按照其结构外边线每边各加 2m 以平方米为单位计算工程量。

（3）站区围墙、挡土墙按照其结构宽度加 2m 以平方米为单位计算工程量。计算围墙长度时，扣除大门、边门及大门柱所占长度。墙宽度以场地平整标高处宽度为准。

（4）站区支架按照其结构宽度加 1m 以平方米为单位计算工程量。单柱支架结构宽度以柱头顶宽或支架梁长为准；双柱支架结构宽度以支架柱外侧宽为准。

（5）站区内隧道、沟道、管沟按照其上口开挖宽度加 2m 以平方米为单位计算工程量。

（6）站区内道路按照路面宽度加 2m 以平方米为单位计算工程量；站区内地坪按照其面积以平方米为单位计算工程量。

（7）计算相邻建筑物、构筑物平整场地面积时不允许有交叉重复。

4．竖向布置土方根据场地平整（设计室外）标高与自然标高差以立方米为单位计算工程量。挖填方量按照“方格网法”或“断面法”计算。

5．基坑、沟槽土石方挖掘工程量计算。

（1）沟槽、基坑划分：

1）图纸中沟槽底宽在 3m 以内，且沟槽长度大于宽度 3 倍以上者为开挖沟槽。

2）图纸中基坑底面积在 $20m^2$ 以内者为开挖基坑。

3）图纸中沟槽底宽在 3m 以外、基坑底面积在 $20m^2$ 以外者为开挖土石方。

4）平整场地挖填土方厚度超过 300mm 时，按照挖土方计算。

（2）挖沟槽、挖基坑、挖土方放坡工程量计算：

1）挖沟槽、挖基坑、挖土方需要放坡时，按照表 1-3 中的系数计算。

表 1-3　　放坡系数表

土壤类别	放坡起点（m）	人工挖土	机械坑内挖土	机械坑上挖土
普　土	1.20	1:0.5	1:0.33	1:0.53
坚　土	1.80	1:0.3	1:0.2	1:0.35

2）当被挖土层的土壤类别不同时，分别以土壤类别分界点为放坡起点，按照相应的放坡系数分别计算工程量。

3）计算放坡工程量时，在交接处重复的工程量不予扣除。原槽、坑做基础垫层时，放坡自垫层上表面开始计算。

4）挖冻土不计算放坡工程量。爆破开挖冻土时，其沟槽、基坑的深度与宽度允许计算 200mm 超挖量。超挖部分的冻土方量并入冻土挖方工程量内。

（3）沟槽、基坑开挖需要支挡土板时，其开挖宽度按照图纸中沟槽、基坑底宽加预留挡土板宽度计算。单面支挡土板加预留宽度 100mm，双面支挡土板加预留宽度 200mm。支挡土板后不得再计算放坡工程量。

（4）挡土板按照沟槽、基坑垂直支撑面积计算工程量。

（5）地下工程施工工作面计算：

1）地下垫层、支墩、基础、沟道、隧道、池井、地坑等工程施工时，按照表 1-4 计算施工工作面。搭拆双排脚手架时，搭拆侧按照 1500mm 计算工作面；搭拆单排脚手架时，搭拆侧按照 1200mm 计算工作面。

表 1-4　　地下工程施工工作面宽度计算表

项目名称	每边各增加工作面宽度（mm）	项目名称	每边各增加工作面宽度（mm）
砌砖基础、沟道	200	混凝土支模板	300
砌石基础、沟道	150	立面做防水层	800
灰土支模板	300		

2）垫层施工不支模板时，不计算施工工作面。

3）施工地下工程时，由于施工工序不同需要的工作面宽度按照最大值计算，不允许叠加计算工作面宽度。

（6）挖沟槽长度计算：

1）外墙按照图示中心线长度计算。

2）基础无垫层内墙按照图示基础底面之间净长计算。

3）基础有垫层内墙按照图示垫层底面之间净长计算。

4）内外墙凸出部分开挖体积并入沟槽工程量内计算。

（7）挖地下管道沟槽工程量计算：

1）挖地下管道沟槽长度按照图示管道中心线长度计算，扣除管路上各种井池所占长度。管路与井池以井池外壁外边线分界。

2）开挖管道沟槽底宽按照设计规定尺寸计算，设计无规定的单根管道开挖底宽按照表 1-5 计算，双根管道开挖底宽按照表 1-5 乘以 1.6 系数计算。当管道外径超过 2000mm 时，应根据批准的施工组织设计规定计算。

3）管道接口处需要加宽、加深而增加的土方量不另行计算。

4）铺设铸铁管道时，其接口等处土方增加量按照铸铁管道沟槽土方总量的 2.5%计算。

（8）沟槽、基坑开挖深度，按照图示槽坑底面至场地平整（设计室外）标高计算。

表 1-5　　管道沟槽底宽度计算表　　单位：m

管径（mm）	铸铁管、钢管	混凝土管	玻璃钢管、UPVC 管	管径（mm）	铸铁管、钢管	混凝土管	玻璃钢管、UPVC 管
50～80	0.6	0.8	0.6	700～900	1.6	1.8	1.35

续表

管径（mm）	铸铁管、钢管	混凝土管	玻璃钢管、UPVC管	管径（mm）	铸铁管、钢管	混凝土管	玻璃钢管、UPVC管
100～200	0.7	0.9	0.6	1000～1200	1.9	2.1	1.65
250～350	0.8	1.0	0.7	1300～1500	2.2	2.6	1.95
400～450	1.0	1.3	0.85	1600～1800	2.5	2.9	2.25
500～600	1.3	1.5	1.1	1900～2000	2.8	3.2	2.5

6．土石方运距计算。

（1）推土机推土石方距离按照挖方区重心至填方区重心之间的直线距离计算。

（2）铲运机运土距离按照挖方区重心至卸土区重心直线距离加转向距离45m计算。

（3）自卸汽车运土石方距离按照挖方区（或取土地点）重心至填土区（或卸土地点）重心最短行驶距离计算。

（4）人工运土石方距离按照取土重心点至卸土重心点之间的直线距离计算。

7．岩石开凿及爆破工程量计算。

（1）人工凿岩石按照设计图示尺寸以立方米为单位计算工程量，不计算超挖工程量。

（2）爆破岩石按照设计图示尺寸以立方米为单位计算工程量。其沟槽、基坑的深度与宽度允许超挖量：松石、次坚石200mm，普坚石、特坚石150mm。超挖部分的石方量并入岩石挖方工程量内。

（3）修整边坡工程量按照修整的坡面积计算。

（4）推碴、挖碴、运碴工程量按照岩石爆破的工程量计算。

（5）管沟石方开挖工程量按照设计规定及允许超挖工程量计算；设计无规定时，管沟底宽按照表 1-5 加允许超挖工程量计算。

8．回填土石方工程量计算。

（1）原土夯实、碾压按照平方米计算工程量，填土夯实、碾压按照立方米计算工程量。

（2）回填分夯填、松填，按照图示回填尺寸以立方米为单位计算工程量。

1）基坑、沟槽回填体积以挖方体积减去场地平整（设计室外）标高以下埋置设施体积计算。

2）管道沟槽回填土以挖方体积减去管道、垫层、基础、支墩、各类井等所占体积计算。不扣除管径在 500mm 以下管道所占体积；管径超过 500mm 时，按照表 1-6 扣除管道所占体积计算；管道直径超过 1000mm 时按照实际填土量计算。直埋式保温管道直径按照保温后外径计算。

表 1-6　　管道扣除土方体积表　　单位：m^3/m

管道名称	管　道　直　径（mm）		
	501～600	601～800	801～1000
钢管	0.21	0.44	0.71
铸铁管	0.24	0.49	0.77
混凝土管	0.33	0.6	0.92

3）余土外运或取土运回工程量计算式：土方运输体积=挖土总体积－回填总体积/密实后体积系数。计算结果是正值，为余土外运体积；计算结果是负值，为取土运回体积。密实后体积系数根据附录 F 取定。

4）室内（房心）回填土按照主墙之间面积乘以回填厚度计算。

5）挖、填、运方量的体积关系，详见附录 F“土石方松实系数表”。

9．施工降水、排水工程量计算。

（1）井管安拆根据降水管井类型、深度以根为单位计算工程量。

（2）施工降水、排水运行按照使用套天计算工程量，使用套天从降水、排水系统运行之日起至降水、排水系统结束之日止。

1）基坑明排水降水系统每套由排水泵、基坑排水管、排水辅助设施组成，计算套数时按照运行的排水泵台数计算，每台运行的排水泵计算一套，备用排水泵不计算运行工程量。

2）轻型井点降水系统每套由排水泵房、排水泵、水平管网、弯联管、井点管、滤管、排水辅助设施组成。轻型井点 50 根为一套，井管根数根据施工组织设计确定，施工组织设计无规定时，按照 1.4 m/根计算。

1.1 人工施工土方

1.1.1 挖土方

工作内容:挖土、装土、修理边与底。

定额编号			YJ1-1	YJ1-2	YJ1-3	YJ1-4
项目			普土	坚土	普土	坚土
			深2m以内		深4m以内	
单位			m^3	m^3	m^3	m^3
基价(元)			**6.96**	**14.41**	**10.84**	**18.28**
其中	人工费(元)		6.96	14.41	10.84	18.28
	材料费(元)					
	机械费(元)					
名称		单位	数量			
人工	普通工	工日	0.1881	0.3895	0.2929	0.4940

1.1.2 挖沟、槽、基坑

工作内容：挖沟、槽、基坑，将土置于沟、槽、坑边自然堆放；修理边与底；沟、槽、坑底夯实。

定额编号			YJ1-5	YJ1-6	YJ1-7	YJ1-8	YJ1-9
项目			挖沟、槽 普土		挖沟、槽 坚土		
			深2m以内	深4m以内	深2m以内	深4m以内	深6m以内
单位			m^3	m^3	m^3	m^3	m^3
基价（元）			**10.63**	**13.54**	**21.65**	**23.16**	**26.54**
其中	人工费（元）		10.57	13.52	21.60	23.14	26.53
	材料费（元）						
	机械费（元）		0.06	0.02	0.05	0.02	0.01
名称		单位	数量				
人工	普通工	工日	0.2856	0.3655	0.5838	0.6255	0.7170
机械	夯实机	台班	0.0020	0.0008	0.0018	0.0008	0.0005

<table>
<tr><td colspan="3">定 额 编 号</td><td>YJ1－10</td><td>YJ1－11</td><td>YJ1－12</td><td>YJ1－13</td><td>YJ1－14</td></tr>
<tr><td colspan="3" rowspan="2">项 目</td><td colspan="2">挖基坑 普土</td><td colspan="3">挖基坑 坚土</td></tr>
<tr><td>深 2m 以内</td><td>深 4m 以内</td><td>深 2m 以内</td><td>深 4m 以内</td><td>深 6m 以内</td></tr>
<tr><td colspan="3">单 位</td><td>m^3</td><td>m^3</td><td>m^3</td><td>m^3</td><td>m^3</td></tr>
<tr><td colspan="3">基 价（元）</td><td>11.48</td><td>14.56</td><td>24.97</td><td>26.65</td><td>29.94</td></tr>
<tr><td rowspan="3">其中</td><td colspan="2">人 工 费（元）</td><td>11.45</td><td>14.54</td><td>24.91</td><td>26.63</td><td>29.93</td></tr>
<tr><td colspan="2">材 料 费（元）</td><td></td><td></td><td></td><td></td><td></td></tr>
<tr><td colspan="2">机 械 费（元）</td><td>0.03</td><td>0.02</td><td>0.06</td><td>0.02</td><td>0.01</td></tr>
<tr><td colspan="2">名 称</td><td>单位</td><td colspan="5">数 量</td></tr>
<tr><td>人工</td><td>普通工</td><td>工日</td><td>0.3094</td><td>0.3931</td><td>0.6732</td><td>0.7196</td><td>0.8090</td></tr>
<tr><td>机械</td><td>夯实机</td><td>台班</td><td>0.0012</td><td>0.0007</td><td>0.0021</td><td>0.0008</td><td>0.0004</td></tr>
</table>

1.1.3 挖淤泥、流砂、冻土

工作内容： 挖淤泥、流砂；装淤泥、流砂；工作面内排水、修理边坡。刨挖冻土；布孔、打孔、装药、填塞药孔、爆破、封锁爆破区、爆破前后检查；清理、破解大块冻土、冻土弃于沟、槽、坑外边。

定额编号			YJ1－15	YJ1－16	YJ1－17
项目			挖淤泥流砂	挖冻土	打孔爆破冻土
单位			m^3	m^3	m^3
基价（元）			**38.46**	**61.52**	**30.50**
其中	人工费（元）		38.46	61.52	26.61
	材料费（元）				3.89
	机械费（元）				
名称		单位	数量		
人工	普通工	工日	1.0395	1.6627	0.7192
计价材料	工具钢　综合	kg			0.0660
	硝铵炸药2号	kg			0.2786
	雷管电雷管	个			0.6400
	导火索	m			1.3206
	其他材料费	元			0.0400

1.1.4 运土方、淤泥、冻土

工作内容：500m 以内运土方，200m 以内运淤泥、冻土，包括装、运、卸、平整。

定额编号			YJ1-18	YJ1-19	YJ1-20	YJ1-21	YJ1-22	YJ1-23
项目			运土方		运淤泥		运冻土	
			运距					
			50m 以内	每增加 50m	20m 以内	每增加 20m	50m 以内	每增加 50m
单位			m^3	m^3	m^3	m^3	m^3	m^3
基价（元）			**5.75**	**0.85**	**10.86**	**2.31**	**9.27**	**2.22**
其中	人工费（元）		5.75	0.85	10.86	2.31	9.27	2.22
	材料费（元）							
	机械费（元）							
名称		单位	数量					
人工	普通工	工日	0.1554	0.0231	0.2936	0.0623	0.2506	0.0600

1.1.5 平整场地、回填土

工作内容：平整场地标高在±30cm以内的挖填平衡；回填土在5m以内取土；原土找平、打夯。

定额编号			YJ1-24	YJ1-25	YJ1-26	YJ1-27
项目			人工平整场地	回填土		原土夯实
				松填	夯填	
单位			m^2	m^3	m^3	m^2
基价（元）			**1.08**	**2.69**	**7.20**	**0.64**
其中	人工费（元）		1.08	2.69	6.33	0.55
	材料费（元）					
	机械费（元）				0.87	0.09
名称		单位	数量			
人工	普通工	工日	0.0291	0.0728	0.1710	0.0149
机械	夯实机	台班			0.0314	0.0031

1.1.6 支挡土板

工作内容：挡土板制作、运输、安装、移位、修复、拆除。

定额编号			YJ1－28	YJ1－29	YJ1－30	YJ1－31
项目			木挡土板			
			密撑木支撑	密撑钢支撑	疏撑木支撑	疏撑钢支撑
单位			m^2	m^2	m^2	m^2
基价（元）			**19.54**	**14.41**	**14.37**	**10.17**
其中	人工费（元）		5.32	4.04	4.15	3.16
	材料费（元）		14.22	10.37	10.22	7.01
	机械费（元）					
名称		单位	数量			
人工	普通工	工日	0.1064	0.0809	0.0830	0.0631
	建筑技术工	工日	0.0266	0.0202	0.0208	0.0158
计价材料	加工铁件 综合	kg		0.0257		0.0200
	圆木杉木	m^3	0.0023		0.0023	
	方材红白松二等	m^3	0.0007	0.0006	0.0005	0.0005
	板材红白松二等	m^3	0.0040	0.0040	0.0024	0.0026
	其他材料费	元	0.1400	0.1100	0.1100	0.0800
未计价材料	槽钢 综合	kg		0.2006		0.1561
	标准砖 240×115×53	千块			0.0019	0.0019

定额编号			YJ1-32	YJ1-33	YJ1-34	YJ1-35
项目			钢挡土板			
			密撑木支撑	密撑钢支撑	疏撑木支撑	疏撑钢支撑
单位			m^2	m^2	m^2	m^2
基价（元）			**16.21**	**11.08**	**13.13**	**8.48**
其中	人工费（元）		5.32	4.04	4.15	3.16
	材料费（元）		10.89	7.04	8.98	5.32
	机械费（元）					
名称		单位	数量			
人工	普通工	工日	0.1064	0.0809	0.0830	0.0631
	建筑技术工	工日	0.0266	0.0202	0.0208	0.0158
计价材料	加工铁件　综合	kg		0.0257		0.0200
	圆木杉木	m^3	0.0023		0.0023	
	方材红白松二等	m^3	0.0007	0.0006	0.0006	0.0006
	钢脚手平台	kg	0.9200	0.9200	0.6400	0.6400
	其他材料费	元	0.1100	0.0800	0.0900	0.0600
未计价材料	槽钢　综合	kg		0.2006		0.1561
	标准砖 240×115×53	千块			0.0016	0.0016

1.2 人工施工石方

1.2.1 凿岩石

工作内容：开凿石方、打碎、修边、检底，将石方运出沟、槽、坑边1m以外。

定额编号			YJ1－36	YJ1－37	YJ1－38	YJ1－39
项目			平基			
			松石	次坚石	普坚石	特坚石
单位			m^3	m^3	m^3	m^3
基价（元）			**22.57**	**28.86**	**50.71**	**83.59**
其中	人工费（元）		22.57	28.86	50.71	83.59
	材料费（元）					
	机械费（元）					
名称		单位	数量			
人工	普通工	工日	0.6099	0.7801	1.3705	2.2592

<table>
<tr><td colspan="3">定　额　编　号</td><td>YJ1 -40</td><td>YJ1 -41</td><td>YJ1 -42</td><td>YJ1 -43</td></tr>
<tr><td colspan="3" rowspan="2">项　　目</td><td colspan="4">沟槽</td></tr>
<tr><td>松石</td><td>次坚石</td><td>普坚石</td><td>特坚石</td></tr>
<tr><td colspan="3">单　　位</td><td>m^3</td><td>m^3</td><td>m^3</td><td>m^3</td></tr>
<tr><td colspan="3">基　　价（元）</td><td>26.70</td><td>34.11</td><td>68.29</td><td>137.59</td></tr>
<tr><td rowspan="3">其中</td><td colspan="2">人　工　费（元）</td><td>26.70</td><td>34.11</td><td>68.29</td><td>137.59</td></tr>
<tr><td colspan="2">材　料　费（元）</td><td></td><td></td><td></td><td></td></tr>
<tr><td colspan="2">机　械　费（元）</td><td></td><td></td><td></td><td></td></tr>
<tr><td colspan="2">名　　称</td><td>单位</td><td colspan="4">数　　量</td></tr>
<tr><td>人工</td><td>普通工</td><td>工日</td><td>0.7215</td><td>0.9220</td><td>1.8458</td><td>3.7187</td></tr>
</table>

定额编号			YJ1－44	YJ1－45	YJ1－46	YJ1－47
项目			基坑			
			松石	次坚石	普坚石	特坚石
单位			m^3	m^3	m^3	m^3
基价（元）			**37.07**	**47.37**	**102.58**	**213.72**
其中	人工费（元）		37.07	47.37	102.58	213.72
	材料费（元）					
	机械费（元）					
名称		单位	数量			
人工	普通工	工日	1.0019	1.2803	2.7724	5.7761

1.2.2 打孔爆破石方

工作内容：布孔、打孔、装药、填塞药孔、爆破、封锁爆破区、爆破前后检查；清理、破解大块石。

定额编号			YJ1－48	YJ1－49	YJ1－50	YJ1－51	YJ1－52	YJ1－53
项目			平基			沟槽		
			松石	次坚石	普坚石	松石	次坚石	普坚石
单位			m^3	m^3	m^3	m^3	m^3	m^3
基价（元）			**12.19**	**15.22**	**23.74**	**32.37**	**40.84**	**65.41**
其中	人工费（元）		9.28	11.64	19.05	24.92	31.50	53.32
	材料费（元）		2.91	3.58	4.69	7.45	9.34	12.09
	机械费（元）							
名称		单位	数量					
人工	普通工	工日	0.2508	0.3146	0.5149	0.6734	0.8514	1.4411
计价材料	工具钢 综合	kg	0.0370	0.0504	0.0892	0.0856	0.1202	0.2134
	硝铵炸药2号	kg	0.2632	0.3258	0.4150	0.6115	0.7767	0.9918
	雷管电雷管	个	0.5400	0.6200	0.7500	1.9800	2.3200	2.7500
	其他材料费	元	0.0400	0.0500	0.0700	0.0800	0.1000	0.1300
未计价材料	铜芯橡皮绝缘线 500VBX－1.5	m	0.4928	0.5368	0.6036	0.2537	0.2753	0.3141
	铜芯橡皮绝缘线 500VBX－2.5	m	0.2399	0.2414	0.2480	0.2636	0.2692	0.2758
	铜芯橡皮绝缘线 500VBX－4	m	0.0360	0.0361	0.3720	0.0396	0.0404	0.0414

定额编号			YJ1－54	YJ1－55	YJ1－56
项目			基坑		
			松石	次坚石	普坚石
单位			m^3	m^3	m^3
基价（元）			**36.19**	**48.79**	**76.52**
其中	人工费（元）		26.67	33.82	56.13
	材料费（元）		9.52	14.97	20.39
	机械费（元）				
名称		单位	数量		
人工	普通工	工日	0.7208	0.9141	1.5169
计价材料	工具钢　综合	kg	0.1181	0.2071	0.3848
	硝铵炸药2号	kg	0.8443	1.3378	1.7893
	雷管电雷管	个	1.9400	2.8400	3.4900
	其他材料费	元	0.1100	0.1700	0.2300
未计价材料	铜芯橡皮绝缘线500VBX－1.5	m	0.5812	0.7694	1.0044
	铜芯橡皮绝缘线500VBX－2.5	m	0.3992	0.4765	0.5292
	铜芯橡皮绝缘线500VBX－4	m	0.0590	0.0715	0.0774

1.2.3 运石方、回填石方

工作内容：装石方、运石方、卸石方、平整石方；破解石方、土石顺序回填、夯实。

定额编号			YJ1－57	YJ1－58	YJ1－59	YJ1－60
项目			运石方		土石回填	
			运距50m以内	运距每增加50m	松填	夯填
单位			m^3	m^3	m^3	m^3
基价（元）			**10.30**	**2.47**	**7.70**	**14.67**
其中	人工费（元）		10.30	2.47	7.70	14.67
	材料费（元）					
	机械费（元）					
名称		单位	数量			
人工	普通工	工日	0.2783	0.0667	0.2080	0.3966

1.2.4 清底修边

工作内容：石方爆破后清底、修边；开凿石方、打碎、修边、检底。

定额编号			YJ1－61	YJ1－62	YJ1－63
项目			松石	次坚石	普坚石
单位			m^2	m^2	m^2
基价（元）			**4.95**	**6.33**	**13.35**
其中	人工费（元）		4.95	6.33	13.35
	材料费（元）				
	机械费（元）				
名称		单位	数量		
人工	普通工	工日	0.1337	0.1710	0.3607

1.3 机械施工土方

1.3.1 推土机推土方

工作内容：推土、集土、平整；修理边坡；工作面排水。

定额编号			YJ1－64	YJ1－65	YJ1－66	YJ1－67	YJ1－68	YJ1－69
项目			105kW 以内推土机			165kW 以内推土机		
			推距					
			30m 以内	60m 以内	100m 以内	30m 以内	60m 以内	100m 以内
单位			m^3	m^3	m^3	m^3	m^3	m^3
基价（元）			**2.27**	**3.14**	**4.87**	**2.80**	**3.71**	**6.72**
其中	人工费（元）		0.20	0.20	0.20	0.18	0.18	0.18
	材料费（元）							
	机械费（元）		2.07	2.94	4.67	2.62	3.53	6.54
名称		单位	数量					
人工	普通工	工日	0.0053	0.0053	0.0053	0.0049	0.0049	0.0049
机械	履带式推土机　105kW	台班	0.0024	0.0034	0.0054			
	履带式推土机　165kW	台班				0.0020	0.0027	0.0050

1.3.2 机械挖（装）土方、自卸汽车运土方

工作内容：挖土、将土堆放在一边；挖土装车、运土、卸土、平整土方；修理边坡；清理机下余土；工作面排水、挖方区与卸方区场内汽车行驶道路养护。

定额编号			YJ1－70	YJ1－71	YJ1－72	YJ1－73	YJ1－74	YJ1－75
项目			反铲挖掘机挖土	正铲挖掘机挖土	正铲挖掘机挖土	反铲挖掘机挖土	装载机装土	自卸汽车运土，运距每增加1km
					自卸汽车运土，运距1km以内			
单位			m^3	m^3	m^3	m^3	m^3	m^3
基价（元）			**2.29**	**2.87**	**8.40**	**8.64**	**7.08**	**1.43**
其中	人工费（元）		0.20	0.20	0.20	0.20	0.20	
	材料费（元）							
	机械费（元）		2.09	2.67	8.20	8.44	6.88	1.43
名称		单位	数量					
人工	普通工	工日	0.0053	0.0053	0.0053	0.0053	0.0053	
机械	履带式推土机 75kW	台班	0.0002	0.0009	0.0009	0.0011		
	轮胎式装载机 $2m^3$	台班					0.0018	
	履带式单斗挖掘机（液压）$1m^3$	台班	0.0018	0.0019	0.0019	0.0020		
	自卸汽车 12t	台班			0.0077	0.0077	0.0077	0.0020

1.3.3 机械挖运淤泥、流砂、冻土

工作内容： 挖淤泥、挖流砂、堆放一边或装车、清理机下泥砂、运卸淤泥或流砂。布孔、钻孔、装药、填塞药孔、爆破、封锁爆破区、爆破前后检查；清理、破解大块冻土；推冻土、平整；挖冻土装车、运冻土、卸冻土、平整冻土；修理边坡；清理机下余土；工作面排水、挖方区与卸方区场内汽车行驶道路养护。

定额编号			YJ1 -76	YJ1 -77	YJ1 -78	YJ1 -79	YJ1 -80
项目			挖淤泥、流砂	钻孔爆破冻土	推土机推冻土 推距60m以内	挖冻土 自卸汽车运冻土，运距1km以内	自卸汽车运淤泥、流砂，冻土、运距每增加1km以内
单位			m^3	m^3	m^3	m^3	m^3
基价（元）			**5.68**	**16.10**	**11.11**	**17.61**	**17.07**
其中	人工费（元）		0.80	10.92	0.31	0.27	1.10
	材料费（元）			4.20			
	机械费（元）		4.88	0.98	10.80	17.34	15.97
名称		单位	数量				
人工	普通工	工日	0.0216	0.2952	0.0085	0.0073	0.0298
计价材料	工具钢　综合	kg		0.0660			
	高压橡胶空气管 DN20	m		0.0059			
	硝铵炸药2号	kg		0.2786			
	雷管电雷管	个		0.6400			

续表

定额编号			YJ1－76	YJ1－77	YJ1－78	YJ1－79	YJ1－80
项目			挖淤泥、流砂	钻孔爆破冻土	推土机推冻土 推距60m以内	挖冻土 自卸汽车运冻土，运距1km以内	自卸汽车运淤泥、流砂，冻土、运距每增加1km以内
计价材料	导火索	m		1.3206			
	其他材料费	元		0.2300			
机械	履带式推土机 75kW	台班					0.0010
	履带式推土机 90kW	台班				0.0041	
	履带式推土机 105kW	台班			0.0125		
	履带式单斗挖掘机（液压）$1m^3$	台班	0.0045			0.0044	0.0072
	风动凿岩机（气腿式）	台班		0.0169			
	液压锻钎机 11.25kW	台班		0.0006			
	磨钎机	台班		0.0024			
	自卸汽车 8t	台班				0.0174	0.0142

1.3.4 平整场地、填土碾压

工作内容：平整场地标高在±30cm以内的挖填平衡；推平碾压，工作面排水。

定额编号			YJ1-81	YJ1-82	YJ1-83
项目			机械平整场地	原土碾压	填土碾压
单位			m^2	m^2	m^3
基价（元）			**0.45**	**0.07**	**5.27**
其中	人工费（元）		0.04	0.04	0.20
	材料费（元）				0.05
	机械费（元）		0.41	0.03	5.02
名称		单位	数量		
人工	普通工	工日	0.0010	0.0010	0.0055
计价材料	水	t			0.0150
机械	履带式推土机 75kW	台班	0.0006		0.0007
	光轮压路机（内燃）8t	台班		0.0001	
	振动压路机（机械式）15t	台班			0.0047
	洒水车 4000L	台班			0.0008

1.4 机械施工石方

1.4.1 钻孔爆破石方

工作内容：布孔、钻孔、装药、填塞药孔、爆破、封锁爆破区、爆破前后检查；清理、破解大块石。

定额编号			YJ1－84	YJ1－85	YJ1－86	YJ1 87
项目			平基			
			松石	次坚石	普坚石	特坚石
单位			m^3	m^3	m^3	m^3
基价（元）			**11.88**	**17.41**	**25.04**	**33.73**
其中	人工费（元）		3.25	4.44	5.23	6.67
	材料费（元）		3.32	4.42	5.87	7.89
	机械费（元）		5.31	8.55	13.94	19.17
名称		单位	数量			
人工	普通工	工日	0.0879	0.1200	0.1414	0.1803
计价材料	硝铵炸药2号	kg	0.2632	0.3258	0.4150	0.5297
	雷管电雷管	个	0.5400	0.6200	0.7500	0.8800
	爆破用六角空心钢	kg	0.0221	0.0315	0.0465	0.0693
	水	t	0.0372	0.0672	0.1093	0.1482
	合金钻头	支	0.0100	0.0200	0.0300	0.0500
	其他材料费	元	0.1200	0.1700	0.2600	0.3400

续表

定额编号			YJ1－84	YJ1－85	YJ1－86	YJ1－87
项目			平基			
			松石	次坚石	普坚石	特坚石
机械	风动凿岩机（气腿式）	台班	0.0188	0.0314	0.0511	0.0693
	液压锻钎机　11.25kW	台班	0.0007	0.0010	0.0014	0.0021
	磨钎机	台班	0.0027	0.0039	0.0057	0.0083
	电动空气压缩机　排气量 $10m^3/min$	台班	0.0092	0.0151	0.0251	0.0342
未计价材料	铜芯橡皮绝缘线 500VBX－2.5	m	0.7327	0.7782	0.8516	0.9028
	铜芯橡皮绝缘线 500VBX－4	m	0.0360	0.0361	0.0372	0.0381

定额编号			YJ1-88	YJ1-89	YJ1-90	YJ1-91
项目			沟槽			
			松石	次坚石	普坚石	特坚石
单位			m^3	m^3	m^3	m^3
基价（元）			**28.57**	**44.06**	**62.40**	**82.39**
其中	人工费（元）		7.98	11.60	13.70	17.48
	材料费（元）		8.56	11.24	14.69	18.89
	机械费（元）		12.03	21.22	34.01	46.02
名称		单位	数量			
人工	普通工	工日	0.2156	0.3134	0.3704	0.4724
计价材料	硝铵炸药2号	kg	0.6115	0.7767	0.9918	1.2440
	雷管电雷管	个	1.9800	2.3200	2.7500	3.1500
	爆破用六角空心钢	kg	0.0513	0.0752	0.1115	0.1625
	水	t	0.0804	0.1342	0.2186	0.2364
	合金钻头	支	0.0300	0.0500	0.0700	0.1100
	其他材料费	元	0.2300	0.3200	0.5200	0.6900
机械	风动凿岩机（气腿式）	台班	0.0438	0.0765	0.1244	0.1670
	液压锻钎机 11.25kW	台班	0.0017	0.0024	0.0036	0.0053
	磨钎机	台班	0.0066	0.0096	0.0140	0.0204
	电动空气压缩机 排气量 $10m^3/min$	台班	0.0205	0.0376	0.0611	0.0817

续表

定额编号			YJ1－88	YJ1－89	YJ1－90	YJ1－91
项目			沟槽			
			松石	次坚石	普坚石	特坚石
未计价材料	铜芯橡皮绝缘线 500VBX－2.5	m	0.5173	0.5484	0.5893	0.6236
	铜芯橡皮绝缘线 500VBX－4	m	0.0396	0.0404	0.0414	0.0408

定额编号			YJ1－92	YJ1－93	YJ1－94	YJ1－95
项目			基坑			
			松石	次坚石	普坚石	特坚石
单位			m^3	m^3	m^3	m^3
基价（元）			**33.05**	**61.60**	**93.77**	**131.82**
其中	人工费（元）		8.60	14.92	18.25	26.30
	材料费（元）		11.55	18.34	25.33	34.06
	机械费（元）		12.90	28.34	50.19	71.46
名称		单位	数量			
人工	普通工	工日	0.2323	0.4033	0.4932	0.7107
计价材料	硝铵炸药2号	kg	0.8433	1.3378	1.7893	2.3234
	雷管电雷管	个	1.9400	2.8400	3.4900	4.1300
	爆破用六角空心钢	kg	0.0708	0.1295	0.2006	0.3036
	水	t	0.1621	0.2164	0.4236	0.6182
	合金钻头	支	0.0500	0.0900	0.1300	0.2000
	其他材料费	元	0.4000	0.5600	0.9800	1.3900
机械	风动凿岩机（气腿式）	台班	0.0474	0.1015	0.1837	0.2626
	液压锻钎机 11.25kW	台班	0.0019	0.0033	0.0053	0.0080
	磨钎机	台班	0.0073	0.0130	0.0206	0.0309
	电动空气压缩机 排气量 $10m^3/min$	台班	0.0218	0.0501	0.0902	0.1273

续表

定额编号			YJ1 -92	YJ1 -93	YJ1 -94	YJ1 -95
项目			基坑			
			松石	次坚石	普坚石	特坚石
未计价材料	铜芯橡皮绝缘线 500VBX -2.5	m	0.9804	1.2459	1.5336	1.8205
	铜芯橡皮绝缘线 500VBX -4	m	0.0590	0.0715	0.0774	0.0962

1.4.2 挖掘机挖碴、自卸汽车运碴

工作内容： 挖碴、装碴、运碴、卸碴、平整；工作面排水、挖方区与卸方区场内汽车行驶道路养护。

定额编号			YJ1－96	YJ1－97
项目			挖掘机挖碴	自卸汽车运碴
			自卸汽车运碴运距1km以内	运距每增加1km
单位			m^3	m^3
基价（元）			**20.39**	**2.22**
其中	人工费（元）		0.27	
	材料费（元）			
	机械费（元）		20.12	2.22
名称		单位	数量	
人工	普通工	工日	0.0072	
机械	履带式推土机 90kW	台班	0.0044	
	履带式单斗挖掘机（液压）$1m^3$	台班	0.0044	
	自卸汽车 12t	台班	0.0163	0.0031

1.4.3 回填石碴碾压

工作内容：破解石方、土石顺序回填、推平碾压、工作面排水。

定额编号			YJ1－98
项目			石方碾压
单位			m^3
基价（元）			**7.93**
其中	人工费（元）		0.23
	材料费（元）		
	机械费（元）		7.70
名称		单位	数量
人工	普通工	工日	0.0062
机械	履带式推土机 75kW	台班	0.0013
	振动压路机（机械式）15t	台班	0.0075
	洒水车 4000L	台班	0.0002

1.5 施工降水、排水

1.5.1 明排水

工作内容：挖排水沟、挖集水坑；安拆设备与管道、场内搬运、降排水设施运行维护。

定额编号			YJ1－99	YJ1－100
项目			离心水泵	
			出口直径100mm以内	出口直径200mm以内
单位			套·天	套·天
基价（元）			**446.65**	**648.28**
其中	人工费（元）		49.53	49.53
	材料费（元）			
	机械费（元）		397.12	598.75
名称		单位	数量	
人工	普通工	工日	1.3387	1.3387
机械	电动单级离心清水泵　出口直径100mm	台班	3.0000	
	电动单级离心清水泵　出口直径200mm	台班		3.0000

1.5.2 轻型井点降水

工作内容： 井点系统布置装配、打拔井点管、安拆设备与管道、井点连接抽水试验、场内运输、降排水设施运行维护、填井点坑。

定额编号			YJ1－101	YJ1－102	YJ1－103
项目			轻型井点安装	轻型井点拆除	轻型井点运行
单位			根	根	套·天
基价（元）			**141.56**	**31.72**	**1093.54**
其中	人工费（元）		48.51	11.54	130.72
	材料费（元）		16.54	0.51	48.60
	机械费（元）		76.51	19.67	914.22
名称		单位	数量		
人工	普通工	工日	0.8181	0.1946	2.2049
	建筑技术工	工日	0.3507	0.0835	0.9450
计价材料	水	t	4.9400		
	井点管 DN50	kg	0.0970		5.8180
	井点管总管 DN100	kg	0.0115		0.6890
	其他材料费	元	0.9200	0.5100	0.4800
机械	汽车式起重机 5t	台班	0.0562	0.0480	
	电动多级离心清水泵（出口直径：150mm，扬程：180m以下）	台班	0.0562		
	泥浆泵 出口直径 100mm	台班	0.0570		

续表

定额编号			YJ1－101	YJ1－102	YJ1－103
项目			轻型井点安装	轻型井点拆除	轻型井点运行
机械	真空泵　抽气速度　$204m^3/h$	台班			3.0000
	井点喷射泵　喷射速度　$40m^3/h$	台班			3.0000
未计价材料	中砂	m^3	0.3958		

第2章 地基处理工程

说　明

1．本章钢板桩、圆木桩项目打桩工程按照一级土编制的，如实际为二级土时，其相应的人工数量、机械台班数量乘以 1.35 系数。打桩土质级别划分见附录 H。

2．当钢板桩重复利用时，每打入一次按照 20%桩消耗量计算桩材料费。定额综合考虑了桩维修、桩占用时间，执行定额时不做调整。

3．水泥搅拌桩分粉喷桩、浆旋喷桩两种。工程实际水泥用量与定额用量不同时，可以换算，其余不变。水泥搅拌桩充盈系数为 1.05，损耗率为 1.5%。

4．工程采用三重管法施工水泥浆旋喷桩时，按照双重管法定额乘以 1.2 系数。

5．换填定额子目中不包括被换填土方的开挖、运输费用，其费用按照第 1 章相应的定额另行计算。

工程量计算规则

1．定额说明中调整单价部分的工程量仅为超出定额技术标准部分的工程量，不包括符合定额技术条件部分的工程量。

2．打拔钢板桩按照设计成品重量以吨为单位计算工程量。

3．水泥搅拌桩按照设计桩长增加 0.25m 乘以设计桩截面面积以立方体为单位计算工程量。

4．换填是按照被换填材质的体积以立方米为单位计算工程量。

2.1 机械打、拔钢板桩

工作内容： 打桩机具布置、移动打桩机、桩吊装就位、安卸桩帽、校正、打桩；安拆导向夹具、系桩，拔桩；场内临时堆放。

定额编号			YJ2－1	YJ2－2	YJ2－3	YJ2－4
项目			打钢板桩			
			桩长 6m 以内	桩长 10m 以内	桩长 15m 以内	桩长 20m 以内
单位			t	t	t	t
基价（元）			**406.97**	**329.03**	**297.31**	**271.35**
其中	人工费（元）		94.96	65.35	46.41	36.79
	材料费（元）		105.23	105.23	105.23	105.23
	机械费（元）		206.78	158.45	145.67	129.33
名称		单位	数量			
人工	普通工	工日	1.8992	1.3070	0.9282	0.7358
	建筑技术工	工日	0.4748	0.3267	0.2320	0.1839
计价材料	加工铁件 综合	kg	4.8100	4.8100	4.8100	4.8100
	方材红白松二等	m^3	0.0020	0.0020	0.0020	0.0020
	木楔	m^3	0.0040	0.0040	0.0040	0.0040
	其他材料费	元	67.9300	67.9300	67.9300	67.9300
机械	轨道式柴油打桩机 锤重 2.5t	台班	0.1400	0.1100	0.1000	0.0880
	履带式起重机 15t	台班	0.0810	0.0580	0.0550	0.0500
未计价材料	钢板桩	kg	1040.0000	1040.0000	1040.0000	1040.0000

定　额　编　号			YJ2－5	YJ2－6	YJ2－7	YJ2－8
项　　目			拔钢板桩			
			桩长 6m 以内	桩长 10m 以内	桩长 15m 以内	桩长 20m 以内
单　　位			t	t	t	t
基　　价（元）			**312.91**	**240.67**	**222.01**	**210.82**
其中	人　工　费（元）		69.97	48.21	39.64	38.55
	材　料　费（元）		11.56	11.56	11.56	11.56
	机　械　费（元）		231.38	180.90	170.81	160.71
名　　称		单位	数　　量			
人工	普通工	工日	1.3994	0.9642	0.7929	0.7710
	建筑技术工	工日	0.3498	0.2411	0.1982	0.1928
计价材料	钢丝绳 φ8 以下	kg	0.0570	0.0570	0.0570	0.0570
	板材红白松二等	m^3	0.0050	0.0050	0.0050	0.0050
	其他材料费	元	0.1100	0.1100	0.1100	0.1100
机械	振动打拔桩机　40t	台班	0.1500	0.1000	0.0900	0.0800
	履带式起重机　15t	台班	0.0580	0.0580	0.0580	0.0580
	载重汽车　8t	台班	0.0950	0.0950	0.0950	0.0950

2.2 打 圆 木 桩

工作内容：制作木桩，安装桩靴及桩箍，准备打桩机具，移动打桩架及轨道，吊装定位、打桩校正，拆卸桩箍、锯桩头，接桩。

定额编号			YJ2－9	YJ2－10
项目			地基加固	
			打圆木桩	
			打桩	送桩
单位			m^3	m^3
基价（元）			**2201.94**	**203.23**
其中	人工费（元）		342.48	203.23
	材料费（元）		1859.46	
	机械费（元）			
名称		单位	数量	
人工	普通工	工日	9.2562	5.4927
计价材料	圆木杉木	m^3	1.1300	
	钢管脚手架 包括扣件	kg	0.5523	
	金属周转材料摊销	kg	0.4760	
	其他材料费	元	18.4100	

2.3 水泥搅拌桩

工作内容：测量放线、桩机定位、钻进、喷粉、搅拌、提升、清理等。

定额编号			YJ2－11	YJ2－12	YJ2－13	YJ2－14
项目			水泥粉喷桩		水泥浆旋喷桩	
			桩径 600mm 以下	桩径 600mm 以上	单管法	双管法
单位			m	m	m	m
基价（元）			**11.31**	**11.84**	**108.38**	**137.85**
其中	人工费（元）		1.56	1.47	34.86	39.18
	材料费（元）		0.08	0.16	2.59	2.77
	机械费（元）		9.67	10.21	70.93	95.90
名称		单位	数量			
人工	普通工	工日	0.0311	0.0294	0.6972	0.7837
	建筑技术工	工日	0.0078	0.0074	0.1743	0.1959
计价材料	水	t			0.5600	0.5600
	其他材料费	元	0.0800	0.1600	0.9100	1.0900
机械	液压钻机 XU－100	台班			0.0440	0.0440
	粉喷机组	台班	0.0173	0.0184		
	单重管旋喷机	台班			0.0300	
	双重管旋喷机	台班				0.0400

续表

定额编号			YJ2－11	YJ2－12	YJ2－13	YJ2－14
项目			水泥粉喷桩		水泥浆旋喷桩	
			桩径600mm以下	桩径600mm以上	单管法	双管法
机械	灰浆搅拌机　400L	台班			0.0300	0.0400
	电动多级离心清水泵（出口直径：100mm，扬程：120m以下）	台班			0.0300	0.0400
	泥浆泵　出口直径　100mm	台班			0.0300	0.0400
	液压注浆泵（HYB50－50－Ⅰ型）	台班			0.0300	0.0400
	电动空气压缩机　排气量 $3m^3/min$	台班	0.0088	0.0090		
	电动空气压缩机　排气量 $10m^3/min$	台班				0.0040
未计价材料	普通硅酸盐水泥32.5	t	0.0225	0.0440	0.2500	0.3000

2.4 换　　填

工作内容：换填土、砂、石、炉渣场内运输、回填、整平、夯实、碾压；换填混凝土浇灌、捣固、养护。

定额编号			YJ2－15	YJ2－16	YJ2－17	YJ2－18
项目			换填土	换填灰土	换填砂	换填砂石
单位			m^3	m^3	m^3	m^3
基　　价（元）			**12.06**	**12.66**	**10.04**	**10.17**
其中	人工费（元）		10.50	10.50	6.29	8.41
	材料费（元）			0.60	3.58	1.10
	机械费（元）		1.56	1.56	0.17	0.66
名称		单位	数量			
人工	普通工	工日	0.2100	0.2100	0.1258	0.1682
	建筑技术工	工日	0.0525	0.0525	0.0315	0.0420
计价材料	水	t			0.9130	
	其他材料费	元		0.6000	0.8400	1.1000
机械	夯实机	台班	0.0567	0.0567	0.0060	0.0240
未计价材料	中砂	m^3			1.2910	0.4340
	碎石　40	m^3				1.2230
	土　综合	m^3	1.1790			
	灰土　3：7	m^3		1.1880		

定额编号			YJ2-19	YJ2-20	YJ2-21	YJ2-22
项目			换填碎石	换填毛石混凝土	换填素混凝土	换填炉渣
单位			m^3	m^3	m^3	m^3
基价（元）			**9.76**	**55.60**	**55.58**	**10.10**
其中	人工费（元）		8.21	16.55	16.38	8.41
	材料费（元）		0.83	38.02	38.17	0.82
	机械费（元）		0.72	1.03	1.03	0.87
名称		单位	数量			
人工	普通工	工日	0.1642	0.3309	0.3276	0.1682
	建筑技术工	工日	0.0410	0.0828	0.0819	0.0420
计价材料	通用钢模板	kg		1.9600	1.9600	
	木模板	m^3		0.0140	0.0140	
	其他材料费	元	0.8300	2.5900	2.7500	0.8200
机械	夯实机	台班	0.0260			0.0314
	混凝土振捣器（插入式）	台班		0.0660	0.0660	
未计价材料	现浇混凝土 C15-40　集中搅拌	m^3		0.8630	1.0100	
	碎石　40	m^3	1.2240			
	毛石 70~190	m^3		0.2720		
	矿渣	m^3				1.2180

第3章 砌筑工程

说 明

1．定额中的砌筑砂浆是按照常用强度等级考虑，工程设计强度等级与定额不同时，按照附录 E 进行调整。

2．砌砖、砌块。

（1）定额中实心砖规格是按照标准砖考虑。砌块、空心砖是按照常用规格考虑，工程设计规格与定额不同时可以换算。

（2）砖砌体包括原浆勾缝用工，加浆勾缝另行计算。

（3）砖墙定额中综合考虑了清水墙、混水墙、弧形墙等施工因素。

（4）砖砌井池不分圆形、矩形，均执行本定额。

（5）砖砌挡土墙，墙厚两砖以上执行砖基础定额，两砖以内执行外砖墙定额。

（6）零星砌体适用于厕所蹲台、小便池槽、各种砌砖腿、台阶、花台、花池等。

（7）砌块墙体定额中包括门窗洞孔边砌筑标准砖工程量，工程实际用量与定额不同时，不做调整。

（8）雨水井箅、铸铁井盖定额包括其成品购置费、安装费。

（9）砖墙加固筋已综合考虑了制作、运输、安装。

3．砌石。

（1）定额中粗料石、细料石砌体墙是按照 400mm×220mm×200mm 规格考虑，工程实际规格与定额不同时，可以换算。

（2）毛石护坡高度超过 4m 时，定额中的人工费乘以 1.14 系数。

（3）砌筑弧形基础、弧形墙时，相应砌石定额中的人工费乘以 1.09 系数。

工程量计算规则

1．标准砖规格为 240mm×115mm×53mm，砖墙标准厚度按照表 3-1 计算。

表 3-1 **砖墙标准厚度计算表** 单位：mm

墙厚度	$\frac{1}{4}$ 砖	$\frac{1}{2}$ 砖	$\frac{3}{4}$ 砖	1 砖	$1\frac{1}{2}$ 砖	2 砖	$2\frac{1}{2}$ 砖
计算厚度	53	115	180	240	365	490	615

2．基础与墙（柱）划分。

（1）基础与墙采用同一种材料时，以室内设计地坪分界，以下为基础，以上为墙（柱）。

（2）基础与墙采用不同种材料时，位于设计室内地面±300mm 以内时，以不同材料界面分界；超过±300mm 时，以设计室内地坪分界。

（3）有地下室者，以地下室室内地坪分界。

（4）砖围墙以场地（室外）地坪分界，以下为基础，以上为围墙（柱）。

（5）石围墙内外地坪标高不同时，以较低的地坪标高分界，以下为基础，石围墙内外标高之差为挡土墙，高标高地坪以上为石围墙。

（6）挡土墙不分基础与墙。

3．基础工程量计算。

（1）基础根据设计图示尺寸按照体积计算工程量，附墙垛、扶壁柱基础宽出部分体积并入基础体积内。扣除地圈梁、构造柱所占体积；不扣除基础大放脚 T 形接头处的重复部分；不扣除嵌入基础内的钢筋、铁件、防潮层所占体积；不扣除单个面积 0.3 m^2 以内的孔洞所占体积；靠墙沟道的挑檐不计算体积。

（2）基础长度：外墙基础按照外墙中心线长度计算，内墙基础按照内墙基础净长计算。

（3）扣除单个面积 0.3 m^2 以上孔洞所占体积，其洞口上的钢筋混凝土过梁应单独计算。

4．墙体工程量计算。

（1）砖墙、空心砖墙、砌块墙、石墙根据设计图示尺寸按照体积计算工程量。扣除门窗洞口、过人洞、空圈所占体积；扣除嵌入墙内的钢筋混凝土柱、梁、圈梁、过梁、挑梁、预埋块所占体积；扣除凹进墙内的壁龛、管槽、消火栓箱、配电箱等所占体积。不扣除梁头、板头、檩头、垫木、木砖、门窗走头、砖墙内加固钢筋、铁件及单个面积在 0.3m^2 以内孔洞等所占体积。突出墙面的三皮砖以下腰线和挑檐、窗台线、窗台虎头砖、压顶线、门窗套等体积也不增加。洞口上砖平璇、钢筋砖过梁不单独计算。

（2）砖垛、扶壁柱及三皮砖以上的腰线和挑檐体积，并入墙体工程量内。

（3）墙体长度：外墙按照外墙中心线长计算，内墙按照内墙净长计算。

（4）砖墙标准厚度按照表 3-1 规定计算；空心砖墙、砌块墙、石墙厚度按照设计尺寸计算。

（5）墙高度计算。

1）外墙高度：坡（斜）屋面无檐口天棚者，算至屋面板底；有屋架且室内外均有天棚者，算至屋架下弦底面另加 200mm；有屋架无天棚者，算至屋架下弦底加 300mm；平屋面算至钢筋混凝土板底。

2）内墙高度：位于屋架下弦者，算至屋架下弦底；无屋架有天棚者，算至天棚底加 100mm；有钢筋混凝土楼板隔层者，算至板底。

3）内外山墙高度，按照其平均高度计算。

4）女儿墙高度从屋面板顶标高计算至女儿墙顶标高，当女儿墙设有混凝土压顶时，计算至混凝土压顶底标高。

（6）框架间砌体以框架间净空面积乘以墙厚计算工程量，框架面贴砌部分体积合并计算。

（7）空花砖墙按照空花部分外形体积以立方米为单位计算工程量，不扣除空洞部分体积。在空花砖墙中，砌筑实体墙部分应单独计算。

（8）空心砖墙按照体积以立方米为单位计算工程量，不扣除其空心部分体积。

（9）附墙通风道、垃圾道、电缆竖井等按根据计图示尺寸按照体积计算工程量，并入所依附的墙体工程量内，不扣除单个横断面在 0.1 m^2 以内的孔洞所占体积。

5．零星砌砖按照设计图示尺寸以立方米为单位计算工程量。

6．砖、石地沟不分墙基、墙身，合并以立方米为单位计算工程量。

7．砖砌池井不分圆形、矩形按照实体积以立方米为单位计算工程量。

8．墙面勾缝按照垂直投影面积计算工程量，扣除墙裙和墙面抹灰面所占面积，不扣除门窗洞口、门窗套、腰线等零星抹灰所占的面积，附墙柱和门窗洞口侧面的勾缝面积亦不增加。独立砖柱勾缝按照设计图示尺寸以平方米为单位计算工程量。

9．砌体围墙按照设计中心线长度乘以围墙高度再乘以围墙厚度以立方米为单位计算工程量。不扣除围墙上部空花墙中空洞体积，附墙柱计算体积并入围墙体积内。扣除围墙中混凝土柱、混凝土砌块所占体积，混凝土砌块、混凝土围墙柱另行计算。

3.1 砌筑实心砖

3.1.1 砌筑砖基础、砖墙

工作内容：调运砂浆；运砖、浇砖、砌砖；安放木砖、垫块；清理砖面，原浆勾缝。

定额编号				YJ3－1	YJ3－2	YJ3－3	YJ3－4	YJ3－5	YJ3－6	YJ3－7	YJ3－8
项目				砖基础	砖墙				空花砖墙	砖柱	砖围墙
					外墙1砖及以上	外墙$\frac{3}{4}$砖及以下	内墙1砖及以上	内墙$\frac{3}{4}$砖及以下			
单位				m^3	m^3	m^3	m^3	m^3	m^3	m^3	m^3
基价（元）				**42.05**	**53.30**	**67.99**	**42.64**	**59.00**	**62.76**	**81.78**	**68.63**
其中	人工费（元）			39.61	50.82	65.49	40.19	56.51	61.00	79.27	65.90
	材料费（元）			2.44	2.48	2.50	2.45	2.49	1.76	2.51	2.73
	机械费（元）										
名称			单位	数量							
人工	普通工		工日	0.3444	0.4419	0.5694	0.4109	0.4109	0.5304	0.6893	0.5731
	建筑技术工		工日	0.5166	0.6628	0.8542	0.4805	0.7943	0.7957	1.0340	0.8596
计价材料	水		t	0.1050	0.1070	0.1090	0.1060	0.1120	0.0810	0.1100	0.1500
	其他材料费		元	2.1200	2.1600	2.1800	2.1300	2.1600	1.5200	2.1800	2.2800

续表

定额编号			YJ3-1	YJ3-2	YJ3-3	YJ3-4	YJ3-5	YJ3-6	YJ3-7	YJ3-8
项目			砖基础	砖墙				空花砖墙	砖柱	砖围墙
				外墙1砖及以上	外墙$\frac{3}{4}$砖及以下	内墙1砖及以上	内墙$\frac{3}{4}$砖及以下			
未计价材料	水泥砂浆　M5	m^3	0.2360	0.2430	0.2100	0.2330	0.2000	0.1180	0.2180	0.2410
	标准砖240×115×53	千块	0.5240	0.5320	0.5550	0.5280	0.5540	0.4020	0.5520	0.5700

工作内容： 凿墙槽、凿墙洞：凿、清理、出垃圾；修补墙洞：运料、整理洞口、镶砌、修粉、出垃圾；修补混凝土楼板洞：吊板、捣混凝土、修平顶。

<table>
<tr><td colspan="3">定 额 编 号</td><td>YJ3－9</td><td>YJ3－10</td><td>YJ3－11</td><td>YJ3－12</td></tr>
<tr><td colspan="3" rowspan="2">项 目</td><td colspan="2">一砖墙</td><td rowspan="2">修补墙洞
（0.05m^2 以上）</td><td rowspan="2">修补混凝土楼板洞
（2" 管以上）</td></tr>
<tr><td>凿墙槽</td><td>凿墙洞</td></tr>
<tr><td colspan="3">单 位</td><td>m</td><td>只</td><td>只</td><td>只</td></tr>
<tr><td colspan="3">基 价（元）</td><td>6.99</td><td>9.33</td><td>2.73</td><td>8.18</td></tr>
<tr><td rowspan="3">其中</td><td colspan="2">人 工 费（元）</td><td>6.99</td><td>9.33</td><td>2.71</td><td>8.13</td></tr>
<tr><td colspan="2">材 料 费（元）</td><td></td><td></td><td>0.02</td><td>0.05</td></tr>
<tr><td colspan="2">机 械 费（元）</td><td></td><td></td><td></td><td></td></tr>
<tr><td colspan="2">名 称</td><td>单位</td><td colspan="4">数 量</td></tr>
<tr><td rowspan="2">人工</td><td>普通工</td><td>工日</td><td>0.1890</td><td>0.1302</td><td>0.0378</td><td>0.1134</td></tr>
<tr><td>建筑技术工</td><td>工日</td><td></td><td>0.0868</td><td>0.0252</td><td>0.0756</td></tr>
<tr><td rowspan="2">计价材料</td><td>水</td><td>t</td><td></td><td></td><td>0.0005</td><td>0.0030</td></tr>
<tr><td>其他材料费</td><td>元</td><td></td><td></td><td>0.0200</td><td>0.0400</td></tr>
<tr><td rowspan="4">未计价材料</td><td>圆钢 综合</td><td>kg</td><td></td><td></td><td></td><td>0.0274</td></tr>
<tr><td>混合砂浆 M5</td><td>m^3</td><td></td><td></td><td>0.0017</td><td></td></tr>
<tr><td>现浇混凝土 C15－20 集中搅拌</td><td>m^3</td><td></td><td></td><td></td><td>0.0156</td></tr>
<tr><td>标准砖 240×115×53</td><td>千块</td><td></td><td></td><td>0.0050</td><td></td></tr>
</table>

3.1.2 砌筑砖沟道、砖井池

工作内容：调运砂浆；运砖、浇砖、砌砖；安放木砖、垫块；清理砖面，原浆勾缝。井箅购置、安装、固定；井盖购置、安装、固定。

定额编号			YJ3－13	YJ3－14	YJ3－15	YJ3－16
项目			砖地沟	砖井、池	铸铁雨水井箅	铸铁井盖
单位			m^3	m^3	套	套
基价（元）			**42.94**	**64.59**	**105.64**	**34.98**
其中	人工费（元）		40.45	62.07	27.82	23.18
	材料费（元）		2.49	2.52	77.82	11.80
	机械费（元）					
名称		单位	数量			
人工	普通工	工日	0.3517	0.5398	0.2419	0.2016
	建筑技术工	工日	0.5276	0.8096	0.3629	0.3024
计价材料	铸铁平箅	套			1.0100	
	铁钉	kg				0.0400
	煤焦油沥青漆	kg			4.3050	
	水	t	0.1100	0.1100		0.1260
	木模板	m^3				0.0050
	其他材料费	元	2.1600	2.1900	1.2700	2.2800

续表

定额编号			YJ3-13	YJ3-14	YJ3-15	YJ3-16
项目			砖地沟	砖井、池	铸铁雨水井箅	铸铁井盖
未计价材料	铸铁井盖（连座）	套				1.0000
	水泥砂浆　M5	m^3	0.2280	0.2340	0.2840	
	现浇混凝土 C20-10　集中搅拌	m^3				0.0610
	标准砖 240×115×53	千块	0.5400	0.5460		

3.1.3 零星砌砖及其他

工作内容：调运砂浆；运砖、浇砖、清理基面、砌砖；安放木砖、垫块；清理砖面，原浆勾缝。钢筋制作成型、场内运输、安放。

定额编号			YJ3－17	YJ3－18
项目			零星砌砖	砖砌体加筋
单位			m^3	t
基价（元）			**77.27**	**833.40**
其中	人工费（元）		74.78	780.96
	材料费（元）		2.49	46.84
	机械费（元）			5.60
名称		单位	数量	
人工	普通工	工日	0.6502	13.1727
	建筑技术工	工日	0.9754	5.6456
计价材料	水	t	0.1100	
	其他材料费	元	2.1600	46.8400
机械	钢筋切断机 40mm	台班		0.1200
未计价材料	圆钢 ϕ10 以外	kg		1020.0000
	水泥砂浆 M5	m^3	0.2110	
	标准砖 240×115×53	千块	0.5510	

3.2 砌筑空心砖、砌块

工作内容：调运砂浆；运砖、运砌块、浇砖、浇砌块、砌砖、砌砌块；安放垫块；清理砖面，原浆勾缝。

定额编号			YJ3-19	YJ3-20	YJ3-21	YJ3-22
项目			水泥焦渣空心砖	空心砖	加气混凝土块	硅酸盐砌块
单位			m^3	m^3	m^3	m^3
基价（元）			**36.37**	**42.60**	**37.48**	**39.96**
其中	人工费（元）		34.34	40.24	34.55	37.07
	材料费（元）		2.03	2.36	2.93	2.89
	机械费（元）					
名称		单位	数量			
人工	普通工	工日	0.2985	0.3499	0.3004	0.3223
	建筑技术工	工日	0.4479	0.5249	0.4506	0.4835
计价材料	水	t	0.1120	0.1090	0.1000	0.1000
	其他材料费	元	1.6900	2.0300	2.6300	2.5900
未计价材料	水泥砂浆　M10	m^3			0.0860	0.0810
	水泥砂浆　M5	m^3	0.1800	0.1760		
	加气混凝土块 600×240×150	块			43.8000	
	硅酸盐砌块 280×430×240	块				2.5250
	硅酸盐砌块 430×430×240	块				0.8500

续表

定额编号			YJ3－19	YJ3－20	YJ3－21	YJ3－22
项目			水泥焦渣空心砖	空心砖	加气混凝土块	硅酸盐砌块
未计价材料	硅酸盐砌块 580×430×240	块				2.2000
	硅酸盐砌块 880×430×240	块				7.2400
	标准砖 240×115×53	千块	0.0400		0.0276	0.0280
	黏土空心砖 240×115×115	千块		0.2760		
	水泥焦渣空心砖 90×190×190	块	4.3360			
	水泥焦渣空心砖 190×190×190	块	11.3820			
	水泥焦渣空心砖 390×190×190	块	55.8980			

3.3 砌 筑 石

3.3.1 砌筑石基础、石墙

工作内容： 打荒、运石、调运砂浆、清理基面；砌筑毛石、砌筑块石；安放垫块；洞口处石料加工；清理石面。

定额编号			YJ3-23	YJ3-24	YJ3-25	YJ3-26	YJ3-27	YJ3-28	YJ3-29
项目			毛石基础	粗料石基础	毛石墙	粗料石墙	方整石墙	粗料石柱	方整石柱
单位			m^3	m^3	m^3	m^3	m^3	m^3	m^3
基价（元）			**37.51**	**41.46**	**63.55**	**89.81**	**53.70**	**91.19**	**100.40**
其中	人工费（元）		35.80	39.76	61.84	88.27	51.82	89.64	98.16
	材料费（元）		1.71	1.70	1.71	1.54	1.88	1.55	2.24
	机械费（元）								
名称		单位	数量						
人工	普通工	工日	0.3114	0.3457	0.5378	0.7676	0.4506	0.7794	0.8536
	建筑技术工	工日	0.4669	0.5187	0.8066	1.1514	0.6760	1.1693	1.2804
计价材料	水	t	0.0790	0.0800	0.0790	0.0700	0.0600	0.0700	0.0600
	其他材料费	元	1.4800	1.4600	1.4800	1.3300	1.7000	1.3400	2.0600
未计价材料	水泥砂浆 M5	m^3	0.3930	0.1930	0.3930	0.1190	0.1410	0.1230	0.1360
	毛石 70～190	m^3	1.1220		1.1220				
	毛石细料石	m^3					0.9620		
	毛石粗料石	m^3		1.0400		1.0400		1.0400	
	毛石方整石	m^3							0.9640

3.3.2 砌筑石沟道

工作内容：打荒、运石，调运砂浆；砌筑毛石、砌筑块石；安放垫块；壁底交叉处石料加工；清理沟壁与沟底。

定额编号			YJ3－30	YJ3－31
项目			毛石地沟	粗料石地沟
单位			m^3	m^3
基价（元）			**72.88**	**80.83**
其中	人工费（元）		71.01	79.24
	材料费（元）		1.87	1.59
	机械费（元）			
名称		单位	数量	
人工	普通工	工日	0.6175	0.6891
	建筑技术工	工日	0.9262	1.0336
计价材料	水	t	0.0790	0.0700
	其他材料费	元	1.6300	1.3800
未计价材料	水泥砂浆　M10	m^3	0.3930	0.1190
	毛石 70～190	m^3	1.1220	
	毛石粗料石	m^3		1.0400

3.3.3 砌筑石挡土墙、石护坡

工作内容：打荒、运石，调运砂浆、清理基面；砌筑毛石砌筑块石；石料加工、清理面层。

定额编号			YJ3－32	YJ3－33	YJ3－34	YJ3－35	YJ3－36
项目			浆砌石护坡	干砌石护坡	毛石挡土墙	粗料石挡土墙	方整石台阶
单位			m^3	m^3	m^3	m^3	m^3
基价（元）			**47.86**	**30.96**	**44.44**	**59.35**	**93.49**
其中	人工费（元）		46.04	29.91	42.73	57.81	91.89
	材料费（元）		1.82	1.05	1.71	1.54	1.60
	机械费（元）						
名称		单位	数量				
人工	普通工	工日	0.4003	0.2601	0.3715	0.5027	0.7990
	建筑技术工	工日	0.6006	0.3902	0.5573	0.7541	1.1986
计价材料	水	t	0.0790		0.0790	0.0700	0.0600
	其他材料费	元	1.5800	1.0500	1.4800	1.3300	1.4200
未计价材料	水泥砂浆　M5	m^3	0.4310		0.3930	0.1190	0.1680
	中砂	m^3		0.3720			
	毛石 70～190	m^3	1.1730	1.1730	1.1220		
	毛石粗料石	m^3				1.0400	1.0400

3.4 砌体勾缝

工作内容：剔缝、洗刷；调运砂浆、勾缝。

定额编号			YJ3－37	YJ3－38	YJ3－39
项目			石墙勾缝		砖墙、砌块墙加浆勾缝
			毛石墙凸缝	料石墙凹缝	
单位			m^2	m^2	m^2
基价（元）			**6.46**	**3.99**	**3.04**
其中	人工费（元）		6.26	3.81	3.02
	材料费（元）		0.20	0.18	0.02
	机械费（元）				
名称		单位	数量		
人工	普通工	工日	0.0396	0.0241	0.0191
	建筑技术工	工日	0.0922	0.0562	0.0445
计价材料	水	t	0.0580	0.0580	0.0041
	其他材料费	元	0.0200	0.0100	0.0100
未计价材料	水泥砂浆　M5	m^3			0.0029
	水泥砂浆　1:3	m^3	0.0087	0.0025	

第4章　混凝土与钢筋、铁件工程

说　明

1．定额中模板综合考虑了钢模板、组合模板、复合模板、木模板及砖地模和混凝土地模，实际施工采用不同模板时，不做调整。定额综合考虑了现浇混凝土柱高度超过 6m、现浇混凝土梁板高度超过 3.6m、基础及地下墙（壁）埋深超过 3 m 的模板支撑措施，执行定额时不再另行增加模板支撑费用。

2．设备基础定额适用于转动、非转动机械设备及箱（罐）类设备基础工程。

3．毛石混凝土基础定额中毛石含量占混凝土体积 20%，设计要求配比含量不同时可以调整。

4．一般设备基础是指外形方正、带台阶的基础；复杂设备基础是指外形不规则（圆形、多边形或其他复杂形状）并带有风道、孔洞（不包括螺栓孔）的基础；弧型基础适用于管道支座基础。

5．复杂地坑是指带有顶板、设备基础、支墩、沟槽、隔墙、密闭门或人孔等不同结构的地坑，其余为一般地坑。

6．现浇框架分别执行相应的柱、梁定额。有梁板包括肋形板、密肋形板和井式梁板。

7．现浇零星构件包括压顶、雨篷板等。预制小型构件包括体积在 $0.1m^3$ 以内未列出定额项目的构件。

8．预制角钢框混凝土盖板定额中包括钢筋及角钢用量，其含量与设计不同时可以调整。定额中包括角钢框刷油漆费用，如镀锌时其费用另行计算。

9．外包钢现浇混凝土柱，混凝土部分执行矩形柱相应定额，外包钢骨架制作、安装执行金属结构有关定额。

10．钢筋混凝土定额中不包括钢筋、铁件费用（特殊说明除外）。钢筋按照机械加工、手工绑扎与焊接综合考虑，工程实际施工与定额不同时不做调整。

11．定额中ϕ10 以内钢筋按照不同规格Ⅰ级钢考虑，ϕ10 以外钢筋按照不同规格Ⅰ～Ⅲ级钢考虑，执行定额时，除另有说明外不做调整。

12．定额综合考虑了钢筋、铁件施工损耗率，工程实际施工与定额不同时不做调整。

13．弧形钢筋（不分曲率大小）执行相应钢筋定额时，人工费与机械费乘以 1.6 系数。

14．定额中混凝土是按照集中搅拌站搅拌制备。混凝土的强度等级、石子粒径、搅拌方式不同时按照附录 D 换算。

15．轻骨料墙板定额中，骨料是按照陶粒考虑，如设计选用骨料与定额不同时可以换算。

16．定额中预制构件包括砖地模、混凝土地模的铺设及拆除，地模费用见表 4-1。

17．混凝土构件安装分现场预制构件安装和购置成品构件安装。现场预制构件安装定额中包括了 1km 场内运输，工程实际运距超出 1km 时，应增加构件运输费用。

18．定额中构件安装、装卸、水平运输机械是综合考虑的，工程施工中不得因机械配备而调整费用。

19．构件安装包括表面清理。混凝土构件表面需要凿毛时，应另行计算。构件接头的二次灌浆已综合在安装定额中，不另行计算。

20．预制钢筋混凝土板补浇板缝宽度（指下口宽度）大于 30mm 时，执行现浇平板定额。

21．预制混凝土构件运输距离在 30km 以内时，执行本定额运输费用标准；运输距离超过 30km 时，按照公路货运标准计算运输费用。

表 4-1　　　　地模费用计算表　　　　单位：m^2

材料编号			4100001	4100002
项目			混凝土地模	砖地模
材料基价（元）			115.95	38.76
人工费（元）			49.82	16.61
材料费（元）			65.58	22.09
机械费（元）			0.55	0.06
名称		单位	数量	
人工	普通工	工日	0.8610	0.2870
	建筑技术工	工日	0.3690	0.1230
材料	普通硅酸盐水泥 32.5	t		0.3000
	水泥砂浆 1:2	m^3	0.0400	
	素水泥浆	m^3	0.0020	
	现浇混凝土 C15-40 现场搅拌	m^3	0.1500	
	粗砂	m^3	0.0400	0.0740
	碎石 40	m^3	0.1800	0.0330
	石灰膏	m^3		0.0020
	标准砖 240×115×53	千块		0.0450

续表

材料编号			4100001	4100002
项目			混凝土地模	砖地模
材料	铁钉	kg	0.0500	
	聚氯乙烯塑料薄膜 0.5mm	m^2	0.2200	
	水	t	0.1500	0.0800
	木模板	m^3	0.0020	
机械	夯实机	台班	0.0080	0.0020
	混凝土振捣器（插入式）	台班	0.0100	
	木工圆锯机 500mm	台班	0.0060	

22．加固工程。

（1）本定额不包括拆除混凝土地坪、挖填土方、排除地下障碍物。遇特殊作业需做排水、通风处理时，其费用可另行计算。

（2）混凝土加固基础、柱、梁、板均按木模考虑，其计价方法按钢筋混凝土分部工程说明计算。

（3）柱加固定额中已扣除柱、梁、板叠合混凝土体积。

（4）梁围套加固定额中楼板洞补缺混凝土体积已综合在定额内。

（5）被加固体的表面修补不包括在定额内容中。

（6）本定额不包括钢板涂刷防锈漆、防火漆工作内容。

（7）本定额适用单位工程 $10m^2$ 以上工作量的粘钢工程。

23．工程采用何种模板，应根据批准的施工组织设计确定。

工程量计算规则

1．现浇和预制混凝土定额子目的计量单位，除注明按照水平投影面积计算外，均按照设计图纸尺寸以立方米为单位计算工程量，不扣除钢筋、铁件和螺栓所占体积。

2．现浇混凝土工程量计算。

（1）基础工程量计算：

1）基础、底板、垫层工程量扣除伸入承台基础的桩头所占体积。

2）条形基础含有梁式和无梁式。凡有梁式条形基础其梁高（指基础扩大顶面至梁顶面的高度）*A* 超过 1.2m 时（见图 4-1），*B* 部分按照条型基础计算工程量，*A* 部分按照地下室混凝土墙计算工程量。

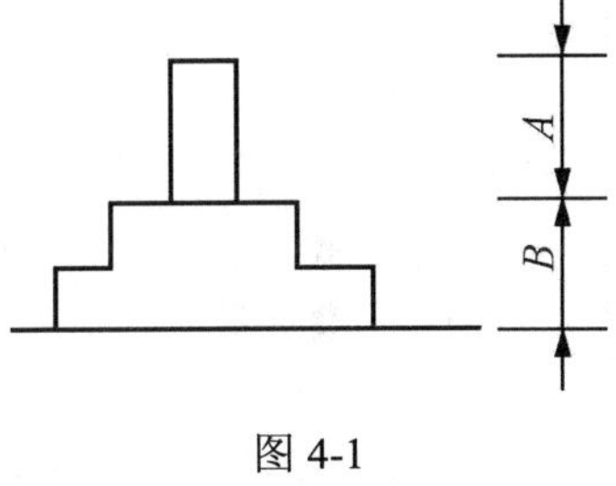

图 4-1

3）支架类独立基础短柱高度超过 1.2m 时，其基础短柱执行现浇柱定额。

4）设备基础按照不同体积分别计算工程量。框架式设备基础应分别按照基础、柱、梁、板和墙的相应定额计算工程量。当一个设备基础部分为块体、部分为框架时，应分别计算工程量。

5）计算设备基础工程量时，不扣除地脚螺栓孔单个面积在 $0.05m^2$ 以内孔洞所占体积。

6）布置在梁、楼板上的设备基础，其体积并入依附的梁、板工程量内。

7）布置在坑、池底板上的设备基础，其体积并入依附的底板工程量内。

8）二次灌浆按照实际灌浆体积计算工程量。计算设备基础台面二次灌浆时，不扣除地脚螺栓孔单个面积在 $0.05m^2$ 以内孔洞所占体积。

（2）电缆埋管外包混凝土按照施工图外围轮廓尺寸计算工程量，不扣除埋管所占体积。

（3）柱工程量计算。

1）柱高度计算：

——有梁板柱按照柱基上表面至楼板上表面的高度计算。

——无梁板柱按照柱基上表面至柱帽下表面的高度计算。

——有楼板隔层的框架柱按照柱基上表面至柱顶的高度计算。

——构造柱按照全高计算，嵌入墙体部分的体积并入构造柱中。

2）依附于柱上的混凝土结构牛腿工程量并入到柱工程量内计算.

3）柱帽工程量并入到柱工程量内计算。

（4）梁工程量计算：

1）梁高从梁底面计算至梁顶面。

2）梁长度计算：

——梁与柱连接时，梁长按照柱与柱之间的净距计算。

——次梁与柱和主梁连接时，次梁长度按照柱内侧面或主梁内侧面的净距计算。

——梁与砌体墙交接时，伸入墙内的梁头应计算梁的长度。

——梁与混凝土墙交接时，梁长度计算至墙内侧面。

——圈梁与过梁连接时，过梁长度按照门、窗洞口宽度两端共加 500mm 计算，其他按照圈梁长度计算。

3）梁端支撑处如有浇制混凝土垫块者，其体积并入梁内计算。

（5）板工程量计算：

1）计算混凝土板工程量时，不扣除单个面积 0.3m^2 以内孔洞所占体积，预留孔所需工料也不增加。

2）伸入砌体墙内的板头工程量并入板工程量内计算。

3）框架结构有梁板按照框架梁间净体积计算，非框架主梁、次梁、板体积一并计算工程量，不扣除板与柱交叉重复部分混凝土体积。

4）周边有梁的平板，梁与板应分别计算工程量。板的长度或宽度计算至梁内侧面。

（6）墙（壁）工程量计算：

1）计算墙、间壁墙、电梯井壁工程量时，应扣除门、窗洞口及单个面积 0.3m^2 以上孔洞所占体积。

2）混凝土墙（壁）中的圈梁、过梁、暗梁、暗柱不单独计算工程量，其体积并入墙（壁）体积内计算。

3）混凝土墙（壁）与底板、顶板连接处“三角形”工程量并入墙（壁）体积内计算。

4）混凝土墙（壁）与底板以底板顶标高分界；混凝土墙（壁）与顶板以顶板底标高分界。

（7）整体楼梯工程量计算：

1）整体楼梯应分层按照其水平投影面积之和计算。楼梯水平投影面积包括踏步、斜梁、休息平台、平台梁及楼梯与楼板连接的梁。楼梯与楼板的划分界限以楼梯梁的外侧面分界；当整体楼梯与现浇楼板无梁连接时，以楼梯最后一个踏步外沿加 300mm 分界。

2）楼梯井宽度大于 300mm 时，其面积应扣除。

3）伸入墙内部分的混凝土体积已包括在定额中，不另行计算。

4）楼梯基础、栏杆、栏板、扶手单独计算工程量。

（8）混凝土台阶按照设计图示尺寸的水平投影面积计算，台阶梯带根据材质按照零星构件单独计算。台阶定额中不包括垫层及面层，应分别执行相应定额。当台阶与平台连接时，其分界线应以最上层踏步外沿加 300mm 计算，平台另行计算。

（9）挑檐、天沟与梁连接时，以梁外侧面分界。

3．预制混凝土工程量计算。

定额中未包括预制混凝土构件的制作、安装、运输损耗，应按照表 4-2 的系数分别计算。

表 4-2　　预制混凝土构件制作、安装、运输损耗率表

项　　目	损耗率（%）
9m 以上桩、柱、框架	1.0
其他预制混凝土构件，钢筋混凝土桩	1.5

注　损耗系数由构件制作地点的堆放、运输损耗 20%、构件场外运输损耗 50%、构件安装损耗 30%组成。

4．钢筋工程量计算。

（1）钢筋工程量由设计用量、连接用量、施工措施用量组成。计算钢筋工程量时，不计算钢筋连接铁件、绑扎钢筋镀锌铁丝、焊接钢筋焊条、螺纹连接套筒、电渣压力焊剂重量。

（2）钢筋设计用量计算：

1）钢筋设计用量按照设计长度乘以钢筋单位理论重量计算。

2）钢筋设计含有搭接长度时，搭接用量计算在设计用量中，不再单独计算连接用量。

3）钢筋设计长度与根数应根据构件尺寸和结构设计规范要求计算。

（3）钢筋连接用量计算：

1）钢筋连接用量按照施工图规定计算。

2）施工图未规定者，按照单位工程施工图设计钢筋总用量4%计算，并入钢筋用量。

3）计算钢筋连接用量基数时，不包括设计已含搭接的钢筋用量，对焊、电渣压力焊、螺纹连接、冷挤压、植筋的钢筋用量亦不作为计算钢筋连接用量基数。

（4）施工措施钢筋用量根据批准的施工组织设计计算。无批准的施工组织设计时，建筑物施工措施钢筋用量按照单位工程施工图设计钢筋用量与连接用量之和 0.5%计算，构筑物施工措施钢筋用量按照单位工程施工图设计钢筋用量与连接用量之和 2%计算。

5．铁件工程量计算。

（1）铁件、设备螺栓固定架、穿墙钢套管按照设计图示尺寸、依据钢材单位理论质量计算工程量，不计算焊条重量。

（2）计算预埋螺栓工程量时，应包括螺头、螺杆、螺母重量。

4.1 现浇混凝土

4.1.1 垫层

工作内容：木模板制作与安装，模板拆除、运输、整理、堆放；混凝土浇筑、捣固、养护。

定额编号			YJ4-1	YJ4-2	YJ4-3
项目			垫层面积10m² 以内	垫层面积50m² 以内	垫层面积50m² 以外
单位			m³	m³	m³
基价（元）			**126.98**	**113.43**	**101.70**
其中	人工费（元）		72.16	68.61	65.04
	材料费（元）		52.49	42.66	34.64
	机械费（元）		2.33	2.16	2.02
名称		单位	数量		
人工	普通工	工日	1.0456	0.9960	0.9462
	建筑技术工	工日	0.6437	0.6107	0.5775
计价材料	圆钉	kg	0.5000	0.3870	0.3010
	水	t	0.5000	0.4900	0.4750
	木模板	m³	0.0250	0.0200	0.0150
	其他材料费	元	3.1100	2.9800	4.4800
机械	混凝土振捣器（平台式）	台班	0.0650	0.0650	0.0650
	木工圆锯机 500mm	台班	0.0310	0.0250	0.0200
未计价材料	现浇混凝土 C10-40 集中搅拌	m³	1.0040	1.0040	1.0040

4.1.2 基础

工作内容：木模板制作与安装、复合模板制作、安装、钢模板组合与安装；模板刷隔离剂；模板拆除、运输、整理、堆放；混凝土浇筑、捣固、养护。

<table>
<tr><td colspan="3">定　额　编　号</td><td>YJ4－4</td><td>YJ4－5</td><td>YJ4－6</td><td>YJ4－7</td><td>YJ4－8</td><td>YJ4－9</td></tr>
<tr><td colspan="3" rowspan="2">项　　目</td><td colspan="2">毛石混凝土</td><td rowspan="2">条形基础</td><td colspan="2">独立基础</td><td rowspan="2">杯型基础</td></tr>
<tr><td>独立基础</td><td>条形基础</td><td>单个体积 5m³ 以内</td><td>单个体积 5m³ 以外</td></tr>
<tr><td colspan="3">单　　位</td><td>m³</td><td>m³</td><td>m³</td><td>m³</td><td>m³</td><td>m³</td></tr>
<tr><td colspan="3">基　　价（元）</td><td>95.90</td><td>112.12</td><td>110.66</td><td>94.15</td><td>83.94</td><td>89.01</td></tr>
<tr><td rowspan="3">其中</td><td colspan="2">人　工　费（元）</td><td>47.52</td><td>62.21</td><td>66.59</td><td>50.04</td><td>42.20</td><td>43.62</td></tr>
<tr><td colspan="2">材　料　费（元）</td><td>44.59</td><td>46.12</td><td>38.55</td><td>38.59</td><td>36.22</td><td>39.87</td></tr>
<tr><td colspan="2">机　械　费（元）</td><td>3.79</td><td>3.79</td><td>5.52</td><td>5.52</td><td>5.52</td><td>5.52</td></tr>
<tr><td colspan="2">名　　称</td><td>单位</td><td colspan="6">数　　量</td></tr>
<tr><td rowspan="2">人工</td><td>普通工</td><td>工日</td><td>0.8195</td><td>1.0278</td><td>1.0697</td><td>0.8332</td><td>0.7077</td><td>0.7227</td></tr>
<tr><td>建筑技术工</td><td>工日</td><td>0.3307</td><td>0.4650</td><td>0.5195</td><td>0.3695</td><td>0.3079</td><td>0.3247</td></tr>
<tr><td rowspan="6">计价材料</td><td>对拉螺栓 M16</td><td>kg</td><td>0.4000</td><td>0.4647</td><td>0.5340</td><td>0.4600</td><td>0.4600</td><td></td></tr>
<tr><td>圆钉</td><td>kg</td><td>0.2160</td><td>0.2010</td><td>0.2690</td><td>0.2160</td><td>0.2010</td><td>0.1080</td></tr>
<tr><td>镀锌铁丝 8 号</td><td>kg</td><td></td><td></td><td></td><td></td><td></td><td>0.4600</td></tr>
<tr><td>水</td><td>t</td><td>0.3150</td><td>0.3150</td><td>0.3150</td><td>0.3150</td><td>0.3150</td><td>0.3150</td></tr>
<tr><td>通用钢模板</td><td>kg</td><td>1.9600</td><td>2.2771</td><td>3.8100</td><td>3.9600</td><td>3.5640</td><td>3.9600</td></tr>
<tr><td>木模板</td><td>m³</td><td>0.0140</td><td>0.0137</td><td>0.0040</td><td>0.0040</td><td>0.0040</td><td>0.0053</td></tr>
</table>

续表

定额编号			YJ4－4	YJ4－5	YJ4－6	YJ4－7	YJ4－8	YJ4－9
项目			毛石混凝土		条形基础	独立基础		杯型基础
			独立基础	条形基础		单个体积 $5m^3$ 以内	单个体积 $5m^3$ 以外	
计价材料	其他材料费	元	4.0200	4.0300	4.3500	4.4500	4.3400	4.6200
机械	汽车式起重机　5t	台班	0.0020	0.0020	0.0050	0.0050	0.0050	0.0050
	载重汽车　5t	台班	0.0060	0.0060	0.0070	0.0070	0.0070	0.0070
	混凝土振捣器（插入式）	台班	0.0660	0.0660	0.0770	0.0770	0.0770	0.0770
未计价材料	现浇混凝土 C15－40　集中搅拌	m^3	0.8578	0.8578				
	现浇混凝土 C25－40　集中搅拌	m^3			1.0090	1.0090	1.0090	1.0090
	毛石 70～190	m^3	0.2720	0.2720				

4.1.3 柱

工作内容：木模板制作与安装、复合模板制作与安装、钢模板组合与安装；模板刷隔离剂；模板拆除、运输、整理、堆放；混凝土浇筑、捣固、养护。

定额编号			YJ4－10	YJ4－11	YJ4－12	YJ4－13	YJ4－14	YJ4－15
项目			矩形柱				异形柱	
			周长1.8以内		周长1.8以外		组合模板	复合模板
			组合模板	复合模板	组合模板	复合模板		
单位			m^3	m^3	m^3	m^3	m^3	m^3
基价（元）			**420.76**	**461.09**	**342.52**	**361.12**	**499.42**	**535.00**
其中	人工费（元）		223.22	214.66	175.78	169.36	281.94	247.93
	材料费（元）		173.07	221.96	145.53	170.55	190.81	262.02
	机械费（元）		24.47	24.47	21.21	21.21	26.67	25.05
名称		单位	数量					
人工	普通工	工日	3.4004	3.2812	2.7228	2.6334	4.2331	3.7581
	建筑技术工	工日	1.8732	1.7934	1.4431	1.3832	2.4100	2.0938
计价材料	圆钉	kg	0.2160	0.1890	0.2010	0.1760	0.2830	
	镀锌铁丝8号	kg	2.0000	2.0102	1.4580	1.4654	2.0000	2.0102
	水	t	0.2100	0.2100	0.2100	0.2100	0.2100	0.2100
	支撑钢管及扣件	kg	4.7820	5.4993	3.1100	3.5765	5.5480	6.3802
	通用钢模板	kg	18.4830		16.4200		20.1130	
	复合木模板	m^2		3.0080		2.1870		3.8210

续表

定额编号			YJ4－10	YJ4－11	YJ4－12	YJ4－13	YJ4－14	YJ4－15
项目			矩形柱				异形柱	
			周长1.8以内		周长1.8以外		组合模板	复合模板
			组合模板	复合模板	组合模板	复合模板		
计价材料	木模板	m^3	0.0150	0.0240	0.0130	0.0230	0.0170	0.0246
	其他材料费	元	5.9100	6.4000	5.6200	5.8700	6.5200	7.0000
机械	汽车式起重机　5t	台班	0.0270	0.0270	0.0230	0.0230	0.0300	0.0302
	载重汽车　5t	台班	0.0360	0.0360	0.0310	0.0310	0.0390	0.0392
	混凝土振捣器（插入式）	台班	0.1130	0.1130	0.1130	0.1130	0.1130	
未计价材料	现浇混凝土 C25－40　集中搅拌	m^3	0.5550	0.5550	0.5550	0.5550	0.5550	1.0090
	现浇混凝土 C40－40　集中搅拌	m^3	0.4541	0.4541	0.4541	0.4541	0.4541	

定额编号			YJ4－16	YJ4－17	YJ4－18
项目			构造柱	空心管柱	
				定型模板	复合模板
单位			m^3	m^3	m^3
基价（元）			**214.50**	**334.66**	**384.31**
其中	人工费（元）		124.41	174.51	193.83
	材料费（元）		74.89	134.57	162.93
	机械费（元）		15.20	25.58	27.55
名称		单位	数量		
人工	普通工	工日	2.0978	2.7328	3.0024
	建筑技术工	工日	0.8998	1.4114	1.5911
计价材料	加工铁件　综合	kg			1.3580
	电焊条 J422　综合	kg		0.0680	0.6800
	圆钉	kg	0.1210	0.1870	0.3460
	镀锌铁丝 8 号	kg	0.8580	0.1170	0.2710
	氧气	m^3		0.0170	0.1410
	乙炔气	m^3		0.0070	0.0500
	嵌缝膏	kg			1.4080
	水	t	0.2100	0.1800	0.1800
	通用钢模板	kg	8.8630	4.4000	
	专用钢模板空冷柱用	kg		10.5000	
	复合木模板	m^2			2.2030

续表

定　额　编　号			YJ4－16	YJ4－17	YJ4－18
项　　　目			构造柱	空心管柱	
				定型模板	复合模板
计价材料	木模板	m^3	0.0090	0.0130	0.0187
	模板漆 BT－20	kg		0.3970	
	其他材料费	元	4.4000	18.1800	10.0300
机械	汽车式起重机　5t	台班	0.0160		
	汽车式起重机　16t	台班		0.0100	0.0100
	载重汽车　5t	台班	0.0210	0.0400	0.0110
	混凝土振捣器（插入式）	台班	0.1130	0.1250	0.1250
	木工圆锯机　500mm	台班	0.0030	0.0040	0.0060
	木工压刨床（刨削宽度　单面 600mm）	台班			0.0280
	交流电焊机　21kVA	台班		0.0200	0.1910
未计价材料	槽钢 16 号以下	kg		2.8780	4.0210
	扁钢　综合	kg			1.6670
	中厚钢板 12～20	kg			5.8970
	现浇混凝土 C25－40　集中搅拌	m^3	1.0090		
	现浇混凝土 C40－40　集中搅拌	m^3		1.0090	1.0090

4.1.4 梁

工作内容：木模板制作与安装、复合模板制作与安装、钢模板组合与安装；模板刷隔离剂；模板拆除、运输、整理、堆放；混凝土浇筑、捣固、养护。

定额编号			YJ4－19	YJ4－20	YJ4－21	YJ4－22	YJ4－23
项目			基础梁	矩形梁			
				断面 0.25m² 以内		断面 0.25m² 以外	
				组合模板	复合模板	组合模板	复合模板
单位			m³	m³	m³	m³	m³
基价（元）			**234.95**	**401.65**	**416.45**	**351.78**	**359.20**
其中	人工费（元）		142.56	243.88	215.71	208.85	184.17
	材料费（元）		84.73	124.66	167.55	115.07	147.17
	机械费（元）		7.66	33.11	33.19	27.86	27.86
名称		单位	数量				
人工	普通工	工日	2.1162	3.5547	3.1666	3.0555	2.7112
	建筑技术工	工日	1.2357	2.1607	1.8951	1.8422	1.6126
计价材料	圆钉	kg	0.2430	0.6370	0.6402	0.0420	0.0422
	镀锌铁丝 8 号	kg	3.0400	1.7340	1.7428	1.0600	1.0654
	水	t	0.2100	0.1800	0.1800	0.1500	0.1500
	支撑钢管及扣件	kg		6.0430	6.0430	7.2954	7.2954
	通用钢模板	kg	9.7960	11.4200		10.0870	
	复合木模板	m²			2.0630		2.0010

续表

定额编号			YJ4－19	YJ4－20	YJ4－21	YJ4－22	YJ4－23
项目			基础梁	矩形梁			
				断面0.25m² 以内		断面0.25m² 以外	
				组合模板	复合模板	组合模板	复合模板
计价材料	木模板	m^3	0.0034	0.0040	0.0130	0.0036	0.0040
	其他材料费	元	5.7000	6.8800	7.3100	6.5600	6.8800
机械	汽车式起重机　5t	台班	0.0070	0.0370	0.0370	0.0240	0.0240
	载重汽车　5t	台班	0.0090	0.0490	0.0490	0.0490	0.0490
	混凝土振捣器（插入式）	台班	0.1130	0.1130	0.1130	0.1130	0.1130
	木工圆锯机　500mm	台班	0.0040	0.0120	0.0150	0.0150	0.0150
未计价材料	现浇混凝土 C25－40　集中搅拌	m^3	1.0090	0.5550	0.5550	0.5550	0.5550
	现浇混凝土 C40－40　集中搅拌	m^3		0.4541	0.4541	0.4541	0.4541

定额编号			YJ4－24	YJ4－25	YJ4－26	YJ4－27	YJ4－28	YJ4－29
项目			异形梁		悬臂梁		圈梁	过梁
			木模板	复合模板	组合模板	复合模板		
单位			m^3	m^3	m^3	m^3	m^3	m^3
基价（元）			**467.01**	**522.74**	**490.72**	**519.74**	**322.61**	**512.44**
其中	人工费（元）		242.37	209.12	266.10	234.06	118.41	255.33
	材料费（元）		170.58	259.92	189.79	249.97	191.63	227.06
	机械费（元）		54.06	53.70	34.83	35.71	12.57	30.05
名称		单位	数量					
人工	普通工	工日	3.5281	3.0641	3.8591	3.4120	1.8115	3.7327
	建筑技术工	工日	2.1505	1.8413	2.3714	2.0733	0.9881	2.2542
计价材料	圆钉	kg	0.7640	0.7679	0.1240	0.6543	0.2850	0.4280
	镀锌铁丝 8 号	kg	2.0780	2.0886	1.7500	1.7589		
	水	t	0.1800	0.1800	0.2100	0.2100	0.2150	0.2950
	钢管脚手架　包括扣件	kg			5.8188	5.8188		
	支撑钢管及扣件	kg	8.0840	8.0840	6.9371	6.9371		3.2181
	通用钢模板	kg			13.8600		5.3550	8.5820
	复合木模板	m^2		4.0113		3.0530		
	木模板	m^3	0.0563	0.0090	0.0130	0.0130	0.0861	0.0835
	其他材料费	元	8.0500	8.9400	9.8100	10.4000	7.4600	10.8100
机械	汽车式起重机　5t	台班	0.0610	0.0610	0.0390	0.0392	0.0090	0.0280
	载重汽车　5t	台班	0.0800	0.0800	0.0510	0.0513	0.0140	0.0440

续表

定额编号			YJ4－24	YJ4－25	YJ4－26	YJ4－27	YJ4－28	YJ4－29
项目			异形梁		悬臂梁		圈梁	过梁
			木模板	复合模板	组合模板	复合模板		
机械	混凝土振捣器（插入式）	台班	0.1130	0.1130	0.1130	0.1130	0.1130	0.1130
	木工圆锯机 500mm	台班	0.0510	0.0380	0.0210	0.0460	0.0914	0.0914
未计价材料	现浇混凝土 C25－40 集中搅拌	m^3	1.0090	1.0090	1.0090	1.0090	1.0090	1.0090

4.1.5 板

工作内容： 木模板制作与安装、复合模板制作与安装、钢模板组合与安装；模板刷隔离剂；模板拆除、运输、整理、堆放；混凝土浇筑、捣固、养护。

定额编号			YJ4－30	YJ4－31	YJ4－32	YJ4－33
项目			有梁板			
			厚度 10cm 以内		厚度 10cm 以外	
			组合模板	复合模板	组合模板	复合模板
单位			m^3	m^3	m^3	m^3
基价（元）			**313.89**	**358.31**	**263.73**	**307.84**
其中	人工费（元）		150.81	132.82	133.92	118.10
	材料费（元）		142.12	204.45	114.26	174.19
	机械费（元）		20.96	21.04	15.55	15.55
名称		单位	数量			
人工	普通工	工日	2.2235	1.9726	1.9835	1.7626
	建筑技术工	工日	1.3180	1.1506	1.1641	1.0170
计价材料	圆钉	kg	0.3010	0.4322	0.2180	0.3116
	镀锌铁丝 8 号	kg	2.5800	2.5932	1.8600	1.8695
	水	t	0.4860	0.4860	0.3270	0.3270
	钢管脚手架 包括扣件	kg	3.2461	3.2461	3.0114	3.0114
	支撑钢管及扣件	kg	4.2385	4.2385	4.0142	4.0142
	通用钢模板	kg	6.7158		5.3680	

续表

定额编号			YJ4－30	YJ4－31	YJ4－32	YJ4－33
项目			有梁板			
			厚度10cm以内		厚度10cm以外	
			组合模板	复合模板	组合模板	复合模板
计价材料	复合木模板	m^2		2.2650		2.0460
	木模板	m^3	0.0210	0.0210	0.0141	0.0141
	其他材料费	元	8.8900	9.5000	8.2800	8.8700
机械	汽车式起重机　5t	台班	0.0220	0.0221	0.0150	0.0150
	载重汽车　5t	台班	0.0280	0.0281	0.0210	0.0210
	混凝土振捣器（插入式）	台班	0.1130	0.1130	0.1130	0.1130
	木工圆锯机　500mm	台班	0.0400	0.0400	0.0300	0.0300
未计价材料	现浇混凝土C25－20　集中搅拌	m^3	1.0090	1.0090		
	现浇混凝土C40－40　集中搅拌	m^3			1.0090	1.0090

定额编号			YJ4－34	YJ4－35	YJ4－36	YJ4－37	YJ4－38	YJ4－39
项目			平板		悬臂板		地下建筑底板	
			组合模板	复合模板	组合模板	复合模板	厚300mm以内	厚300mm以外
单位			m^3	m^3	m^3	m^3	m^3	m^3
基价（元）			**288.72**	**324.42**	**348.28**	**396.64**	**39.61**	**38.26**
其中	人工费（元）		143.32	126.47	196.18	172.34	24.58	23.69
	材料费（元）		129.37	181.92	125.16	197.25	12.79	12.33
	机械费（元）		16.03	16.03	26.94	27.05	2.24	2.24
名称		单位	数量					
人工	普通工	工日	2.1281	1.8928	2.8713	2.5374	0.4585	0.4460
	建筑技术工	工日	1.2420	1.0853	1.7296	1.5088	0.1465	0.1382
计价材料	对拉螺栓 M12	kg					0.1200	0.1200
	圆钉	kg	0.1790	0.1799	0.3222	0.3222	0.0340	0.0340
	镀锌铁丝8号	kg	1.2480	1.2480	1.6970	1.6970		
	水	t	0.5176	0.5176	0.4830	0.4830	0.2910	0.2910
	钢管脚手架 包括扣件	kg	1.5431	1.5431	1.2731	1.2731		
	支撑钢管及扣件	kg	3.6927	3.6927	4.6776	4.6776		
	通用钢模板	kg	8.6970		8.1260		0.8140	0.8140
	复合木模板	m^2		2.7680		2.6930		
	木模板	m^3	0.0190	0.0080	0.0144	0.0144	0.0010	0.0010
	其他材料费	元	9.6100	10.1300	9.1300	9.8500	4.6800	4.2300

续表

定额编号			YJ4-34	YJ4-35	YJ4-36	YJ4-37	YJ4-38	YJ4-39
项目			平板		悬臂板		地下建筑底板	
			组合模板	复合模板	组合模板	复合模板	厚300mm以内	厚300mm以外
机械	汽车式起重机 5t	台班	0.0160	0.0160	0.0288	0.0289	0.0010	0.0010
	载重汽车 5t	台班	0.0220	0.0220	0.0396	0.0398		
	载重汽车 6t	台班					0.0010	0.0010
	混凝土振捣器（插入式）	台班	0.1130	0.1130	0.1136	0.1136	0.0770	0.0770
	木工圆锯机 500mm	台班	0.0210	0.0210	0.0200	0.0200	0.0100	0.0100
未计价材料	现浇混凝土 C25-20 集中搅拌	m^3	1.0090	1.0090	1.0090	1.0090		
	水工现浇混凝土 C25-40 集中搅拌	m^3					1.0090	1.0090

4.1.6 墙

工作内容： 木模板制作与安装、复合模板制作与安装、钢模板组合与安装；模板刷隔离剂；模板拆除、运输、整理、堆放；混凝土浇筑、捣固、养护。

定额编号			YJ4-40	YJ4-41	YJ4-42	YJ4-43
项目			地上建筑墙（壁）			
			厚250mm以内		厚250mm以外	
			组合模板	复合模板	组合模板	复合模板
单位			m^3	m^3	m^3	m^3
基价（元）			**396.89**	**468.20**	**297.86**	**356.18**
其中	人工费（元）		193.82	169.49	134.18	114.74
	材料费（元）		172.95	268.59	139.72	217.48
	机械费（元）		30.12	30.12	23.96	23.96
名称		单位	数量			
人工	普通工	工日	2.8907	2.5512	2.0257	1.7525
	建筑技术工	工日	1.6705	1.4441	1.1390	0.9596
计价材料	圆钉	kg	0.4428	0.4428	0.2457	0.2470
	镀锌铁丝8号	kg	2.6800	2.6800	1.9980	1.9980
	水	t	0.3180	0.3180	0.2510	0.2510
	钢管脚手架　包括扣件	kg	3.7148	3.7148	2.6924	2.6924
	支撑钢管及扣件	kg	3.4560	3.4560	2.8130	2.8130
	通用钢模板	kg	14.6368		12.1860	

续表

定额编号			YJ4－40	YJ4－41	YJ4－42	YJ4－43
项目			地上建筑墙（壁）			
			厚250mm以内		厚250mm以外	
			组合模板	复合模板	组合模板	复合模板
计价材料	复合木模板	m^2		4.0610		3.3335
	木模板	m^3	0.0162	0.0162	0.0135	0.0136
	其他材料费	元	5.8800	6.8300	5.4000	6.1800
机械	汽车式起重机　5t	台班	0.0350	0.0350	0.0280	0.0280
	载重汽车　5t	台班	0.0416	0.0416	0.0314	0.0314
	混凝土振捣器（插入式）	台班	0.1130	0.1130	0.1130	0.1130
	木工圆锯机　500mm	台班	0.0200	0.0200	0.0200	0.0200
未计价材料	现浇混凝土C25－40　集中搅拌	m^3	1.0090	1.0090	1.0090	1.0090

定额编号			YJ4－44	YJ4－45	YJ4－46
项目			防火墙		电缆、通风竖井
			组合模板	复合模板	
单位			m^3	m^3	m^3
基价（元）			**340.57**	**369.76**	**504.37**
其中	人工费（元）		142.84	121.89	264.45
	材料费（元）		168.22	223.73	210.74
	机械费（元）		29.51	24.14	29.18
名称		单位	数量		
人工	普通工	工日	2.1468	1.8524	3.8762
	建筑技术工	工日	1.2194	1.0260	2.3275
计价材料	加工铁件　综合	kg	2.8190	2.8190	
	圆钉	kg	0.2730	0.3730	0.2677
	镀锌铁丝 8 号	kg	2.5870	2.5870	2.6370
	水	t	0.2050	0.2050	0.6928
	钢管脚手架　包括扣件	kg	5.7168	5.7168	
	支撑钢管及扣件	kg	2.1680	2.1680	3.8923
	通用钢模板	kg	10.6810		17.9130
	复合木模板	m^2		2.6170	
	木模板	m^3	0.0160	0.0160	0.0370
	其他材料费	元	6.3000	6.8500	7.2200
机械	汽车式起重机　5t	台班	0.0300	0.0240	0.0310

续表

定额编号			YJ4－44	YJ4－45	YJ4－46
项目			防火墙		电缆、通风竖井
			组合模板	复合模板	
机械	载重汽车　5t	台班	0.0450	0.0360	0.0407
	混凝土振捣器（插入式）	台班	0.1130	0.1130	0.1130
	木工圆锯机　500mm	台班	0.0320	0.0320	0.0550
未计价材料	现浇混凝土 C25－20　集中搅拌	m^3	1.0090	1.0090	1.0090

4.1.7 设备基础

工作内容： 木模板制作与安装、复合模板制作与安装、钢模板组合与安装；模板刷隔离剂；模板拆除、运输、整理、堆放；混凝土浇筑、捣固、养护。

定额编号			YJ4－47	YJ4－48	YJ4－49	YJ4－50	YJ4－51	YJ4－52
项目			一般设备基础			复杂设备基础		
			$5m^3$ 以内	$50m^3$ 以内	$50m^3$ 以外	$5m^3$ 以内	$50m^3$ 以内	$50m^3$ 以外
单位			m^3	m^3	m^3	m^3	m^3	m^3
基价（元）			**177.09**	**94.81**	**72.21**	**240.74**	**154.56**	**119.64**
其中	人工费（元）		75.05	41.22	27.02	94.00	50.38	32.14
	材料费（元）		88.40	45.94	39.38	135.74	95.28	80.32
	机械费（元）		13.64	7.65	5.81	11.00	8.90	7.18
名称		单位	数量					
人工	普通工	工日	1.1756	0.6918	0.4858	1.4508	0.8290	0.5658
	建筑技术工	工日	0.6068	0.3004	0.1739	0.7754	0.3789	0.2155
计价材料	圆钉	kg	0.3790	0.1680	0.1210	0.3870	0.2810	0.2220
	镀锌铁丝8号	kg	1.1440	0.5480	0.3120	1.1440	0.9000	0.7860
	水	t	0.6770	0.5131	0.4162	1.0100	0.9850	0.8710
	通用钢模板	kg	9.8300	4.7140	3.4090	7.6500	3.6370	2.8130
	木模板	m^3	0.0090	0.0040	0.0040	0.0410	0.0320	0.0250
	其他材料费	元	7.7400	7.3500	9.8700	9.2400	8.7500	12.0700
机械	汽车式起重机 5t	台班				0.0100	0.0080	0.0060

续表

定额编号			YJ4-47	YJ4-48	YJ4-49	YJ4-50	YJ4-51	YJ4-52
项目			一般设备基础			复杂设备基础		
			$5m^3$ 以内	$50m^3$ 以内	$50m^3$ 以外	$5m^3$ 以内	$50m^3$ 以内	$50m^3$ 以外
机械	汽车式起重机　8t	台班	0.0120	0.0060	0.0040			
	载重汽车　5t	台班	0.0150	0.0080	0.0060	0.0130	0.0100	0.0080
	混凝土振捣器（插入式）	台班	0.0770	0.0770	0.0770	0.0770	0.0770	0.0770
	木工圆锯机　500mm	台班	0.0150	0.0100	0.0100	0.0530	0.0420	0.0330
未计价材料	现浇混凝土 C20-40　集中搅拌	m^3	1.0090	1.0090	1.0090	1.0090	1.0090	1.0090

工作内容：定位、弹线、清理基层、选截材料、打磨、刷清油、钉子固定、清洁表面等全部过程。

定额编号			YJ4－53	YJ4－54
项目			室外基础防碰撞倒角	
			木线条	塑料线条
单位			m	m
基价（元）			**19.71**	**5.62**
其中	人工费（元）		2.08	1.22
	材料费（元）		17.63	4.40
	机械费（元）			
名称		单位	数量	
人工	普通工	工日	0.0134	0.0082
	建筑技术工	工日	0.0304	0.0176
计价材料	木线 100×12	m	1.0100	
	PVC 阴阳角线 30×30	m		1.0100
	圆钉	kg	0.0652	0.0231
	其他材料费	元	0.1900	0.0400

4.1.8 室内沟道、地坑

工作内容：木模板制作与安装、复合模板制作与安装、钢模板组合与安装；模板刷隔离剂；模板拆除、运输、整理、堆放；混凝土浇筑、捣固、养护。

定额编号			YJ4－55	YJ4－56	YJ4－57	YJ4－58	YJ4－59	YJ4－60	YJ4－61
项目			隧道	沟道	电缆埋管	复杂地坑		一般地坑	
					外包混凝土	容积 50m^3 以内	容积 200m^3 以内	容积 50m^3 以内	容积 200m^3 以内
单位			m^3	m^3	m^3	m^3	m^3	m^3	m^3
基价（元）			**288.49**	**308.95**	**82.85**	**292.95**	**251.08**	**247.88**	**212.64**
其中	人工费（元）		155.38	169.63	26.99	178.07	155.44	152.93	134.06
	材料费（元）		116.65	121.08	50.58	101.17	84.18	83.73	69.16
	机械费（元）		16.46	18.24	5.28	13.71	11.46	11.22	9.42
名称		单位	数量						
人工	普通工	工日	2.3530	2.5518	0.5025	2.6698	2.3539	2.3189	2.0556
	建筑技术工	工日	1.3139	1.4464	0.1614	1.5248	1.3143	1.2910	1.1154
计价材料	圆钉	kg	0.3310	0.1410	0.2190	0.1820	0.1456	0.1440	0.1152
	镀锌铁丝 8 号	kg	1.2500	1.4000	0.3600	1.0840	0.8672	0.8600	0.6880
	水	t	0.3194	0.3021	0.3620	0.4870	0.6273	0.3760	0.4080
	通用钢模板	kg	12.9400	14.5130	3.0940	8.6710	7.0020	8.8990	7.1192
	木模板	m^3	0.0070	0.0080	0.0120	0.0150	0.0120	0.0060	0.0048
	其他材料费	元	23.4500	18.1400	7.8000	18.5300	17.0100	17.6800	16.0000

续表

定额编号			YJ4－55	YJ4－56	YJ4－57	YJ4－58	YJ4－59	YJ4－60	YJ4－61
项目			隧道	沟道	电缆埋管	复杂地坑		一般地坑	
					外包混凝土	容积 $50m^3$ 以内	容积 $200m^3$ 以内	容积 $50m^3$ 以内	容积 $200m^3$ 以内
机械	汽车式起重机　5t	台班	0.0170	0.0190	0.0050	0.0140	0.0112	0.0110	0.0088
	载重汽车　5t	台班	0.0220	0.0250	0.0050	0.0170	0.0136	0.0140	0.0112
	混凝土振捣器（插入式）	台班	0.1250	0.1250	0.0580	0.1130	0.1130	0.1130	0.1130
	木工圆锯机　500mm	台班	0.0150	0.0150	0.0250	0.0250	0.0250	0.0150	0.0150
未计价材料	现浇混凝土 C20－40　集中搅拌	m^3	1.0090	1.0090	1.0090	1.0090	1.0090	1.0090	1.0090

4.1.9 楼梯及其他

工作内容：木模板制作与安装、复合模板制作与安装、钢模板组合与安装；模板刷隔离剂；模板拆除、运输、整理、堆放；混凝土浇筑、捣固、养护。

定额编号			YJ4－62	YJ4－63	YJ4－64	YJ4－65	YJ4－66
项目			整体楼梯	混凝土台阶	门窗框	挑檐、天沟	现浇零星构件
单位			m^2	m^2	m^3	m^3	m^3
基价（元）			**200.44**	**54.93**	**427.52**	**665.81**	**860.46**
其中	人工费（元）		117.20	35.74	254.87	383.11	358.99
	材料费（元）		78.41	17.53	158.01	262.21	471.52
	机械费（元）		4.83	1.66	14.64	20.49	29.95
名称		单位	数量				
人工	普通工	工日	1.7284	0.5755	3.7344	5.5221	5.2518
	建筑技术工	工日	1.0241	0.2779	2.2441	3.4384	3.1667
计价材料	圆钉	kg	0.1950	0.1480	0.6211	2.1670	3.0910
	镀锌铁丝 8 号	kg	0.2340	0.1160	0.8060	1.4680	1.2360
	水	t	0.1020	0.0980	0.2610	1.1160	1.1081
	木模板	m^3	0.0410	0.0080	0.0810	0.1281	0.2416
	其他材料费	元	2.8000	1.3400	4.7500	8.0000	11.0800
机械	汽车式起重机 5t	台班	0.0010	0.0010	0.0160	0.0180	0.0180
	载重汽车 6t	台班	0.0050	0.0010	0.0170	0.0200	0.0260
	混凝土振捣器（插入式）	台班	0.0400	0.0100	0.1130	0.0600	0.1130

续表

定额编号			YJ4－62	YJ4－63	YJ4－64	YJ4－65	YJ4－66
项目			整体楼梯	混凝土台阶	门窗框	挑檐、天沟	现浇零星构件
机械	混凝土振捣器（平台式）	台班	0.0140	0.0210		0.0550	
	木工圆锯机　500mm	台班	0.0620	0.0100	0.0150	0.1420	0.4170
未计价材料	现浇混凝土 C20－20　集中搅拌	m^3			1.0090	1.0090	1.0090
	现浇混凝土 C15－40　集中搅拌	m^3		0.1730			
	现浇混凝土 C25－40　集中搅拌	m^3	0.2500				

4.1.10 杯芯支撑、螺栓孔

工作内容：杯芯支撑制作、安装、刷隔离剂、拆除；螺栓孔芯支撑制作、安装、刷隔离剂、拆除。

定额编号			YJ4－67	YJ4－68	YJ4－69
项目			杯芯支撑	螺栓孔	
				深1m以内	深1m以外
单位			个	个	个
基价（元）			**78.83**	**22.03**	**44.40**
其中	人工费（元）		27.17	3.19	5.31
	材料费（元）		51.66	18.84	39.09
	机械费（元）				
名称		单位	数量		
人工	普通工	工日	0.2362	0.0277	0.0462
	建筑技术工	工日	0.3544	0.0416	0.0693
计价材料	圆钉	kg	0.0200	0.0400	0.0650
	镀锌铁丝8号	kg	0.8730	0.1160	0.1870
	木模板	m^3	0.0260	0.0100	0.0210
	其他材料费	元	0.5100	0.1900	0.3900

4.1.11 二次灌浆

工作内容：木模板制作与安装、刷隔离剂；模板拆除、运输、整理、堆放；细石混凝土浇筑、捣固、养护；高强灌浆料浇筑、密实、养护。

定额编号			YJ4－70	YJ4－71
项目			基础灌细石混凝土	设备基础灌高强灌浆料
单位			m^3	m^3
基价（元）			**217.91**	**4745.57**
其中	人工费（元）		152.94	166.24
	材料费（元）		61.45	4548.75
	机械费（元）		3.52	30.58
名称		单位	数量	
人工	普通工	工日	3.0589	3.3247
	建筑技术工	工日	0.7647	0.8312
计价材料	高强灌浆料	kg		1980.0000
	圆钉	kg	0.6180	0.3960
	水	t	0.3210	0.5589
	木模板	m^3	0.0296	0.0360
	其他材料费	元	3.6000	45.2900
机械	载重汽车 5t	台班	0.0010	0.0090
	混凝土振捣器（插入式）	台班	0.1500	
	木工圆锯机 500mm	台班	0.0300	0.0450

续表

定额编号			YJ4－70	YJ4－71
项目			基础灌细石混凝土	设备基础灌高强灌浆料
机械	电动空气压缩机　排气量 $6m^3/min$	台班		0.0900
未计价材料	现浇混凝土 C20－20　集中搅拌	m^3	1.0140	

4.2 预制混凝土构件制作

4.2.1 预制柱、梁

工作内容：清理地模、木模板制作与安装、复合模板制作与安装、钢模板组合与安装；模板刷隔离剂；模板拆除、运输、整理、堆放；混凝土浇筑、捣固、养护；成品起模、运输、堆放。

定额编号			YJ4－72	YJ4－73	YJ4－74	YJ4－75	YJ4－76	YJ4－77	YJ4－78
项目			矩形柱		支架		矩形梁		混凝土过梁
			组合模板	复合模板	组合模板	复合模板	组合模板	复合模板	
单位			m^3	m^3	m^3	m^3	m^3	m^3	m^3
基价（元）			**177.69**	**182.69**	**214.03**	**195.49**	**290.21**	**255.68**	**257.14**
其中	人工费（元）		71.79	66.76	91.62	84.47	138.52	126.82	108.42
	材料费（元）		94.03	104.06	103.58	92.19	131.31	108.48	129.27
	机械费（元）		11.87	11.87	18.83	18.83	20.38	20.38	19.45
名称		单位	数量						
人工	普通工	工日	1.1488	1.0785	1.4255	1.3257	2.0840	1.9207	1.6871
	建筑技术工	工日	0.5632	0.5165	0.7477	0.6811	1.1810	1.0721	0.8846
计价材料	圆钉	kg	0.4270	0.4270	0.5470	0.5470	0.7260	0.7260	0.7220
	镀锌铁丝8号	kg	2.0490	2.0490	2.4130	2.4130	2.3420	2.3420	0.3650
	镀锌铁丝18～22号	kg	0.0170	0.0170	0.0200	0.0200	0.0250	0.0250	0.0350
	水	t	0.1550	0.1550	0.2000	0.2000	0.1800	0.1800	0.2510
	通用钢模板	kg	2.8960	1.2480	3.8765		6.6370	1.1180	

续表

定额编号			YJ4-72	YJ4-73	YJ4-74	YJ4-75	YJ4-76	YJ4-77	YJ4-78
项目			矩形柱		支架		矩形梁		混凝土过梁
			组合模板	复合模板	组合模板	复合模板	组合模板	复合模板	
计价材料	复合木模板	m^2		0.4400		0.2280		0.1720	
	木模板	m^3	0.0180	0.0180	0.0250	0.0250	0.0310	0.0310	0.0455
	砖地模	m^2	0.5902	0.5902	0.2976	0.2976	0.3280	0.3280	0.7600
	其他材料费	元	7.9100	8.0000	8.1100	8.0000	8.1700	7.9500	10.6500
机械	汽车式起重机 5t	台班	0.0080	0.0080	0.0120	0.0120	0.0160	0.0160	0.0180
	龙门式起重机 20t	台班	0.0040	0.0040	0.0060	0.0060	0.0050	0.0050	
	载重汽车 8t	台班	0.0100	0.0100	0.0200	0.0200	0.0200	0.0200	0.0210
	混凝土振捣器（插入式）	台班	0.1250	0.1250	0.1250	0.1250	0.1250	0.1250	0.1250
	木工圆锯机 500mm	台班	0.0020	0.0020	0.0020	0.0020	0.0210	0.0210	0.0560
未计价材料	水泥砂浆 1:2	m^3	0.0010	0.0010	0.0015	0.0015	0.0020	0.0020	0.0010
	现浇混凝土 C30-40 集中搅拌	m^3	1.0040	1.0040	1.0040	1.0040	1.0040	1.0040	1.0040

4.2.2 预制板及其他

工作内容：清理地模、木模板制作与安装、复合模板制作与安装、钢模板组合与安装；模板刷隔离剂；模板拆除、运输、整理、堆放；混凝土浇筑、捣固、养护；成品起模、运输、堆放。

定额编号			YJ4－79	YJ4－80	YJ4－81	YJ4－82	YJ4－83	YJ4－84
项目			轻骨料混凝土墙板		平板	地沟盖板	角钢框混凝土盖板	小型构件
			组合模板	复合模板				
单位			m^3	m^3	m^3	m^3	m^3	m^3
基价（元）			**126.10**	**126.37**	**149.11**	**143.12**	**961.43**	**779.45**
其中	人工费（元）		29.77	28.33	44.28	61.70	673.24	263.47
	材料费（元）		26.23	27.90	34.83	36.42	123.79	430.48
	机械费（元）		70.10	70.14	70.00	45.00	164.40	85.50
名称		单位	数量					
人工	普通工	工日	0.5394	0.5193	0.7434	1.0530	6.1871	3.9167
	建筑技术工	工日	0.1887	0.1753	0.3225	0.4372	8.5446	2.2798
计价材料	预埋铁件　综合	kg						5.0000
	电焊条 J422　综合	kg				2.0600	8.6720	1.3100
	圆钉	kg	0.2120	0.2120	0.2470	0.0560		1.9870
	镀锌铁丝 18～22 号	kg	0.0300	0.0300	0.0360			
	氧气	m^3					0.6900	
	乙炔气	m^3					0.2900	
	防锈漆	kg					1.9000	

续表

定额编号			YJ4－79	YJ4－80	YJ4－81	YJ4－82	YJ4－83	YJ4－84
项目			轻骨料混凝土墙板		平板	地沟盖板	角钢框混凝土盖板	小型构件
			组合模板	复合模板				
计价材料	水	t	0.2890	0.2890	0.4180	0.7650	0.7870	0.8030
	通用钢模板	kg	0.3980		0.4120	0.0874		
	复合木模板	m^2		0.0890				
	木模板	m^3	0.0020	0.0020	0.0080	0.0040		0.1950
	砖地模	m^2	0.1640	0.1640	0.1280	0.1170	0.1170	0.6380
	其他材料费	元	11.5200	11.5400	10.1700	9.1100	35.1500	11.5800
机械	汽车式起重机 5t	台班	0.0080	0.0080	0.0080	0.0080		0.0090
	龙门式起重机 20t	台班	0.0950	0.0950	0.0900			0.0700
	载重汽车 5t	台班				0.0110	0.0110	0.0400
	载重汽车 8t	台班	0.0100	0.0101	0.0180			
	混凝土振捣器（平台式）	台班	0.1250	0.1250	0.1130	0.1130	0.1130	0.1130
	木工圆锯机 500mm	台班	0.0100	0.0100	0.0120	0.0100		0.1560
	交流电焊机 21kVA	台班					2.1600	
	点焊机（短臂）50kVA	台班				0.3680	0.3160	0.1870
未计价材料	等边角钢边长50以下	kg					369.0000	
	水泥砂浆 1:2	m^3	0.0020	0.0020	0.0020			
	陶粒混凝土	m^3	1.0090	1.0090				
	现浇混凝土 C25－10 集中搅拌	m^3			1.0090	1.0090	1.0090	1.0090

4.3 钢　筋

工作内容：钢筋加工、绑扎、焊接、安装；预应力钢筋加工、对焊、张拉、放张、切断；预应力钢筋加工、穿筋、张拉、孔道灌浆、锚固、张放、切割、清理。

定额编号			YJ4－85	YJ4－86	YJ4－87
项目			钢筋制作、安装		预应力钢筋
			ϕ10 以内	ϕ10 以外	
单位			t	t	t
基价（元）			**881.46**	**614.64**	**971.54**
其中	人工费（元）		542.44	326.96	383.44
	材料费（元）		94.22	64.57	251.56
	机械费（元）		244.80	223.11	336.54
名称		单位	数量		
人工	普通工	工日	4.7145	2.8455	3.3390
	建筑技术工	工日	7.0770	4.2630	4.9980
计价材料	电焊条 J422　综合	kg		0.9610	
	镀锌半圆头螺栓　综合	套			6.7500
	镀锌铁丝 18～22 号	kg	8.8000	2.0500	
	氧气	m^3			1.3200
	乙炔气	m^3			0.4600
	水	t		0.1200	

续表

定额编号			YJ4－85	YJ4－86	YJ4－87
项目			钢筋制作、安装		预应力钢筋
			ϕ10 以内	ϕ10 以外	
计价材料	张拉锚具	kg			26.3600
	其他材料费	元	47.3100	47.4700	56.8300
机械	汽车式起重机　8t	台班	0.0210	0.0210	0.0210
	载重汽车　5t	台班	0.0350	0.0350	
	载重汽车　6t	台班	0.4500	0.4500	0.4500
	电动卷扬机（单筒慢速）50kN	台班	0.3200		0.6000
	钢筋切断机　40mm	台班	0.1200	0.0900	0.0800
	钢筋弯曲机　40mm	台班	0.6510	0.1700	
	预应力钢筋拉伸机　650kN	台班			0.6600
	交流电焊机　21kVA	台班		0.2860	
	对焊机　100kVA	台班		0.1100	0.3900
未计价材料	槽钢 16 号以下	kg			31.8000
	圆钢 ϕ10 以内	kg	1020.0000		
	圆钢 ϕ10 以外	kg		1030.0000	
	预应力钢筋 ϕ10 以外	kg			1060.0000

定额编号			YJ4-88	YJ4-89	YJ4-90	YJ4-91
项目			钢筋连接			
			电渣压力焊	套筒冷压接头	螺纹接头 ϕ20 以内	螺纹接头 ϕ25 以内
单位			个	个	个	个
基价（元）			**5.47**	**13.02**	**14.83**	**17.13**
其中	人工费（元）		1.46	1.84	3.58	4.87
	材料费（元）		0.21	11.18	10.89	11.78
	机械费（元）		3.80		0.36	0.48
名称		单位	数量			
人工	普通工	工日	0.0292	0.0367	0.0716	0.0976
	建筑技术工	工日	0.0073	0.0092	0.0179	0.0243
计价材料	挤压套筒	个		1.0020		
	钢筋螺纹连接套筒 ϕ20 以内	套			1.0100	
	钢筋螺纹连接套筒 ϕ25 以内	套				1.0100
	电焊条 J422 综合	kg	0.0110			
	焊锡膏	kg	0.0200			
	石棉绒	kg	0.0100			
	塑料保护帽	个			1.1000	1.1000
	塑料密封帽	个			1.1000	1.1000
	其他材料费	元		0.1100	0.1100	0.1200
机械	管子切断套丝机 159mm	台班			0.0160	0.0210
	电渣焊机 电流 1000A	台班	0.0130			

4.4 铁件、螺栓

工作内容：下料、制作、除锈、刷防锈漆，安装埋设；螺栓购置、安装埋设、焊接固定。

定额编号			YJ4－92	YJ4－93	YJ4－94	YJ4－95	YJ4－96	YJ4－97	YJ4－98
项目			预埋铁件制作	设备螺栓固定架制作	穿墙钢套管埋件制作	预埋铁件安装	设备螺栓固定架安装	穿墙钢套管埋件安装	预埋螺栓安装
单位			t	t	t	t	t	t	t
基价（元）			**1509.58**	**1456.66**	**989.65**	**731.00**	**582.07**	**384.88**	**14340.57**
其中	人工费（元）		836.56	1010.03	501.52	437.81	414.50	340.35	391.40
	材料费（元）		314.89	237.29	162.41	112.42	74.83	11.46	13942.67
	机械费（元）		358.13	209.34	325.72	180.77	92.74	33.07	6.50
名称		单位	数量						
人工	普通工	工日	7.2744	8.4692	4.3611	7.3853	6.9916	5.7409	6.6020
	建筑技术工	工日	10.9117	13.3974	6.5416	3.1645	2.9964	2.4603	2.8294
计价材料	加工铁件 综合	kg					3.7000		
	电焊条 J422 综合	kg	32.8000	20.7600	12.0000	14.4000	6.7370	1.2690	0.6590
	高强螺栓 综合	kg							1010.0000
	氧气	m^3	6.3900	5.0700	3.1680				
	乙炔气	m^3	2.7800	2.4150	1.7680				
	防锈漆	kg				2.1620	1.2090	0.3276	

续表

定额编号			YJ4－92	YJ4－93	YJ4－94	YJ4－95	YJ4－96	YJ4－97	YJ4－98
项目			预埋铁件制作	设备螺栓固定架制作	穿墙钢套管埋件制作	预埋铁件安装	设备螺栓固定架安装	穿墙钢套管埋件安装	预埋螺栓安装
计价材料	其他材料费	元	41.6600	49.8900	48.1500	1.1100	0.7400	0.1100	138.0500
机械	汽车式起重机　5t	台班				0.0180	0.0180	0.0162	
	载重汽车　8t	台班				0.0360	0.0360	0.0342	
	摇臂钻床（钻孔直径　50mm）	台班	0.0500	0.0100					
	剪板机　厚度×宽度　40mm×3100mm	台班	0.0020	0.0020	0.0005				
	型钢剪断机　500mm	台班	0.0110	0.0110					
	交流电焊机　21kVA	台班	5.8710	3.4500	1.5200	2.6800	1.1940	0.2115	0.1098
	轻便钻孔机　XJ－100	台班			1.3870				
未计价材料	槽钢16号以下	kg		791.2000			0.0800		
	铁件钢筋	kg	220.0000						
	铁件型钢	kg	880.0000						
	薄钢板4以下	kg		248.4000	108.4000				
	焊接钢管DN150	kg			950.2000				

4.5　预制混凝土构件运输

工作内容：设置运输支架、装车、运输、卸车、堆放，支垫稳固。

定额编号			YJ4－99	YJ4－100
项目			预制混凝土构件运输	
			运距 1km	运距每增加 1km
单位			m^3	m^3
基价（元）			**92.29**	**6.89**
其中	人工费（元）		6.90	
	材料费（元）		2.29	
	机械费（元）		83.10	6.89
名称		单位	数量	
人工	普通工	工日	0.1866	
计价材料	钢丝绳 $\phi 8$ 以下	kg	0.0233	
	木楔	m^3	0.0008	
	镀锌铁丝 8 号	kg	0.1125	
	其他材料费	元	0.0300	
机械	汽车式起重机　12t	台班	0.0383	
	平板拖车组　30t	台班	0.0510	0.0065
未计价材料	槽钢 16 号以下	kg	0.1598	

4.6 预制混凝土构件安装

4.6.1 现场制作混凝土构件安装

工作内容：构件翻身、起吊、就位、临时加固、校正、焊接，接头二次浇灌、养护。

定额编号			YJ4－101	YJ4－102	YJ4－103	YJ4－104
项目			柱	支架	矩形梁	过梁
单位			m^3	m^3	m^3	m^3
基价（元）			**268.67**	**159.41**	**62.48**	**145.56**
其中	人工费（元）		94.65	73.00	25.18	33.33
	材料费（元）		52.68	26.12	11.14	10.15
	机械费（元）		121.34	60.29	26.16	102.08
名称		单位	数量			
人工	普通工	工日	1.8931	1.4601	0.5035	0.6666
	建筑技术工	工日	0.4732	0.3650	0.1259	0.1667
计价材料	电焊条 J422 综合	kg	6.3160	1.8180	0.4250	
	圆钉	kg	0.0870	0.0780	0.0500	0.0300
	镀锌铁丝 8 号	kg	0.2400	0.2400	0.1180	0.1010
	水	t	0.0418	0.0510	0.0320	0.0350
	木模板	m^3	0.0065	0.0070	0.0040	0.0050
	其他材料费	元	0.8400	0.6400	0.3500	0.4000
机械	履带式起重机 15t	台班			0.0310	0.1430

续表

定　额　编　号			YJ4－101	YJ4－102	YJ4－103	YJ4－104
项　　目			柱	支架	矩形梁	过梁
机械	履带式起重机　25t	台班	0.0430	0.0440		
	木工圆锯机　500mm	台班	0.0080	0.0120	0.0060	0.0070
	交流电焊机　21kVA	台班	1.4690	0.4230	0.0660	
未计价材料	槽钢 16 号以下	kg	0.2130	0.3259		
	现浇混凝土 C30－10　集中搅拌	m^3	0.0730	0.0810	0.0550	0.0680

定额编号			YJ4－105	YJ4－106	YJ4－107	YJ4－108
项目			轻骨料混凝土墙板	平板	地沟盖板	小型构件
单位			m^3	m^3	m^3	m^3
基价（元）			**159.98**	**124.19**	**35.61**	**226.02**
其中	人工费（元）		71.57	68.15	27.04	46.76
	材料费（元）		48.66	32.47	3.24	69.27
	机械费（元）		39.75	23.57	5.33	109.99
名称		单位	数量			
人工	普通工	工日	1.4313	1.3628	0.3451	0.9352
	建筑技术工	工日	0.3579	0.3408	0.2744	0.2338
计价材料	平垫铁　综合	kg				2.6430
	加工铁件　综合	kg	3.3300	0.4380		
	电焊条 J422　综合	kg	1.7600	0.3860		1.5310
	圆钉	kg	0.1530	0.2010		0.1940
	镀锌铁丝 8 号	kg		0.1300	0.1183	1.5120
	水	t	0.0500	0.0700	0.0100	0.0720
	木模板	m^3	0.0102	0.0139	0.0013	0.0195
	其他材料费	元	0.8900	0.7700	0.2300	1.0100
机械	履带式起重机　15t	台班		0.0130		
	履带式起重机　25t	台班	0.0080	0.0050		
	履带式起重机　50t	台班	0.0050			
	汽车式起重机　5t	台班			0.0130	0.0910

续表

定额编号			YJ4－105	YJ4－106	YJ4－107	YJ4－108
项目			轻骨料混凝土墙板	平板	地沟盖板	小型构件
机械	载重汽车　8t	台班				0.1380
	木工圆锯机　500mm	台班	0.0200	0.0200		0.0150
	交流电焊机　21kVA	台班	0.3860	0.1650		0.2730
未计价材料	槽钢16号以下	kg	0.3150	0.3150	0.2835	
	现浇混凝土C25－10　集中搅拌	m^3				0.0600
	现浇混凝土C30－10　集中搅拌	m^3	0.0780	0.0870	0.0360	

4.6.2 成品混凝土构件安装

工作内容：构件购置、运输、现场堆放；构件翻身、起吊、就位、临时加固、校正、焊接，接头二次浇灌、养护。

定额编号			YJ4－109	YJ4－110	YJ4－111	YJ4－112
项目			过梁	轻骨料混凝土墙板	平板	地沟盖板
单位			m^3	m^3	m^3	m^3
基价（元）			**173.30**	**167.68**	**135.26**	**44.85**
其中	人工费（元）		36.67	71.57	66.71	23.16
	材料费（元）		34.55	56.36	44.98	16.36
	机械费（元）		102.08	39.75	23.57	5.33
名称		单位	数量			
人工	普通工	工日	0.7332	1.4313	1.3239	0.2405
	建筑技术工	工日	0.1834	0.3579	0.3408	0.2743
计价材料	加工铁件　综合	kg		3.3300	0.4380	
	电焊条 J422　综合	kg		1.7600	0.3860	
	圆钉	kg	0.0300		0.2010	
	镀锌铁丝 8 号	kg	0.1010		0.1300	0.1183
	水	t	0.0350	0.0500	0.0700	0.0100
	木模板	m^3	0.0120	0.0102	0.0139	0.0010
	其他材料费	元	12.4100	9.7000	13.2800	13.8800
机械	履带式起重机　15t	台班	0.1430		0.0130	

续表

定额编号			YJ4－109	YJ4－110	YJ4－111	YJ4－112
项目			过梁	轻骨料混凝土墙板	平板	地沟盖板
机械	履带式起重机 25t	台班		0.0080	0.0050	
	履带式起重机 50t	台班		0.0050		
	汽车式起重机 5t	台班				0.0130
	木工圆锯机 500mm	台班	0.0070	0.0200	0.0200	
	交流电焊机 21kVA	台班		0.3860	0.1650	
未计价材料	槽钢16号以下	kg	0.3000	0.3150	0.3150	0.2520
	现浇混凝土 C30－10 集中搅拌	m^3	0.0680	0.0780	0.0870	0.0420
	预制钢筋混凝土过梁	m^3	1.0100			
	预制轻骨料混凝土墙板	m^3		1.0100		
	预制钢筋混凝土平板	m^3			1.0100	
	预制钢筋混凝土地沟盖板	m^3				1.0100

4.7 加固工程

4.7.1 钢筋混凝土加固工程

工作内容： 加固（混凝土）：凿保护层、混凝土表面凿毛、凿孔、表面清理、刷素水泥浆、运料、搅拌、浇捣、养护；侧向钢筋混凝土柱加固、钢筋混凝土梁底加固、墙体钢筋混凝土网片加固（混凝土）：运料、搅拌、浇捣、养护。

定额编号			YJ4－113	YJ4－114	YJ4－115	YJ4－116	YJ4－117	YJ4－118
项目			基础加固		侧向柱加固	梁底加固	板加固	墙体加固
			条形基础混凝土	独立基础混凝土	柱混凝土	梁混凝土	板混凝土	墙混凝土
单位			m^3	m^3	m^3	m^3	m^3	m^3
基价（元）			**283.20**	**247.13**	**534.54**	**474.26**	**472.00**	**448.32**
其中	人工费（元）		234.69	198.20	315.61	317.99	294.03	233.49
	材料费（元）		42.99	43.41	194.46	123.16	161.94	184.71
	机械费（元）		5.52	5.52	24.47	33.11	16.03	30.12
名称		单位	数量					
人工	普通工	工日	3.2749	2.7655	4.8875	4.4365	3.7502	3.2580
	建筑技术工	工日	2.1831	1.8437	2.5917	2.9584	2.9860	2.1720
计价材料	圆钉	kg	0.2959	0.2646	0.7210	0.6400	0.1790	0.5100
	镀锌铁丝18～22号	kg	0.0057	0.0038			1.2480	2.6800
	水	t	0.3150	0.3150	0.2100	0.3403	0.5176	0.3180

续表

定额编号			YJ4－113	YJ4－114	YJ4－115	YJ4－116	YJ4－117	YJ4－118
项目			基础加固		侧向柱加固	梁底加固	板加固	墙体加固
			条形基础混凝土	独立基础混凝土	柱混凝土	梁混凝土	板混凝土	墙混凝土
计价材料	钢管脚手架　包括扣件	kg					1.5431	3.7148
	支撑钢管及扣件	kg			4.7820	6.0430	3.6927	3.4560
	通用钢模板	kg	3.8100	3.9600	18.4830	11.4200	8.6970	14.6368
	木模板	m^3	0.0080	0.0080	0.0310	0.0080	0.0375	0.0231
	其他材料费	元	5.0100	4.8500	6.7600	7.7200	9.9300	6.0000
机械	汽车式起重机　5t	台班	0.0050	0.0050	0.0270	0.0370	0.0160	0.0350
	载重汽车　5t	台班	0.0070	0.0070	0.0360	0.0490	0.0220	0.0416
	混凝土振捣器（插入式）	台班	0.0770	0.0770	0.1130	0.1130	0.1130	0.1130
	木工圆锯机　500mm	台班				0.0120	0.0210	0.0200
未计价材料	现浇混凝土 C25－20　集中搅拌	m^3					1.0090	
	现浇混凝土 C25－40　集中搅拌	m^3	1.0090	1.0090	0.5550	0.5550		1.0090
	现浇混凝土 C40－40　集中搅拌	m^3			0.4541	0.4541		

工作内容：加固（钢筋）：运料、平直、断料、绑扎成型、分类堆放、安放。

定额编号			YJ4－119	YJ4－120	YJ4－121	YJ4－122	YJ4－123	YJ4－124
项目			基础加固		侧向柱加固	梁底加固	混凝土板加固	墙体加固
			条形基础钢筋	独立基础钢筋	柱钢筋	梁钢筋	板钢筋	墙体钢筋
单位			t	t	t	t	t	t
基价（元）			**917.45**	**1029.83**	**993.88**	**1011.06**	**1029.68**	**1073.52**
其中	人工费（元）		581.98	697.57	656.03	673.08	683.12	725.41
	材料费（元）		132.34	129.13	134.72	134.85	143.43	144.98
	机械费（元）		203.13	203.13	203.13	203.13	203.13	203.13
名称		单位	数量					
人工	普通工	工日	8.1207	9.7335	9.1539	9.3918	9.5319	10.1220
	建筑技术工	工日	5.4138	6.4890	6.1026	6.2612	6.3546	6.7480
计价材料	电焊条 J422 综合	kg	10.2000	8.2100	10.3700	10.4900	10.5700	9.8200
	镀锌铁丝 18～22 号	kg	4.0600	5.7300	4.3100	4.1900	5.7000	6.8400
	其他材料费	元	49.0000	48.9300	49.0300	49.0700	49.1100	49.1300
机械	汽车式起重机 8t	台班	0.0210	0.0210	0.0210	0.0210	0.0210	0.0210
	载重汽车 5t	台班	0.0350	0.0350	0.0350	0.0350	0.0350	0.0350
	载重汽车 6t	台班	0.4500	0.4500	0.4500	0.4500	0.4500	0.4500
	钢筋切断机 40mm	台班	0.1200	0.1200	0.1200	0.1200	0.1200	0.1200
	钢筋弯曲机 40mm	台班	0.6500	0.6500	0.6500	0.6500	0.6500	0.6500

续表

定 额 编 号			YJ4－119	YJ4－120	YJ4－121	YJ4－122	YJ4－123	YJ4－124
项 目			基础加固		侧向柱加固	梁底加固	混凝土板加固	墙体加固
			条形基础钢筋	独立基础钢筋	柱钢筋	梁钢筋	板钢筋	墙体钢筋
未计价材料	圆钢 ϕ10 以内	kg	158.0000	330.0000	142.0000	132.0000	124.0000	190.0000
	圆钢 ϕ10 以外	kg	891.0000	718.0000	907.0000	918.0000	925.0000	859.0000

4.7.2 粘结碳纤维布加固钢筋混凝土柱钢筋混凝土加固

工作内容：混凝土表面清理、断料、打孔、打磨、底涂树脂、粘结碳纤维布。

定额编号			YJ4－125	YJ4－126	YJ4－127	YJ4－128
项目			宽形箍布加固钢筋混凝土柱			
			单层		每增一层	
			200g	300g	200g	300g
单位			m^2	m^2	m^2	m^2
基价（元）			**228.91**	**265.29**	**85.06**	**121.04**
其中	人工费（元）		72.64	74.38	17.91	19.65
	材料费（元）		156.27	190.91	67.15	101.39
	机械费（元）					
名称		单位	数量			
人工	普通工	工日	1.0136	1.0378	0.2500	0.2741
	建筑技术工	工日	0.6758	0.6919	0.1666	0.1828
计价材料	丙酮 95%	kg	1.7505	1.7505	1.1073	1.1073
	碳纤维增强复合材料 200g	m^2	1.1073		1.1073	
	碳纤维增强复合材料 300g	m^2		1.1073		1.1073
	环氧树脂 E44	kg	1.8550	1.8550		
	环氧树脂 6101 号	kg	1.4068	1.6881	1.0589	1.3236
	酚醛树脂	kg	0.7138	0.7138		
	其他材料费	元	8.3400	8.6900	3.1900	3.5300

4.7.3 钢筋混凝土种植筋

工作内容：定位、放线、钻孔、清孔、注射强力胶、种植钢筋、检查验收。

<table>
<tr><td colspan="3">定　额　编　号</td><td>YJ4－129</td><td>YJ4－130</td></tr>
<tr><td colspan="3" rowspan="3">项　　目</td><td>柱侧、梁侧植钢筋</td><td>梁底、板底植钢筋</td></tr>
<tr><td colspan="2">钢筋埋深 10d</td></tr>
<tr><td colspan="2">ϕ32</td></tr>
<tr><td colspan="3">单　　位</td><td>根</td><td>根</td></tr>
<tr><td colspan="3">基　　价（元）</td><td>28.60</td><td>30.44</td></tr>
<tr><td rowspan="3">其中</td><td colspan="2">人　工　费（元）</td><td>3.26</td><td>3.91</td></tr>
<tr><td colspan="2">材　料　费（元）</td><td>12.21</td><td>12.21</td></tr>
<tr><td colspan="2">机　械　费（元）</td><td>13.13</td><td>14.32</td></tr>
<tr><td colspan="2">名　　称</td><td>单位</td><td colspan="2">数　　量</td></tr>
<tr><td rowspan="2">人工</td><td>普通工</td><td>工日</td><td>0.0455</td><td>0.0546</td></tr>
<tr><td>建筑技术工</td><td>工日</td><td>0.0303</td><td>0.0364</td></tr>
<tr><td rowspan="5">计价材料</td><td>强力植筋胶</td><td>kg</td><td>0.5915</td><td>0.5915</td></tr>
<tr><td>冲击钻头 ϕ16</td><td>支</td><td>0.0224</td><td>0.0224</td></tr>
<tr><td>高压水枪</td><td>把</td><td>0.0147</td><td>0.0147</td></tr>
<tr><td>油漆刷</td><td>把</td><td>0.0600</td><td>0.0600</td></tr>
<tr><td>其他材料费</td><td>元</td><td>0.1400</td><td>0.1400</td></tr>
<tr><td>机械</td><td>空气锤　300kg</td><td>台班</td><td>0.0550</td><td>0.0600</td></tr>
<tr><td>未计价材料</td><td>Ⅱ级螺纹钢 ϕ10 以外</td><td>kg</td><td>0.3232</td><td>0.3232</td></tr>
</table>

4.7.4 钢筋混凝土化学粘结锚栓

工作内容：断料、打孔、打磨、清孔、螺杆安装套筒、化学粘结锚栓。

定额编号			YJ4－131	YJ4－132
项目			钢筋混凝土柱梁化学粘结锚栓	
			柱侧、梁侧	梁底、板底
			M24	
单位			根	根
基价（元）			**23.09**	**25.07**
其中	人工费（元）		2.54	2.92
	材料费（元）		9.43	9.43
	机械费（元）		11.12	12.72
名称		单位	数量	
人工	普通工	工日	0.0355	0.0407
	建筑技术工	工日	0.0236	0.0272
计价材料	钢筋螺纹连接套筒 $\phi25$ 以内	套	0.0037	0.0037
	铆固螺栓 M12	个	1.0100	1.0100
	丁晴胶管 $\phi13$ 以下	m	1.0200	1.0200
	合金钻头 $\phi25$	支	0.0154	0.0154
	油漆刷	把	0.0500	0.0500
	其他材料费	元	0.0900	0.0900
机械	空气锤 300kg	台班	0.0466	0.0533

第5章 金属结构工程

说　明

1．本定额适用于金属构件现场加工制作，亦适用于施工企业加工厂加工制作。钢结构制作定额中包括一般钢结构加工场地、组合平台的摊销费。

2．定额中金属构件制作是按照焊接和螺栓连接考虑，不考虑铆接。

3．构件制作定额中包括分段制作和整体预装配的费用。整体预装配用的螺栓及锚固杆件的螺栓，已经包括在定额内，不另行计算。

4．定额除注明者外，均包括场内材料运输、下料、加工、组装、焊接及成品堆放等工作内容。

5．金属构件制作定额中，不包括除锈、刷防锈漆、刷油漆费用，应按照第 11 章相应定额另行计算。

6．钢栏杆、钢格栅定额子目不适用于楼梯木扶手下钢栏杆、窗防护格栅、围墙钢格栅、围墙钢格栅大门中钢栏杆工程。

7．不锈钢结构定额适用于所有建筑物、构筑物工程。不锈钢结构安装执行相应的金属结构安装定额。

8．金属构件制作子目中不包括镀锌费，发生时执行相应定额。

9．成品金属结构安装定额包括金属结构成品购置费及安装费。

10．钢屋架（包括拱形屋架）安装定额已综合考虑了支撑、天窗架、屋架的拼装组合工作内容。

11．工程设计的金属墙板或金属屋面板的板材规格、材质及保温层厚度，当与定额不同时允许换算，但定额中的人工费与机械费不做调整。

12．金属结构安装定额分现场制作构件安装和成品构件安装。现场制作构件安装定额中包括了 1km 场内运输，工程实际运距超出 1km 时，应增加构件运输费用。

13．金属结构构件运输距离在 30km 以内时，执行本定额运输费用标准；运输距离超过 30km 时，按照公路货运标准计算运输费用。

14．金属结构修理工程包括修理钢扶梯、傍板、调换扶梯踏步、平台制作与安装。

工程量计算规则

1．金属结构制作根据设计图示尺寸按照成品重量以吨为单位计算工程量，计算组装、拼装连接螺栓的重量。不计算焊条重量，不计算下料、加工等损耗量。

2．制动梁工程量包括制动梁、制动桁架、制动板重量。

3．钢吊车梁工程量包括梁及依附于梁上的车挡、连接件的重量。钢吊车梁上钢轨单独计算。

4．单轨吊车梁工程量包括梁及依附于梁上的车挡、连接件的重量。

5．墙架工程量包括墙架柱、梁及连接系杆重量；钢柱工程量包括依附于柱上的牛腿及悬臂梁的重量。

6．金属结构安装、运输工程量同制作工程量，定额已综合考虑了焊条、油漆等重量对安装、运输的影响。

7．钢轨按照成品重量计算工程量，不计算连接件、道钉、螺栓重量。

8．金属墙板工程量计算。

（1）金属墙板工程量分有保温墙板和无保温墙板分别计算。

（2）按照设计图示尺寸以安装面积计算工程量，扣除门窗洞口及单个面积在 $0.3m^2$ 以上孔洞所占面积。

（3）包角、包边、窗台泛水、接缝、附加层等不计算面积。

（4）突出墙面柱子侧面、墙垛侧面、女儿墙压顶、女儿墙里侧的墙板面积计算工程量，并入金属墙板工程量中。

9．金属屋面板工程量计算。

（1）金属屋面板工程量分有保温屋面板和无保温屋面板分别计算。

（2）平屋顶按照屋面水平投影面积计算工程量，扣除天窗洞口、屋顶通风器洞口及单个面积在 0.3m^2 以上孔洞所占面积。

（3）坡屋顶按照垂直坡屋面投影面积计算工程量，扣除天窗洞口、屋顶通风器洞口及单个面积在 0.3m^2 以上孔洞所占面积。

（4）包角、包边、女儿墙根部泛水、接缝、盖缝、附加层等不计算面积。

（5）当屋面与外墙交叉处设置屋面裙板时，按照裙板高度乘以外墙外边线长度计算面积，根据裙板材质执行相应的墙板定额。

5.1　钢结构现场制作

5.1.1　钢柱、钢支架、钢架

工作内容：材料放样、划线、下料；平直、钻孔、拼装、焊接；成品校正、成品编号、堆放。

定额编号			YJ5－1	YJ5－2	YJ5－3	YJ5－4	YJ5－5	YJ5－6
项目			钢柱	支架	钢梁	钢檩条	钢支撑	屋架
			型钢组合结构					
单位			t	t	t	t	t	t
基价（元）			**1531.87**	**1555.57**	**1523.30**	**1180.56**	**1513.34**	**2025.86**
其中	人工费（元）		433.46	445.98	475.88	402.66	605.45	814.13
	材料费（元）		333.00	315.90	324.06	218.83	261.69	344.07
	机械费（元）		765.41	793.69	723.36	559.07	646.20	867.66
名称		单位	数量					
人工	普通工	工日	3.5559	3.6945	3.9009	3.3471	5.0274	6.8418
	建筑技术工	工日	5.8057	5.9478	6.3759	5.3619	8.0660	10.7882
计价材料	电焊条 J422　综合	kg	21.8700	28.0000	24.8000	13.1700	19.9920	30.4000
	氧气	m^3	6.9900	6.1600	6.1600	6.1600	6.1600	6.1600
	乙炔气	m^3	2.4470	2.1560	2.1560	2.1560	2.1560	2.1560
	其他材料费	元	125.8400	80.5700	108.0800	73.1900	74.7900	94.2200
机械	龙门式起重机　10t	台班	0.3000		0.3200	0.3000	0.4500	
	龙门式起重机　20t	台班	0.1120	0.3600	0.1500			0.4500

续表

定额编号			YJ5－1	YJ5－2	YJ5－3	YJ5－4	YJ5－5	YJ5－6
项目			钢柱	支架	钢梁	钢檩条	钢支撑	屋架
			型钢组合结构					
机械	平板拖车组　10t	台班	0.2800	0.2800	0.2800	0.2800	0.2800	0.3250
	摇臂钻床（钻孔直径　50mm）	台班	0.1400	0.1400		0.1400	0.1400	0.1400
	剪板机　厚度×宽度　40mm×3100mm	台班	0.1100	0.0200	0.0900	0.0100	0.0200	0.0200
	型钢剪断机　500mm	台班		0.1100	0.0500	0.1100	0.1100	0.1100
	型钢调直机	台班		0.1100		0.1100	0.1100	0.1100
	钢板校平机　30×2600	台班	0.1100	0.0200		0.0200	0.0200	0.0200
	交流电焊机　30kVA	台班			3.1000	2.4900	2.4900	3.7300
	交流电焊机　40kVA	台班	2.2090	2.6170				
	电动空气压缩机　排气量 $6m^3/min$	台班	0.0800	0.0800	0.0600	0.0501		0.0800
	电动空气压缩机　排气量 $10m^3/min$	台班					0.0800	
未计价材料	工字钢 16 号以下	kg			106.0000	516.8000		
	等边角钢边长 63 以下	kg	3.0000	853.1000	3.0000	414.2000	827.0000	866.0000
	中厚钢板 12～20	kg	1052.0000	213.0000	953.7000	136.0000	238.0000	198.1300

5.1.2 钢箅子

工作内容：材料放样、划线、下料；平直、钻孔、拼装、焊接；成品校正、成品编号、堆放。

定额编号			YJ5－7
项目			钢油箅子
单位			t
基价（元）			**1385.52**
其中	人工费（元）		710.73
	材料费（元）		153.31
	机械费（元）		521.48
名称		单位	数量
人工	普通工	工日	6.0141
	建筑技术工	工日	9.3887
计价材料	电焊条 J422 综合	kg	14.2880
	氧气	m^3	1.6170
	乙炔气	m^3	0.5770
	其他材料费	元	49.4400
机械	龙门式起重机 5t	台班	0.4500
	载重汽车 4t	台班	0.2000
	型钢剪断机 500mm	台班	0.1100
	型钢调直机	台班	0.1100
	联合冲剪机 板厚 16mm	台班	0.4410
	交流电焊机 30kVA	台班	1.9698

续表

定 额 编 号			YJ5－7
项 目			钢油箅子
机械	电动空气压缩机 排气量 $10m^3/min$	台班	0.0800
未计价材料	槽钢 16 号以下	kg	153.0000
	扁钢 综合	kg	683.0000
	圆钢 $\phi10$ 以外	kg	192.0000
	中厚钢板 12～20	kg	32.0000

5.1.3 钢平台、钢梯子、钢栏杆

工作内容：材料放样、划线、下料；平直、钻孔、拼装、焊接；成品校正、成品编号、堆放。

定额编号			YJ5－8	YJ5－9	YJ5－10	YJ5－11	YJ5－12	YJ5－13	YJ5－14
项目			钢平台	钢走道平台	钢格栅板	钢梯		钢栏杆、钢格栅	
						踏步式	爬式	型钢为主	钢管为主
单位			t	t	t	t	t	t	t
基价（元）			**1500.53**	**1548.28**	**1498.47**	**1643.49**	**1484.78**	**1622.80**	**1838.49**
其中	人工费（元）		547.05	610.18	704.96	858.69	833.98	876.00	1079.21
	材料费（元）		278.71	269.05	240.83	226.13	146.93	196.30	195.94
	机械费（元）		674.77	669.05	552.68	558.67	503.87	550.50	563.34
名称		单位	数量						
人工	普通工	工日	4.5433	5.0920	5.8924	7.6562	6.8954	7.2615	9.0286
	建筑技术工	工日	7.2875	8.1110	9.3642	11.0655	11.1318	11.6793	14.3298
计价材料	电焊条 J422 综合	kg	23.9680	22.3680	20.3200	19.9920	12.7100	18.6700	18.6700
	氧气	m^3	6.1600	6.1600	6.1600	6.1600	3.0800	3.0800	3.0800
	乙炔气	m^3	2.1560	2.1560	2.1560	2.1560	1.0780	1.0780	1.0780
	其他材料费	元	67.7600	67.7700	51.9400	39.2200	37.0700	50.3900	50.0300
机械	龙门式起重机 10t	台班	0.4500	0.4500	0.3600	0.3600	0.3600	0.3600	0.3600
	平板拖车组 10t	台班	0.2800	0.2800	0.2400	0.2400	0.2400	0.2400	0.2400
	摇臂钻床（钻孔直径 50mm）	台班	0.1400	0.1400					
	剪板机 厚度×宽度 40mm×3100mm	台班	0.0200	0.0200	0.0200	0.0200	0.0200	0.0200	0.0200
	型钢剪断机 500mm	台班	0.1100	0.1100	0.1100	0.1100	0.1100	0.1100	0.1100

续表

定额编号			YJ5－8	YJ5－9	YJ5－10	YJ5－11	YJ5－12	YJ5－13	YJ5－14
项目			钢平台	钢走道平台	钢格栅板	钢梯		钢栏杆、钢格栅	
						踏步式	爬式	型钢为主	钢管为主
机械	型钢调直机	台班	0.1100	0.1100	0.1320	0.1100	0.1100	0.1100	0.1100
	钢板校平机　30×2600	台班	0.0200	0.0200	0.0200				0.0200
	交流电焊机　30kVA	台班	3.0000	2.9300	2.7200	2.6000	2.0370	2.5000	2.5800
	电动空气压缩机　排气量 $6m^3/min$	台班	0.0800	0.0800		0.0800	0.0500	0.0800	0.0800
未计价材料	槽钢 16 号以下	kg	397.0000	470.0000					
	等边角钢边长 63 以下	kg		295.0000	230.0000	19.0000	197.0000	367.0000	
	圆钢 ϕ10 以外	kg						517.0000	
	薄钢板 4 以下	kg	671.0000		845.0000	776.0000	577.0000	186.0000	470.0000
	花纹钢板　综合	kg		303.0000					
	焊接钢管 DN32	kg							600.0000

5.1.4 其他金属结构

工作内容：材料放样、划线、下料；平直、钻孔、拼装、焊接；成品校正、成品编号、堆放。

定额编号			YJ5-15
项目			零星构件制作
单位			t
基价（元）			**2036.13**
其中	人工费（元）		1103.31
	材料费（元）		266.69
	机械费（元）		666.13
名称		单位	数量
人工	普通工	工日	9.4276
	建筑技术工	工日	14.5094
计价材料	电焊条 J422 综合	kg	22.4000
	氧气	m^3	6.3900
	乙炔气	m^3	2.7800
	其他材料费	元	56.3600
机械	龙门式起重机 10t	台班	0.4500
	龙门式起重机 20t	台班	0.1700
	载重汽车 6t	台班	0.0300
	摇臂钻床（钻孔直径 63mm）	台班	0.1400
	剪板机 厚度×宽度 40mm×3100mm	台班	0.0200
	型钢剪断机 500mm	台班	0.1100

续表

定　额　编　号			YJ5－15
项　　目			零星构件制作
机械	钢板校平机　30×2600	台班	0.0200
	交流电焊机　30kVA	台班	3.5000
	电动空气压缩机　排气量 $6m^3/min$	台班	0.0800
未计价材料	等边角钢边长63以下	kg	244.0000
	薄钢板4以下	kg	621.0000

5.2 不锈钢结构制作

工作内容：材料放样、划线、下料；平直、钻孔、拼装、焊接；成品校正、编号、堆放。

定额编号			YJ5－16	YJ5－17	YJ5－18	YJ5－19
项目			不锈钢栏杆		不锈钢格栅板	不锈钢盖板
			竖条式	其他式		
单位			t	t	t	t
基价（元）			**2714.06**	**2776.65**	**2622.83**	**2245.68**
其中	人工费（元）		1190.41	1203.34	1169.65	810.80
	材料费（元）		1210.09	1252.47	1168.53	1156.95
	机械费（元）		313.56	320.84	284.65	277.93
名称		单位	数量			
人工	普通工	工日	10.3514	10.4638	10.1709	7.0504
	建筑技术工	工日	15.5270	15.6957	15.2563	10.5757
计价材料	不锈钢气焊丝 综合	kg	7.8900	7.9300	7.8600	7.8600
	钨极棒	g	44.2200	47.8200	43.6400	41.7200
	氩气	m^3	22.1100	23.9100	21.8200	20.8600
	其他材料费	元	484.0000	492.9100	448.8400	454.2100
机械	载重汽车 6t	台班	0.0400	0.0400	0.0400	0.0400
	金属面抛光机	台班	1.8492	2.1160	1.7891	1.8694
	管子切断机 60mm	台班	5.8800	5.8700	5.8600	5.8300

续表

定额编号			YJ5－16	YJ5－17	YJ5－18	YJ5－19
项目			不锈钢栏杆		不锈钢格栅板	不锈钢盖板
			竖条式	其他式		
机械	氩弧焊机　电流　500A	台班	1.1870	1.1870	0.9500	0.8760
未计价材料	不锈钢板 9 以上	kg			1065.0000	1065.0000
	不锈钢管 ϕ45×2.5	kg	214.0000	171.2000		
	不锈钢管 ϕ60×2	kg	374.5000	310.3000		
	不锈钢管 ϕ32×1.5	kg	471.5000	578.5000		

5.3 金属结构运输

工作内容：设置运输支架、装车、运输、卸车、堆放，支垫稳固。

定额编号			YJ5－20	YJ5－21
项目			金属构件运输	
			运距1km	运距每增加1km
单位			t	t
基价（元）			**48.47**	**3.39**
其中	人工费（元）		4.04	
	材料费（元）		4.87	
	机械费（元）		39.56	3.39
名称		单位	数量	
人工	普通工	工日	0.1092	
计价材料	钢丝绳 $\phi8$ 以下	kg	0.0135	
	木楔	m^3	0.0022	
	镀锌铁丝8号	kg	0.1343	
	其他材料费	元	0.0500	
机械	汽车式起重机　16t	台班	0.0158	
	平板拖车组　30t	台班	0.0233	0.0032
未计价材料	槽钢16号以下	kg	0.1185	

5.4 金属结构安装

5.4.1 现场制作金属结构安装

工作内容：构件组装、起吊、就位、临时加固、校正、螺栓连接、焊接；补漆。

定额编号			YJ5-22	YJ5-23	YJ5-24	YJ5-25	YJ5-26
项目			型钢柱	型钢支架	钢檩条	屋架	钢支撑、钢系杆
单位			t	t	t	t	t
基价（元）			**615.30**	**391.91**	**527.31**	**741.39**	**721.15**
其中	人工费（元）		65.61	83.99	94.20	191.57	196.83
	材料费（元）		75.45	81.18	42.97	293.18	97.13
	机械费（元）		474.24	226.74	390.14	256.64	427.19
名称		单位	数量				
人工	普通工	工日	0.5705	0.7304	0.8192	1.6666	1.7116
	建筑技术工	工日	0.8558	1.0954	1.2286	2.4981	2.5674
计价材料	平垫铁　综合	kg				6.3500	
	加工铁件　综合	kg	4.5000	4.5000	0.5600		0.6140
	木楔	m^3	0.0080	0.0110	0.0080	0.1131	0.0080
	电焊条 J422　综合	kg	0.8000	0.8500	0.6400	1.2410	0.3630
	普通六角螺栓	kg	1.6280	1.6280	0.8210	2.3840	7.6830
	氧气	m^3	0.7000	0.7000	0.2400	0.5310	0.1760
	乙炔气	m^3	0.2450	0.2450	0.0840	0.1750	0.0960

续表

定额编号			YJ5－22	YJ5－23	YJ5－24	YJ5－25	YJ5－26
项目			型钢柱	型钢支架	钢檩条	屋架	钢支撑、钢系杆
计价材料	环氧云铁漆	kg	0.4130	0.4130	0.3650	0.4560	0.4020
	其他材料费	元	3.0400	3.1000	4.5500	15.1200	9.5500
机械	履带式起重机　15t	台班			0.1000	0.1460	
	履带式起重机　25t	台班	0.0180	0.1570	0.0180	0.0830	0.0180
	履带式起重机　50t	台班		0.0190			0.0869
	履带式起重机　150t	台班	0.0467		0.0273		0.0216
	汽车式起重机　12t	台班			0.0180	0.0180	
	龙门式起重机　20t	台班	0.0080	0.0190			0.0220
	龙门式起重机　40t	台班	0.0100				
	载重汽车　8t	台班				0.0190	0.0240
	平板拖车组　20t	台班	0.0160	0.0370			
	平板拖车组　40t	台班	0.0200		0.0360	0.0210	0.0210
	交流电焊机　30kVA	台班	0.2300	0.2400	0.2300	0.4680	0.1270
未计价材料	槽钢16号以下	kg	0.0800	0.0800	0.0800		0.0800

定额编号			YJ5－27	YJ5－28	YJ5－29	YJ5－30	YJ5－31
项目			钢油箅子	钢平台、钢走道板、钢格栅板	钢梯	钢栏杆、钢格栅	零星钢构件
单位			t	t	t	t	t
基价（元）			**230.22**	**531.26**	**669.38**	**912.91**	**791.81**
其中	人工费（元）		86.08	94.20	242.61	418.91	255.38
	材料费（元）		80.35	105.44	95.89	113.53	130.87
	机械费（元）		63.79	331.62	330.88	380.47	405.56
名称		单位	数量				
人工	普通工	工日	0.7485	0.8191	2.1097	3.6427	2.2207
	建筑技术工	工日	1.1228	1.2287	3.1645	5.4640	3.3311
计价材料	加工铁件 综合	kg	1.2100	1.3200	1.5700		
	木楔	m^3	0.0200	0.0150	0.0110	0.0150	0.0210
	电焊条 J422 综合	kg	1.8700	1.8700	1.5100	4.5000	5.0000
	普通六角螺栓	kg		3.2710	3.2710	3.2710	2.8170
	氧气	m^3	0.6870	0.6870	0.5290	1.0400	1.0900
	乙炔气	m^3	0.2430	0.2430	0.2090	0.3640	0.4080
	环氧云铁漆	kg	0.3020	0.6030	0.6030	0.6030	0.7510
	其他材料费	元	12.1700	14.6600	14.5700	10.1700	12.6700
机械	履带式起重机 15t	台班		0.1410	0.1410	0.1410	0.1520
	履带式起重机 60t	台班		0.0720	0.0720	0.0720	0.0780
	汽车式起重机 8t	台班	0.0240				

续表

定额编号			YJ5－27	YJ5－28	YJ5－29	YJ5－30	YJ5－31
项目			钢油箅子	钢平台、钢走道板、钢格栅板	钢梯	钢栏杆、钢格栅	零星钢构件
机械	龙门式起重机　20t	台班	0.0150	0.0180	0.0180	0.0180	0.0180
	载重汽车　8t	台班	0.0330	0.0360	0.0360	0.0360	0.0340
	交流电焊机　30kVA	台班	0.3260	0.3260	0.3170	0.9240	0.9630

5.4.2 成品金属结构安装

工作内容： 构件购置、运输、现场堆放；构件组装、起吊、就位、临时加固、校正、螺栓连接、焊接；补漆。

定额编号			YJ5－32	YJ5－33	YJ5－34	YJ5－35	YJ5－36
项目			钢管柱	型钢柱	钢管支架	型钢支架	钢梁
单位			t	t	t	t	t
基价（元）			**671.26**	**673.64**	**417.72**	**438.35**	**651.85**
其中	人工费（元）		64.30	65.61	73.49	83.99	78.25
	材料费（元）		136.04	137.11	137.11	142.84	136.55
	机械费（元）		470.92	470.92	207.12	211.52	437.05
名称		单位	数量				
人工	普通工	工日	0.5591	0.5705	0.6390	0.7304	0.6805
	建筑技术工	工日	0.8387	0.8558	0.9585	1.0954	1.0207
计价材料	加工铁件　综合	kg	4.2750	4.5000	4.5000	4.5000	2.1680
	木楔	m^3	0.0080	0.0080	0.0080	0.0110	0.0080
	电焊条 J422　综合	kg	0.8000	0.8000	0.8000	0.8500	0.6400
	氧气	m^3	0.6800	0.7000	0.7000	0.7000	0.5000
	乙炔气	m^3					0.1750
	环氧云铁漆	kg	0.4130	0.4130	0.4130	0.4130	0.4130
	其他材料费	元	79.7100	79.4300	79.4300	79.4900	91.5800
机械	履带式起重机　25t	台班	0.0180	0.0180	0.1560	0.1570	0.0180

续表

定额编号			YJ5－32	YJ5－33	YJ5－34	YJ5－35	YJ5－36
项目			钢管柱	型钢柱	钢管支架	型钢支架	钢梁
机械	履带式起重机 50t	台班	0.0080	0.0080	0.0180	0.0190	0.0080
	履带式起重机 150t	台班	0.0467	0.0467			0.0426
	平板拖车组 20t	台班	0.0144	0.0144	0.0324	0.0333	0.0144
	平板拖车组 40t	台班	0.0180	0.0180			0.0180
	交流电焊机 30kVA	台班	0.2300	0.2300	0.2300	0.2400	0.2300
未计价材料	钢管柱（成品）	t	1.0050				
	型钢柱（成品）	t		1.0050			
	钢管支架（成品）	t			1.0050		
	钢梁（成品）	t					1.0050
	型钢支架（成品）	t				1.0050	
	槽钢16号以下	kg	0.0800	0.0800	0.0800	0.0800	0.0800

定额编号			YJ5-37	YJ5-38	YJ5-39	YJ5-40
项目			钢檩条	屋架	钢支撑、钢系杆	钢墙架、钢挡风架
单位			t	t	t	t
基价（元）			**566.08**	**800.57**	**854.33**	**694.81**
其中	人工费（元）		94.20	191.57	196.83	90.39
	材料费（元）		102.40	366.32	159.72	121.75
	机械费（元）		369.48	242.68	497.78	482.67
名称		单位	数量			
人工	普通工	工日	0.8192	1.6666	1.7116	0.7861
	建筑技术工	工日	1.2286	2.4981	2.5674	1.1790
计价材料	平垫铁　综合	kg		6.3500		
	加工铁件　综合	kg	0.5600		0.6140	
	圆木杉木	m^3		0.0140		
	木楔	m^3	0.0080	0.1050	0.0080	0.0080
	电焊条 J422　综合	kg	0.6400	1.2410	0.3630	0.6970
	氧气	m^3	0.2400	0.5310	0.1760	0.2860
	乙炔气	m^3	0.0840	0.1750	0.0960	0.1090
	环氧云铁漆	kg	0.3650	0.4560	0.4020	0.4130
	其他材料费	元	69.9600	97.3900	128.0700	90.2200
机械	履带式起重机　15t	台班	0.1000	0.1460		
	履带式起重机　25t	台班	0.0180	0.0830	0.0180	0.0180
	履带式起重机　50t	台班			0.0869	

续表

定额编号			YJ5－37	YJ5－38	YJ5－39	YJ5－40
项目			钢檩条	屋架	钢支撑、钢系杆	钢墙架、钢挡风架
机械	履带式起重机 150t	台班	0.0273		0.0216	0.0254
	汽车式起重机 12t	台班	0.0144	0.0144		
	载重汽车 8t	台班		0.0171	0.0216	
	平板拖车组 20t	台班	0.0324	0.0189	0.1270	0.2670
	交流电焊机 30kVA	台班	0.2300	0.4680	0.1270	0.2670
未计价材料	钢檩条（成品）	t	1.0050			
	屋架（成品）	t		1.0050		
	钢支撑（成品）	t			1.0050	
	钢墙架（成品）	t				1.0050
	槽钢16号以下	kg	0.0800		0.0800	0.0800

定额编号			YJ5-41	YJ5-42	YJ5-43	YJ5-44
项目			钢油箅子	铸铁油箅子	铸铁沟盖板安装	钢平台、钢走道板
单位			t	t	t	t
基价（元）			**281.35**	**221.23**	**185.36**	**586.77**
其中	人工费（元）		86.08	94.69	104.15	94.20
	材料费（元）		142.25	100.15	56.08	173.72
	机械费（元）		53.02	26.39	25.13	318.85
名称		单位	数量			
人工	普通工	工日	0.7485	0.8234	0.9057	0.8191
	建筑技术工	工日	1.1228	1.2350	1.3585	1.2287
计价材料	钢丝绳 ϕ8 以下	kg	0.0200	0.0200		
	木楔	m^3	0.0200	0.0210	0.0030	0.0150
	电焊条 J422 综合	kg	1.8700			1.8700
	氧气	m^3	0.6870			0.6870
	乙炔气	m^3	0.2430			0.2430
	环氧云铁漆	kg	0.3020			0.6030
	其他材料费	元	80.3800	62.3600	50.7100	113.8200
机械	履带式起重机 15t	台班				0.1410
	履带式起重机 60t	台班				0.0720
	汽车式起重机 8t	台班	0.0240	0.0240	0.0210	
	载重汽车 8t	台班	0.0297	0.0297	0.0310	0.0324
	交流电焊机 30kVA	台班	0.3260			0.3260

续表

定 额 编 号			YJ5 -41	YJ5 -42	YJ5 -43	YJ5 -44
项 目			钢油箅子	铸铁油箅子	铸铁沟盖板安装	钢平台、钢走道板
未计价材料	钢油箅了（成品）	t	1.0050			
	钢平台（成品）	t				1.0050
	铸铁油箅子（制品）	t		1.0050		
	铸铁沟盖板（制品）	t			1.0050	

定额编号			YJ5-45	YJ5-46	YJ5-47	YJ5-48	YJ5-49	YJ5-50	YJ5-51
项目			钢格栅板	钢梯	钢栏杆	直型钢轨	弧型钢轨	零星钢构件	剪力钉
单位			t	t	t	t	t	t	个
基价（元）			**1335.57**	**1465.11**	**1700.33**	**642.23**	**675.81**	**756.06**	**3.27**
其中	人工费（元）		103.62	242.61	418.91	106.37	127.65	255.38	0.85
	材料费（元）		179.26	163.77	181.41	223.26	232.30	205.27	2.42
	机械费（元）		1052.69	1058.73	1100.01	312.60	315.86	295.41	
名称		单位	数量						
人工	普通工	工日	0.9010	2.1097	3.6427	0.9249	1.1099	2.2207	0.0073
	建筑技术工	工日	1.3516	3.1645	5.4640	1.3874	1.6650	3.3311	0.0112
计价材料	钢丝绳 ϕ8 以下	kg						0.0200	
	加工铁件　综合	kg	1.3200	1.5700		16.4610	16.4610		
	木楔	m^3	0.0140	0.0110	0.0150	0.0120	0.0128	0.0210	
	电焊条 J422　综合	kg	1.8700	1.5100	4.5000	3.8250	3.9600	5.0000	
	剪力钉 95	套							1.0200
	氧气	m^3	2.3800	0.5290	1.0400	0.9880	1.0088	1.0900	
	乙炔气	m^3	0.6870	0.2090	0.3640	0.3458	0.3494	0.4080	
	环氧云铁漆	kg	0.6030	0.6030	0.6030			0.7510	
	其他材料费	元	97.7000	106.2600	101.8500	79.9700	86.5900	107.4200	0.0200
机械	履带式起重机　15t	台班	0.1410	0.1410	0.1410	0.0171	0.0173	0.0152	
	履带式起重机　50t	台班	0.3680	0.3714	0.3676				
	履带式起重机　60t	台班	0.0720	0.0720	0.0720			0.0780	

续表

定额编号			YJ5－45	YJ5－46	YJ5－47	YJ5－48	YJ5－49	YJ5－50	YJ5－51
项目			钢格栅板	钢梯	钢栏杆	直型钢轨	弧型钢轨	零星钢构件	剪力钉
机械	汽车式起重机 8t	台班				0.3601	0.3638		
	载重汽车 8t	台班	0.0324	0.0324	0.0306	0.0342	0.0346	0.0306	
	交流电焊机 30kVA	台班	0.3260	0.3170	0.9240	0.8778	0.8870	0.9630	
未计价材料	钢格栅板（成品）	t	1.0050						
	钢梯（成品）	t		1.0050					
	钢栏杆（成品）	t			1.0050				
	零星钢构件（成品）	t						1.0050	
	直型钢轨（成品）	t				1.0050			
	弧型钢轨（成品）	t					1.0050		

定额编号			YJ5－52	YJ5－53	YJ5－54	YJ5－55
项目			压型钢板墙板		压型钢板屋面板	
			有保温	无保温	有保温	无保温
单位			m^2	m^2	m^2	m^2
基价（元）			**18.39**	**10.58**	**16.97**	**8.47**
其中	人工费（元）		6.37	3.83	5.85	2.65
	材料费（元）		6.78	4.99	5.88	4.06
	机械费（元）		5.24	1.76	5.24	1.76
名称		单位	数量			
人工	普通工	工日	0.0555	0.0333	0.0508	0.0231
	建筑技术工	工日	0.0831	0.0499	0.0763	0.0346
计价材料	加工铁件 综合	kg			0.2260	0.2260
	膨胀螺栓 M12	套	1.2800	1.0800		
	自攻螺丝	kg	0.0022	0.0110	0.0220	0.0110
	抽芯铝铆钉	kg	0.0010	0.0060	0.0050	0.0030
	镀锌铁丝 8 号	kg	0.5810	0.4060	0.4130	0.3170
	其他材料费	元	1.5900	0.9000	2.0400	0.8900
机械	汽车式起重机 8t	台班	0.0010	0.0010	0.0010	0.0010
	载重汽车 6t	台班	0.0040	0.0010	0.0040	0.0010
	载重汽车 8t	台班	0.0080	0.0020	0.0080	0.0020

续表

定额编号			YJ5－52	YJ5－53	YJ5－54	YJ5－55
项目			压型钢板墙板		压型钢板屋面板	
			有保温	无保温	有保温	无保温
未计价材料	压型保温墙板 0.8mm/0.5mm～100mm（成品）	m^2	1.0200			
	压型无保温墙板 1mm（成品）	m^2		1.0200		1.0200
	压型保温屋面板 1mm/0.5mm～120mm（成品）	m^2			1.0200	

5.5 金属墙板制作与安装

工作内容：放样、划线、下料；平直、钻孔、拼装、焊接；墙板固定、包边、收口。

定额编号			YJ5－56	YJ5－57	YJ5－58	YJ5－59
项目			压型钢板墙板		彩钢夹芯板墙板	
			有保温	无保温	50mm 以内	100mm 以内
单位			m^2	m^2	m^2	m^2
基价（元）			**78.60**	**20.28**	**59.59**	**121.73**
其中	人工费（元）		21.41	9.51	12.53	13.92
	材料费（元）		51.95	9.01	41.82	102.17
	机械费（元）		5.24	1.76	5.24	5.64
名称		单位	数量			
人工	普通工	工日	0.1861	0.0828	0.1089	0.1210
	建筑技术工	工日	0.2793	0.1240	0.1634	0.1815
计价材料	工字铝 综合	m			1.8000	1.8000
	槽型铝 50	m			1.1700	
	槽型铝 100	m				1.1700
	阳角铝	m			1.3100	1.3100
	自攻螺丝	kg	0.0678	0.0110		
	铝铆钉	kg			0.0620	0.0620
	抽芯铝铆钉	kg	0.0054	0.0030		

续表

定额编号			YJ5-56	YJ5-57	YJ5-58	YJ5-59
项目			压型钢板墙板		彩钢夹芯板墙板	
			有保温	无保温	50mm 以内	100mm 以内
计价材料	岩棉板 120～160kg/m³	m³	0.0840			
	其他材料费	元	11.8700	8.8600	12.5500	13.1400
机械	汽车式起重机 8t	台班	0.0010	0.0010	0.0010	0.0010
	载重汽车 6t	台班	0.0040	0.0010	0.0040	0.0040
	载重汽车 8t	台班	0.0080	0.0020	0.0080	0.0090
未计价材料	镀锌钢板 0.5 以下	kg	3.3000			
	压型钢板 0.8	kg	7.4100	7.4100		
	彩钢夹芯板 $\delta=50$	m²			1.0650	
	彩钢夹芯板 $\delta=120$	m²				1.0650

5.6 金属屋面板制作与安装

工作内容：放样、划线、下料；平直、钻孔、拼装、焊接；屋面板固定、包边、收口。

定额编号			YJ5－60	YJ5－61	YJ5－62	YJ5－63
项目			压型钢板屋面板		彩钢夹芯板屋面板	
			有保温	无保温	50mm 以内	100mm 以内
单位			m^2	m^2	m^2	m^2
基价（元）			**71.98**	**16.39**	**44.77**	**66.88**
其中	人工费（元）		19.50	8.87	12.53	13.92
	材料费（元）		47.24	5.76	27.00	47.32
	机械费（元）		5.24	1.76	5.24	5.64
名称		单位	数量			
人工	普通工	工日	0.1696	0.0772	0.1089	0.1210
	建筑技术工	工日	0.2543	0.1157	0.1634	0.1815
计价材料	彩钢扣板　综合	m			0.8900	0.8900
	工字铝　综合	m			0.8900	0.8900
	槽型铝 50	m			0.3900	
	槽型铝 100	m				0.3900
	自攻螺丝	kg	0.0220	0.0110		
	铝铆钉	kg			0.0620	0.0620
	抽芯铝铆钉	kg	0.0050	0.0030		

续表

定额编号			YJ5－60	YJ5－61	YJ5－62	YJ5－63
项目			压型钢板屋面板		彩钢夹芯板屋面板	
			有保温	无保温	50mm 以内	100mm 以内
计价材料	岩棉板 120～160kg/m³	m³	0.0840			
	其他材料费	元	7.4500	5.6100	7.4100	7.8100
机械	汽车式起重机 8t	台班	0.0010	0.0010	0.0010	0.0010
	载重汽车 6t	台班	0.0040	0.0010	0.0040	0.0040
	载重汽车 8t	台班	0.0080	0.0020	0.0080	0.0090
未计价材料	镀锌钢板 0.5 以下	kg	2.0590			
	压型钢板 0.8	kg	7.4100	7.4100		
	彩钢夹芯板 $\delta=50$	m²			1.0500	
	彩钢夹芯板 $\delta=120$	m²				1.0500

5.7 镀锌方钢管围网制作、安装

工作内容： 1. 放样，下料切割。镀锌，对口焊接，洗酸，刷防锈漆一遍，编号堆放，场内运输放线。

2. 平整基础，吊装组合，场地内运输，刷防锈漆。

定额编号			YJ5－64	YJ5－65
项目			镀锌方钢管围网制作	镀锌方钢管围网安装
单位			m^2	m^2
基价（元）			**557.37**	**86.09**
其中	人工费（元）		23.15	13.83
	材料费（元）		532.14	72.08
	机械费（元）		2.08	0.18
名称		单位	数量	
人工	普通工	工日	0.5210	0.3449
	建筑技术工	工日	0.0745	0.0205
计价材料	网架板	m^2	3.0025	
	防锈漆	kg		0.8725
	运输保护钢支架	kg		12.7225
	其他材料费	元	279.9300	1.0300
机械	汽车式起重机 8t	台班	0.0004	0.0003
	台式钻床 $\phi16$	台班	0.0218	

续表

定额编号			YJ5－64	YJ5－65
项目			镀锌方钢管围网制作	镀锌方钢管围网安装
未计价材料	焊接钢管 DN50	kg	2.3641	
	镀锌钢管 DN50	kg	2.3641	

5.8 装配式变电站安装

5.8.1 混凝土构件安装

工作内容： 放样划线，钢筋切割下料，钢筋绑扎，立模，混凝土浇筑，振捣，混凝土保养，拆模。

定额编号			YJ5－66	YJ5－67
项目			围墙钢筋混凝土预制柱	建筑物钢筋混凝土预制柱
单位			m^3	m^3
基价（元）			**174.51**	**267.71**
其中	人工费（元）		46.08	56.10
	材料费（元）		44.00	47.74
	机械费（元）		84.43	163.87
名称		单位	数量	
人工	普通工	工日	0.6405	0.7771
	建筑技术工	工日	0.4305	0.5260
计价材料	方材红白松二等	m^3	0.0198	0.0194
	电焊条 J422 综合	kg		0.4039
	其他材料费	元	0.4400	2.6100
机械	汽车式起重机 8t	台班	0.1068	
	汽车式起重机 12t	台班		0.1697
	载重汽车 5t	台班	0.0641	0.0889
	交流电焊机 30kVA	台班		0.0808
未计价材料	碎石混凝土 C30－15	m^3		0.0808

5.8.2 轻型 H 型钢结构安装

工作内容：放样下料，切割，电焊组合，清理基础，场内运输，起吊立柱组合钢梁。

定额编号			YJ5－68	YJ5－69
项目			轻型 H 型钢柱	轻型号 H 型钢梁
单位			t	t
基价（元）			**418.60**	**442.08**
其中	人工费（元）		83.14	96.60
	材料费（元）		137.54	43.06
	机械费（元）		197.92	302.42
名称		单位	数量	
人工	普通工	工日	1.1550	0.8400
	建筑技术工	工日	0.7770	1.2600
计价材料	钢丝绳 ϕ8 以下	kg		5.4380
	方材红白松二等	m^3	0.0619	
	其他材料费	元	1.3600	0.4300
机械	汽车式起重机 8t	台班	0.2413	0.3714
	载重汽车 5t	台班	0.1670	0.2502

5.8.3 ALC 板安装

工作内容：建筑墙插、挂式，采用钢筋混凝土浇筑，两板连接处采用指定附件挂、插，螺钉固定。

定额编号			YJ5－70	YJ5－71	YJ5－72	YJ5－73
项目			围墙板	建筑物墙面插入式	建筑物墙面外挂式	屋面板
单位			m^3	m^3	m^3	m^3
基价（元）			**166.81**	**205.19**	**236.81**	**131.22**
其中	人工费（元）		38.38	50.60	47.02	34.80
	材料费（元）		44.00	23.94	46.52	9.36
	机械费（元）		84.43	130.65	143.27	87.06
名称		单位	数量			
人工	普通工	工日	0.5355	0.7035	0.6510	0.4830
	建筑技术工	工日	0.3570	0.4725	0.4410	0.3255
计价材料	U 型管夹	套		1.7194		
	平垫铁 综合	kg		0.3439	0.4053	
	钩头斜垫铁 综合	kg			0.7558	
	方材红白松二等	m^3	0.0198			
	电焊条 J422 综合	kg		0.1719	0.2533	0.0852
	平行挂板 P－7（P1－6）	件			1.0133	
	氧气	m^3		0.1032	0.0608	0.0511
	乙炔气	m^3		0.0344	0.0304	0.0170
	防锈漆	kg		0.3439	0.2027	0.0852
	砂轮切割片 $\phi 400$	片		0.2751	0.1520	0.1022

续表

定额编号			YJ5－70	YJ5－71	YJ5－72	YJ5－73
项目			围墙板	建筑物墙面插入式	建筑物墙面外挂式	屋面板
计价材料	石料切割锯片 $\phi150$	片		0.1719	0.1013	0.1022
	专用接插件	只			0.7093	
	其他材料费	元	0.4400	0.5900	1.3700	0.3100
机械	汽车式起重机　8t	台班	0.1068	0.1547	0.1520	0.0937
	载重汽车　5t	台班	0.0641	0.1100	0.1115	0.0749
	交流电焊机　30kVA	台班		0.0344	0.2027	0.0852
未计价材料	水泥砂浆　M10	m^3		0.1650		0.1012

5.9 金属结构修理工程

工作内容：修理钢扶梯：修理钢扶梯、傍板、调换扶梯踏步、平台：领退料、断料、拆旧、校自、制作、焊接安装。

定额编号			YJ5－74	YJ5－75	YJ5－76	YJ5－77
项目			修理钢扶梯			
			修换傍板	钢踏步		调换花纹钢板平台
				调换	拆装	
单位			m	步	步	m^2
基价（元）			**23.92**	**24.77**	**18.60**	**76.04**
其中	人工费（元）		18.83	21.50	17.20	64.50
	材料费（元）		5.09	3.27	1.40	11.54
	机械费（元）					
名称		单位	数量			
人工	普通工	工日	0.2628	0.3000	0.2400	0.9000
	建筑技术工	工日	0.1752	0.2000	0.1600	0.6000
计价材料	电焊条 J422 综合	kg	0.5079	0.3267	0.1634	1.1461
	氧气	m^3	0.1038	0.0668	0.0334	0.2343
	乙炔气	m^3	0.0459	0.0295	0.0148	0.1036
	其他材料费	元	0.7900	0.5000	0.0100	1.8400

续表

定　额　编　号			YJ5－74	YJ5－75	YJ5－76	YJ5－77
项　　目			修理钢扶梯			
			修换傍板	钢踏步		调换花纹钢板平台
				调换	拆装	
未计价材料	等边角钢边长30以下	kg		4.4720		
	钢板　综合	kg	15.5430			
	花纹钢板　综合	kg		5.5260		35.0700

工作内容：修换管子栏杆或扶手、直档及脚、铝丝围墙，围墙刺毛铁丝调换；取料、断料、制作、焊接、凿窝头、安装。

定额编号			YJ5－78	YJ5－79	YJ5－80	YJ5－81
项目			修换管子栏杆或扶手	修接管子栏杆直档及脚	修理管子铝丝围墙	围墙刺毛铁丝
			镀锌钢管			调换
			$\phi 32$			
单位			m	根	m^2	m^2
基价（元）			**8.87**	**6.22**	**5.94**	**6.15**
其中	人工费（元）		8.06	6.06	5.81	6.06
	材料费（元）		0.81	0.16	0.13	0.09
	机械费（元）					
名称		单位	数量			
人工	普通工	工日	0.1125	0.0846	0.0810	0.0846
	建筑技术工	工日	0.0750	0.0564	0.0540	0.0564
计价材料	电焊条 J422　综合	kg	0.1270	0.0254	0.0197	0.0121
	氧气	m^3	0.0027	0.0005	0.0004	0.0003
	乙炔气	m^3	0.0017	0.0003	0.0003	0.0002
	其他材料费	元	0.0100			0.0200
未计价材料	圆钢 $\phi 21 \sim 50$	kg				0.3320
	镀锌钢管 DN32	kg	0.0024	0.0005		

第6章 隔墙与天棚吊顶工程

说　明

1．隔墙定额适用于建筑物、构筑物内非砌体、非混凝土浇制的安装类隔墙。

2．定额综合考虑了木龙骨规格、木材种类、加工制作方式、木材表面刨光等因素，执行定额时不做调整。

3．成品隔墙安装定额中包括隔墙购置费与安装费。

4．天棚吊顶定额中吊筋与龙骨及面板的规格、间距、型号等是按照常用标准考虑的，工程设计与定额不同时，可以调整材料费用，但定额中人工费与机械费不变。

5．天棚吊顶面层在同一标高者为平面天棚，天棚吊顶面层不在同一标高者为跌级天棚。施工跌级天棚面层时，人工费乘以系数 1.1。

6．天棚吊顶不包括灯光槽制作与安装，包括天棚检查孔的制作与安装。

7．天棚吊顶高度超过 3.6m 时，按照第 13 章定额规定计算满堂脚手架费用；天棚吊顶高度在 3.6m 以内所需脚手架综合在建筑物或构筑物综合脚手架内，不单独计算。

8．隔墙、天棚吊顶定额中包括安装后填缝、收边、压条等工作内容。不包括安装装饰线，需要时应根据工程设计标准执行相应定额另行计算。

9．隔墙、天棚吊顶定额中不包括面层抹灰、油漆、饰面，应根据工程设计标准执行第 11 章相应的定额另行计算。

10．本章定额中包括基层、底层防腐处理。

11．隔墙修补内容包括拆除、修补。

12．面板修补指各类整体粉刷去旧，修粉（斩粉），面板修铺拆换指各类块料面层拆旧、铲除基层、重铺。

工程量计算规则

1．隔墙按照主墙净长乘以净高以平方米为单位计算工程量，扣除门窗洞口及单个面积 0.3 m^2 以上孔洞所占面积。

2．玻璃隔墙按照上横档顶面至下横档底面之间的高度乘以两边立挺外边线之间宽度以平方米为单位计算工程量。

3．浴厕隔断按照上横档顶面至下横档底面之间的高度乘以设计图示长度以平方米为单位计算工程量。同种材质门扇面积并入隔断面积内计算。

4．天棚吊顶龙骨按照主墙间净面积计算工程量，不扣除间壁墙、检查孔、电缆竖井口、通风道、墙垛、独立柱、管道等所占面积，但顶棚中的的折线、跌落线、圆弧线、高低吊灯槽等面积不展开计算。

5．天棚吊顶面层按照主墙间净面积计算工程量，不扣除间壁墙、检查孔、墙垛、管道等所占面积。扣除单个面积 0.3m^2 以上孔洞所占面积；扣除独立柱、电缆竖井、通风道、灯槽、与天棚连接的窗帘盒等所占面积。

6．顶棚中的折线、跌落线、圆弧线、高低吊灯槽、其他艺术形式的顶棚面层等按照展开面积计算工程量，根据其材质并入相应的天棚吊顶面层工程量中。

7．板式楼梯底面装饰工程量按照水平投影面积乘以 1.15 系数计算工程量；梁式楼梯底面装饰工程量按照展开面积计算工程量。

8．修补假柱或假梁，按照面积计算。
9．修补或拆换按照面积计算。

6.1 隔　　墙

6.1.1 隔墙制作与安装

工作内容：定位、弹线、安装楞木、刷防腐油；安装立柱、横梁；钉面层、安装面板；挂钢丝网、安装玻璃。

定额编号			YJ6－1	YJ6－2	YJ6－3	YJ6－4	YJ6－5
项目			胶合板墙		铝合金隔断		木隔断
			单面	双面	90系列半玻	90系列全玻	
单位			m^2	m^2	m^2	m^2	m^2
基价（元）			**57.60**	**74.87**	**210.57**	**184.28**	**119.60**
其中	人工费（元）		4.87	7.04	28.48	27.06	24.23
	材料费（元）		52.03	67.13	171.29	146.42	92.19
	机械费（元）		0.70	0.70	10.80	10.80	3.18
名称		单位	数量				
人工	普通工	工日	0.0307	0.0444	0.1799	0.1710	0.1530
	建筑技术工	工日	0.0718	0.1037	0.4197	0.3988	0.3571
计价材料	加工铁件　综合	kg			0.0296	0.0296	0.3160
	方材红白松二等	m^3	0.0155	0.0155			0.0155
	板材红白松一等	m^3	0.0007	0.0007			0.0131
	胶合板三层（3mm）	m^2	1.0500	2.1000			0.6870
	铝合金墙体龙骨	kg			3.9264	3.7476	

续表

定　额　编　号			YJ6－1	YJ6－2	YJ6－3	YJ6－4	YJ6－5
项　　目			胶合板墙		铝合金隔断		木隔断
			单面	双面	90 系列半玻	90 系列全玻	
计价材料	铝合金扣板	m^2			0.3174		
	圆钉	kg	0.1099	0.1280			0.0212
	抽芯铝铆钉	kg			0.5140	0.4280	
	橡胶板 3mm 以下	kg					0.0010
	橡胶定型条	m			4.4890	5.9417	
	玻璃胶	kg			0.1126	0.1628	
	环氧树脂 6101 号	kg					0.0180
	环氧沥青漆	kg	0.0273	0.0273			1.2400
	其他材料费	元	0.5200	0.6600	3.3000	3.0500	1.1300
机械	木工圆锯机　500mm	台班	0.0050	0.0050			0.0100
	木工压刨床（刨削宽度　三面 400mm）	台班	0.0060	0.0060			0.0310
	半自动切割机　厚度　100mm	台班			0.0940	0.0940	
	冲击钻	台班			0.0323	0.0323	
未计价材料	水泥砂浆　1:3	m^3					0.0120
	平板玻璃 5mm	m^2			0.7453	1.0750	

<table>
<tr><td colspan="3">定额编号</td><td>YJ6－6</td><td>YJ6－7</td><td>YJ6－8</td><td>YJ6－9</td><td>YJ6－10</td><td>YJ6－11</td></tr>
<tr><td colspan="3" rowspan="2">项目</td><td colspan="2">钢丝网墙</td><td colspan="2">木龙骨石膏板隔墙</td><td colspan="2">轻钢龙骨石膏板隔墙</td></tr>
<tr><td>单面</td><td>双面</td><td>单面</td><td>双面</td><td>单面</td><td>双面</td></tr>
<tr><td colspan="3">单位</td><td>m^2</td><td>m^2</td><td>m^2</td><td>m^2</td><td>m^2</td><td>m^2</td></tr>
<tr><td colspan="3">基价（元）</td><td>60.97</td><td>98.83</td><td>42.94</td><td>75.03</td><td>78.59</td><td>109.31</td></tr>
<tr><td rowspan="3">其中</td><td colspan="2">人工费（元）</td><td>6.07</td><td>9.55</td><td>8.28</td><td>12.64</td><td>10.19</td><td>13.04</td></tr>
<tr><td colspan="2">材料费（元）</td><td>54.79</td><td>89.17</td><td>34.66</td><td>62.39</td><td>68.40</td><td>96.27</td></tr>
<tr><td colspan="2">机械费（元）</td><td>0.11</td><td>0.11</td><td></td><td></td><td></td><td></td></tr>
<tr><td colspan="2">名称</td><td>单位</td><td colspan="6">数量</td></tr>
<tr><td rowspan="2">人工</td><td>普通工</td><td>工日</td><td>0.0384</td><td>0.0603</td><td>0.0523</td><td>0.0799</td><td>0.0644</td><td>0.0824</td></tr>
<tr><td>建筑技术工</td><td>工日</td><td>0.0894</td><td>0.1408</td><td>0.1221</td><td>0.1863</td><td>0.1502</td><td>0.1922</td></tr>
<tr><td rowspan="10">计价材料</td><td>方材红白松二等</td><td>m^3</td><td>0.0148</td><td>0.0206</td><td></td><td></td><td></td><td></td></tr>
<tr><td>沥青油毡350g</td><td>m^2</td><td></td><td></td><td>1.0800</td><td>1.0800</td><td></td><td></td></tr>
<tr><td>轻钢大龙骨U60×30×1.5</td><td>m</td><td></td><td></td><td></td><td></td><td>2.9000</td><td>2.9000</td></tr>
<tr><td>石膏板12mm</td><td>m^2</td><td></td><td></td><td>1.0500</td><td>2.1000</td><td>1.0500</td><td>2.1000</td></tr>
<tr><td>膨胀螺栓M8</td><td>套</td><td></td><td></td><td>3.2100</td><td>3.2100</td><td></td><td></td></tr>
<tr><td>圆钉</td><td>kg</td><td>0.0658</td><td>0.0821</td><td></td><td></td><td></td><td></td></tr>
<tr><td>钢丝网</td><td>m^2</td><td>1.0500</td><td>2.1000</td><td></td><td></td><td></td><td></td></tr>
<tr><td>沥青油</td><td>kg</td><td></td><td></td><td>0.2558</td><td>0.2558</td><td></td><td></td></tr>
<tr><td>防腐油</td><td>kg</td><td>0.0273</td><td>0.0273</td><td></td><td></td><td></td><td></td></tr>
<tr><td>其他材料费</td><td>元</td><td>0.5400</td><td>0.8800</td><td>0.7500</td><td>1.4300</td><td>1.2200</td><td>2.0400</td></tr>
<tr><td>机械</td><td>木工圆锯机 500mm</td><td>台班</td><td>0.0040</td><td>0.0040</td><td></td><td></td><td></td><td></td></tr>
</table>

6.1.2 修补假柱或假梁

工作内容：下料、撑筋、钉面层。

定额编号			YJ6－12	YJ6－13	YJ6－14	YJ6－15
项目			修补假柱或假梁			
			板条	细木工板	纸面石膏板	钢丝网
单位			m^2	m^2	m^2	m^2
基价（元）			**18.64**	**62.61**	**44.58**	**57.29**
其中	人工费（元）		9.06	9.98	9.46	10.55
	材料费（元）		9.58	52.63	35.12	46.74
	机械费（元）					
名称		单位	数量			
人工	普通工	工日	0.1264	0.1392	0.1320	0.1472
	建筑技术工	工日	0.0842	0.0928	0.0880	0.0981
计价材料	方材红白松二等	m^3	0.0033	0.0020	0.0024	0.0148
	细木工板	m^2		1.0600		
	石膏板 12mm	m^2			1.0600	
	自攻螺丝 4×16	个			33.8000	
	圆钉	kg	0.1900	0.2312	0.1980	0.1600
	钢板网　综合	m^2				1.1000
	其他材料费	元	0.9300	0.8400	0.3500	0.9700

6.1.3 成品隔墙安装

工作内容： 定位、弹线、安装楞木、刷防腐油；安装立柱、横梁；钉面层、安装面板；挂钢丝网、安装玻璃。

定额编号			YJ6－16	YJ6－17	YJ6－18	YJ6－19	YJ6－20	YJ6－21
项目			GRC轻质墙板		高强轻质板		高密板	玻璃板
			厚度90mm以内	厚度90mm以外	厚度80mm以内	厚度80mm以外	厚度18mm	玻璃厚度8mm
单位			m^2	m^2	m^2	m^2	m^2	m^2
基价（元）			**73.39**	**97.13**	**88.96**	**118.65**	**65.58**	**158.27**
其中	人工费（元）		8.24	8.66	3.99	3.99	9.89	17.06
	材料费（元）		65.15	88.47	84.97	114.66	55.46	141.21
	机械费（元）						0.23	
名称		单位	数量					
人工	普通工	工日	0.0520	0.0547	0.0252	0.0252	0.0625	0.1078
	建筑技术工	工日	0.1215	0.1276	0.0588	0.0588	0.1458	0.2513
计价材料	中密度板18mm	m^2					1.0500	
	木压条15×40	m			0.8500	0.8500	0.3180	
	钢化玻璃8mm	m^2						1.0200
	轻质墙板GRC90mm	m^2	1.0300					
	轻质墙板GRC120mm	m^2		1.0300				
	AC标准板75mm	m^2			1.0500			

续表

定额编号			YJ6－16	YJ6－17	YJ6－18	YJ6－19	YJ6－20	YJ6－21
项目			GRC 轻质墙板		高强轻质板		高密板	玻璃板
			厚度 90mm 以内	厚度 90mm 以外	厚度 80mm 以内	厚度 80mm 以外	厚度 18mm	玻璃厚度 8mm
计价材料	AC 标准板 100mm	m^2				1.0500		
	隔断五金配件	套					0.6000	
	门窗密封橡胶条	m						6.2684
	其他材料费	元	5.4000	6.2200	4.8900	5.1800	2.3100	16.3400
机械	木工圆锯机 500mm	台班					0.0080	
未计价材料	普通硅酸盐水泥 32.5	t	0.0296	0.0391				
	现浇混凝土 C15－20 集中搅拌	m^3	0.0021	0.0028				

6.2 天 棚 吊 顶

6.2.1 龙骨安装

工作内容： 定位、弹线、钻孔、安装膨胀螺栓、吊件加工及安装；安装龙骨、横撑、预留孔洞；临时加固、校正；设置灯箱与风口龙骨、封边；木龙骨制作、安装、刷防腐油。

定 额 编 号			YJ6－22	YJ6－23	YJ6－24	YJ6－25	YJ6－26
项 目			铝合金龙骨		U 型轻钢龙骨		梁板下钉木方龙骨
			上人型	不上人型	上人型	不上人型	
单 位			m^2	m^2	m^2	m^2	m^2
基 价（元）			**48.86**	**34.45**	**60.98**	**49.06**	**46.24**
其中	人 工 费（元）		9.68	8.40	8.48	7.99	5.59
	材 料 费（元）		34.02	20.89	47.76	36.47	38.52
	机 械 费（元）		5.16	5.16	4.74	4.60	2.13
名 称		单位	数 量				
人工	普通工	工日	0.0612	0.0531	0.0535	0.0505	0.0353
	建筑技术工	工日	0.1427	0.1238	0.1250	0.1178	0.0823
计价材料	方材红白松一等	m^3					0.0186
	轻钢吊顶龙骨 U38×12×1.2	m		1.3376			
	轻钢吊顶大龙骨 U50×15×1.5	m				1.2636	
	轻钢吊顶中龙骨 U50×20×0.6	m			4.8249	4.8249	
	轻钢大龙骨 U60×30×1.5	m	1.3376		1.2636	0.0880	

续表

定额编号			YJ6－22	YJ6－23	YJ6－24	YJ6－25	YJ6－26
项目			铝合金龙骨		U型轻钢龙骨		梁板下钉木方龙骨
			上人型	不上人型	上人型	不上人型	
计价材料	轻钢大龙骨垂直吊挂件	个	1.5600	1.5600	1.3300		
	轻钢中龙骨垂直吊挂件	个			2.5500		
	轻钢中龙骨平面连接件	个			8.1600		
	铝合金吊顶中龙骨 T30.5	m	2.3031	1.9166			
	铝合金吊顶中龙骨垂直吊挂件	个	5.4900	4.5600			
	电焊条 J422　综合	kg	0.0128	0.0128	0.0128	0.0113	0.0091
	其他材料费	元	3.3900	3.1700	2.8100	1.8700	1.8000
机械	木工圆锯机　500mm	台班					0.0010
	交流电焊机　21kVA	台班	0.0009	0.0009	0.0009	0.0008	0.0006
	砂轮切割机　ϕ400	台班	0.0345	0.0345	0.0298	0.0283	
	冲击钻	台班	0.0264	0.0264	0.0263	0.0263	0.0263
未计价材料	圆钢 ϕ10 以外	kg	0.6200	0.6200	0.5200	0.5200	

6.2.2 面板安装

工作内容：面板下料、安装、封口、封边、清理。

定额编号			YJ6-27	YJ6-28	YJ6-29	YJ6-30	YJ6-31	YJ6-32	YJ6-33	YJ6-34
项目			铝合金方形板	铝合金条形板	铝塑板	石膏板	矿棉板	细木工板	PVC复合板	胶合板
单位			m^2	m^2	m^2	m^2	m^2	m^2	m^2	m^2
基价（元）			**137.71**	**111.27**	**113.21**	**32.80**	**43.01**	**51.27**	**33.87**	**26.73**
其中	人工费（元）		7.90	12.87	8.06	5.21	5.48	5.31	8.34	3.20
	材料费（元）		129.81	98.40	105.03	27.59	37.53	45.96	25.43	23.53
	机械费（元）				0.12				0.10	
名称		单位	数量							
人工	普通工	工日	0.0498	0.0812	0.0509	0.0329	0.0346	0.0335	0.0527	0.0202
	建筑技术工	工日	0.1164	0.1897	0.1187	0.0767	0.0807	0.0783	0.1228	0.0472
计价材料	胶合板五层（5mm）	m^2								1.0500
	细木工板	m^2						1.0500		
	铝合金天棚方板0.8	m^2	1.0076							
	铝合金靠墙方板0.8	m	0.8480							
	铝合金天棚条板0.5	m^2		0.8777						
	铝合金靠墙条板0.5	m		0.6111						
	铝塑板双面1220×2440×3	m^2			1.0750					
	石膏板12mm	m^2				1.0500				
	PVC条形天花板宽180	m^2							1.0750	

续表

定额编号			YJ6－27	YJ6－28	YJ6－29	YJ6－30	YJ6－31	YJ6－32	YJ6－33	YJ6－34
项目			铝合金方形板	铝合金条形板	铝塑板	石膏板	矿棉板	细木工板	PVC 复合板	胶合板
计价材料	PVC 阴阳角线 30×30	m							1.1612	
	矿棉板	m^2					1.0500			
	万能胶	kg			0.7091					
	其他材料费	元	1.2900	4.3800	6.6300	0.5500	0.3700	0.6800	0.5100	0.3600
机械	木工多用机床	台班			0.0050				0.0040	

6.2.3 面板修补

工作内容：修补或拆换吊平顶面层：拆旧、清理基层、裁制、安装面层；拆钉平顶面层：拆旧、清理基层、裁制、安装面层；检修平顶：损坏板条加钉。

定额编号			YJ6－35	YJ6－36	YJ6－37	YJ6－38	YJ6－39
项目			修补或拆换吊平顶面层				
			石膏板	矿棉板	塑铝板	铝合金板	PVC 条板
单位			m^2	m^2	m^2	m^2	m^2
基价（元）			**34.66**	**45.07**	**106.31**	**101.50**	**33.80**
其中	人工费（元）		6.47	6.55	12.76	13.19	8.33
	材料费（元）		28.19	38.52	93.43	88.31	25.37
	机械费（元）				0.12		0.10
名称		单位	数量				
人工	普通工	工日	0.0671	0.0677	0.1780	0.0899	0.0523
	建筑技术工	工日	0.0767	0.0778	0.1187	0.1896	0.1229
计价材料	铝合金吊顶中龙骨 T30.5	m				1.2443	
	铝合金扣板	m^2				1.0600	
	铝塑板双面 1220×2440×3	m^2			1.0600		
	石膏板 12mm	m^2	1.0600				
	PVC 条形天花板宽 180	m^2					1.0600
	PVC 阴阳角线 30×30	m					1.2443
	矿棉板	m^2		1.0600			

续表

定额编号			YJ6－35	YJ6－36	YJ6－37	YJ6－38	YJ6－39
项目			修补或拆换吊平顶面层				
			石膏板	矿棉板	塑铝板	铝合金板	PVC 条板
计价材料	其他材料费	元	0.8800	1.0000	4.6300	1.4600	0.3900
机械	木工多用机床	台班			0.0050		0.0040

第7章 门窗与木作工程

说　明

1．本章木材用量以自然干燥条件下的含水率为标准编制，不考虑现场人工干燥。

2．定额中木材加工是按照机械和手工操作综合编制，执行定额时不得因操作方法调整定额。

3．现场制作门窗所安装玻璃的种类、厚度，当定额与设计不同时可以调整玻璃材料费，其余不变。

4．成品门窗安装定额包括成品门窗的购置、运输、安装、油漆、五金、配件、填缝、嵌固等工作内容。

5．门窗安装五金与配件的配置见表 7-1 与表 7-2。定额中不包括门镜、门启闭器、门磁吸装置等材料费、安装费，工程需要时其费用单独计算。定额中门窗五金与配件是按照常规标准配置，工程实际与定额不同时，采用总价方式按照价差处理。即：价差=门窗安装工程实际五金与配件费用－门窗安装工程定额五金与配件费用。

6．玻璃幕墙适用于外墙装饰工程，玻璃隔断墙执行第 6 章相应的定额。玻璃幕墙定额包括幕墙墙架的制作与安装、镶挂玻璃等工作内容。工程设计采用的材质、规格与定额不同时按照价差处理。

7．扶手栏杆定额中包括栏杆、扶手的制作、购置、运输、安装等工作内容。

8．现场制作的门窗、木扶手、木制品定额中不包括木材面刷油漆，应根据设计标准执行第 11 章相应的定额。

9．门窗修理工程适用于各项门窗修理项目不包括修接、拆装和调换零件，实际发生时，可按相应的定额套用。修理钢门窗项目，如采用铜质或铸铁配件应按实换算。

工程量计算规则

1. 各类门窗制作、安装按照门窗洞口面积计算工程量。卷闸门按照洞口高度增加 600mm 计算工程量。

2. 玻璃幕墙按照外墙垂直投影面积计算工程量，扣除门窗洞口及单个面积 0.3m^2 以上孔洞所占面积。

3. 暖气罩按照边框外围尺寸以平方米为单位计算工程量，计算侧面工程量。

4. 窗帘盒按照设计图示尺寸以延长米为单位计算工程量。当设计无规定时可按窗洞口宽度加 300mm 计算。

5. 门窗套、木线条按照设计图示尺寸以展开面积计算工程量。

6. 扶手栏杆按照延长米计算工程量（不包括伸入墙内的长度部分），其斜长部分按照水平投影长度乘以 1.17 系数计算。

7. 门窗修理工程

（1）门窗修理，按照面积计算。

（2）调换钢门窗零件，按照只计算。

表 7.1 **门五金、配件表** 单位：套

材料编号			4300001	4300002	4300003	4300004	4300005
项目			木门五金、配件				
			镶板门	胶合板门	普通纱门	钢木大门	保温隔声门
材料基价（元）			78.21	78.21	36.68	282.68	112.34
人工费（元）							
材料费（元）			78.21	78.21	36.68	282.68	112.34
机械费（元）							
名称		单位	数量				
材料	加工铁件综合	kg				5.6800	2.2500
	门窗铰链 75	个			2.0000		
	门窗铰链 100	个	2.0000	2.0000		3.0000	2.0000
	蝶式弹簧铰链 100	个				3.0000	1.0000
	门锁单向	把	0.5000	0.5000		0.7500	0.5000

续表

单位：套

材料编号			4300001	4300002	4300003	4300004	4300005
项目			木门五金、配件				
			镶板门	胶合板门	普通纱门	钢木大门	保温隔声门
材料	门锁双向	把	0.5000	0.5000		0.2500	0.5000
	铁插销 100	对	2.0000	2.0000	2.0000		0.5000
	铁插销 150	对				1.0000	1.0000
	铁插销 300	对				1.0000	0.5000
	风钩	个	1.6600	1.6600	1.2000	4.1200	3.6000
	拉手 30 以内	对	1.0000	1.0000	1.0000		1.0000
	拉手 30 以外	对				1.0000	
	门滑轨	m				2.6000	
	木螺丝各种规格	个	34.0000	34.0000	20.0000		24.0000
	不锈钢螺丝 M5×12	个	24.0000	24.0000	20.0000	36.0000	36.0000

续表 单位：套

材料编号			4300006	4300007	4300008	4300009	4300010	4300011	4300012
项目			钢门五金、配件						屏蔽门五金、配件
			全钢板门	玻璃钢板门	平开防盗门	半截百页门	防射线门	防火门	
材料基价（元）			108.76	109.99	101.84	78.66	123.84	119.36	127.02
人工费（元）									
材料费（元）			108.76	109.99	101.84	78.66	123.84	119.36	127.02
机械费（元）									
名称		单位	数量						
材料	加工铁件综合	kg	2.7500	2.2500	3.1200	3.0000	3.5200	3.5200	4.2000
	门窗铰链 100	个	2.0000	2.0000	2.0000	2.0000	2.0000	2.0000	2.0000
	蝶式弹簧铰链 100	个	1.0000	1.0000			1.0000	1.0000	1.0000
	门锁单向	把	0.5000	0.5000		0.5000		0.5000	
	门锁双向	把	0.5000	0.5000	1.0000		1.0000	0.5000	1.0000
	铁插销 100	对	2.0000	2.0000	1.0000	1.0000	1.0000	1.0000	
	铁插销 150	对			1.0000	1.0000	1.0000	1.0000	1.0000
	拉手 30 以内	对	1.0000	0.5000	1.0000	1.0000	0.5000	0.5000	0.5000
	拉手 30 以外	对		0.5000			0.5000	0.5000	0.5000
	不锈钢螺丝 M5×12	个	36.0000	36.0000	24.0000	24.0000	36.0000	36.0000	36.0000

续表

单位：套

材料编号		4300013	4300014	4300015	4300016
项目		铝合金门五金			
		铝合金门	铝合金纱门	单扇全玻地弹门	双扇全玻地弹门
材料基价（元）		75.19	34.38	285.77	520.58
人工费（元）					
材料费（元）		75.19	34.38	285.77	520.58
机械费（元）					
名称	单位	数量			
材料 门窗铰链 75	个		2.0000		
门窗铰链 100	个	2.0000			
门锁单向	把	0.5000		0.5000	0.5000
门锁双向	把	0.5000		0.5000	0.5000
铝插销 100	对	1.0000	1.0000	0.5000	
铝插销 150	对			0.5000	1.0000
拉手 30 以内	对	1.0000	1.0000	0.5000	
拉手 30 以外	对			0.5000	1.0000
地弹簧	个			1.0000	2.0000
不锈钢螺丝 M5×12	个	24.0000	20.0000		

续表 单位：套

材料编号			4300017	4300018	4300019	4300020	4300021	4300022
项目			塑钢门五金		卷帘门五金		不锈钢门五金	
			塑钢门 单层玻璃	塑钢门 双层玻璃	镀锌薄钢 板卷闸门	铝合金 卷闸门	玻璃地弹门	电子感应门
材料基价（元）			91.49	114.13	80.30	79.52	538.96	191.76
人工费（元）								
材料费（元）			91.49	114.13	80.30	79.52	538.96	191.76
机械费（元）								
名称		单位	数量					
材料	加工铁件综合	kg	2.2500	2.7500	3.1200	3.0000	3.5200	3.5200
	门窗铰链 100	个	2.0000	2.0000				
	蝶式弹簧铰链 100	个		1.0000				
	门锁单向	把	0.5000	0.5000			1.0000	0.5000
	门锁双向	把	0.5000	0.5000	1.0000	1.0000		
	铝插销 100	对	2.0000	2.0000				

续表

单位：套

材料编号			4300017	4300018	4300019	4300020	4300021	4300022
项目			塑钢门五金		卷帘门五金		不锈钢门五金	
			塑钢门 单层玻璃	塑钢门 双层玻璃	镀锌薄钢 板卷闸门	铝合金 卷闸门	玻璃地弹门	电子感应门
材料	铝插销 150	对			2.0000	2.0000	1.0000	1.0000
	拉手 30 以内	对	1.0000	0.5000	1.0000	1.0000		
	拉手 30 以外	对		0.5000			1.0000	1.0000
	门滑轨	m						3.2000
	地弹簧	个					2.0000	
	不锈钢螺丝 M5×12	个	24.0000	36.0000				

表 7.2 **窗五金、配件表** 单位：套

材料编号			4300023	4300024	4300025	4300026	4300027	4300028
项目			木窗五金、配件			钢窗五金、配件		屏蔽窗五金、配件
			木窗	无框木窗	普通纱窗	单层钢窗	钢纱窗	
材料基价（元）			48.26	33.75	47.99	62.32	59.08	41.37
人工费（元）								
材料费（元）			48.26	33.75	47.99	62.32	59.08	41.37
机械费（元）								
名称		单位	数量					
材料	加工铁件综合	kg				2.5500	2.0500	3.4200
	门窗铰链 75	个	4.0000	2.0000	4.0000	4.0000	4.0000	
	铁插销 100	对	1.0000	1.0000	1.0000	1.0000	1.0000	1.0000
	风钩	个	2.1000	2.1000	2.1000			
	拉手 30 以内	对	1.0000	1.0000	1.0000	1.0000	1.0000	1.0000
	木螺丝各种规格	个	28.0000	18.0000	16.0000			
	不锈钢螺丝 M5×12	个	16.0000		16.0000	16.0000	16.0000	

续表　　单位：套

材料编号			4300029	4300030	4300031	4300032	4300033
项目			铝合金窗五金、配件				
			铝合金固定窗	铝合金推拉窗	铝合金平开窗	铝合金纱窗	铝合金百页窗
材料基价（元）			19.40	21.08	52.14	35.68	36.17
人工费（元）							
材料费（元）			19.40	21.08	52.14	35.68	36.17
机械费（元）							
名称		单位	数量				
材料	门窗铰链 75	个			4.0000	2.0000	2.0000
	铝插销 100	对		1.0000	2.0000	1.0000	1.0000
	风钩	个			2.0000	2.0000	2.0000
	拉手 30 以内	对	1.0000	1.0000	1.0000	1.0000	1.0000
	不锈钢螺丝 M5×12	个	12.0000	12.0000	36.0000	16.0000	20.0000

续表

单位：套

<table>
<tr><td colspan="3">材 料 编 号</td><td>4300034</td><td>4300035</td><td>4300036</td></tr>
<tr><td colspan="3" rowspan="2">项 目</td><td colspan="2">塑钢窗五金、配件</td><td rowspan="2">不锈钢固定窗五金、附件</td></tr>
<tr><td>塑钢窗单层玻璃</td><td>塑钢窗双层玻璃</td></tr>
<tr><td colspan="3">材 料 基 价（元）</td><td>50.06</td><td>50.06</td><td>16.77</td></tr>
<tr><td colspan="3">人 工 费（元）</td><td></td><td></td><td></td></tr>
<tr><td colspan="3">材 料 费（元）</td><td>50.06</td><td>50.06</td><td>16.77</td></tr>
<tr><td colspan="3">机 械 费（元）</td><td></td><td></td><td></td></tr>
<tr><td colspan="2">名 称</td><td>单位</td><td colspan="3">数 量</td></tr>
<tr><td rowspan="6">材料</td><td>加工铁件综合</td><td>kg</td><td></td><td></td><td>2.4300</td></tr>
<tr><td>门窗铰链 75</td><td>个</td><td>4.0000</td><td>4.0000</td><td></td></tr>
<tr><td>铝插销 100</td><td>对</td><td>1.0000</td><td>1.0000</td><td></td></tr>
<tr><td>风钩</td><td>个</td><td>1.0000</td><td>1.0000</td><td></td></tr>
<tr><td>拉手 30 以内</td><td>对</td><td>1.0000</td><td>1.0000</td><td></td></tr>
<tr><td>不锈钢螺丝 M5×12</td><td>个</td><td>40.0000</td><td>40.0000</td><td>8.0000</td></tr>
</table>

7.1 木 门 、 窗

7.1.1 木门制作与安装

工作内容： 木门框制作、安装；木门扇制作、安装；门亮子制作、安装；装配纱扇；安装五金、配件、玻璃；周边塞口、清理。

定额编号			YJ7-1	YJ7-2
项目			镶板门	胶合板门
单位			m^2	m^2
基价（元）			**152.97**	**148.68**
其中	人工费（元）		24.30	21.07
	材料费（元）		124.63	121.76
	机械费（元）		4.04	5.85
名称		单位	数量	
人工	普通工	工日	0.1535	0.1239
	建筑技术工	工日	0.3580	0.3171
计价材料	方材红白松一等	m^3	0.0519	0.0401
	板材红白松一等	m^3	0.0080	0.0030
	胶合板三层（3mm）	m^2		2.0136
	其他材料费	元	6.5600	8.3800
机械	木工圆锯机 500mm	台班	0.0104	0.0086
	木工平刨床（刨削宽度 450mm）	台班	0.0198	0.0232

续表

定额编号			YJ7－1	YJ7－2
项目			镶板门	胶合板门
机械	木工压刨床（刨削宽度　三面 400mm）	台班	0.0191	0.0220
	木工开榫机（榫头长度　160mm）	台班	0.0128	0.0302
	木工打眼机（钻孔直径　50mm）	台班	0.0161	0.0326
	木工裁口机（宽度　多面 400mm）	台班	0.0080	0.0095
未计价材料	石灰麻刀砂浆	m^3	0.0023	0.0028
	木门五金、配件　镶板门	套	0.5000	
	木门五金、配件　胶合板门	套		0.5000

7.1.2 成品木门安装

工作内容：门购置、运输、现场堆放；现场搬运、安装框扇；安装五金、配件、玻璃；周边塞口、清理。

定额编号			YJ7－3	YJ7－4
项目			木门安装	保温隔音门安装
单位			m^2	m^2
基价（元）			**11.83**	**38.76**
其中	人工费（元）		9.29	8.98
	材料费（元）		2.54	29.78
	机械费（元）			
名称		单位	数量	
人工	普通工	工日	0.0609	0.0672
	建筑技术工	工日	0.1354	0.1249
计价材料	方材红白松一等	m^3		0.0032
	橡胶定型条	m		2.3159
	其他材料费	元	2.5400	13.0900
未计价材料	成品木门	m^2	0.9600	
	成品保温隔音门	m^2		0.9600
	木门五金、配件　镶板门	套	0.5000	
	木门五金、配件　保温隔音门	套		0.5000

7.1.3 木窗制作与安装

工作内容：木窗框制作、安装；木窗扇制作、安装；安装纱网；安装五金、配件、玻璃；周边塞口、清理。

定额编号			YJ7－5	YJ7－6
项目			木窗	无框木窗
			制安	
单位			m^2	m^2
基价（元）			**141.13**	**99.93**
其中	人工费（元）		32.79	26.23
	材料费（元）		105.00	71.01
	机械费（元）		3.34	2.69
名称		单位	数量	
人工	普通工	工日	0.2070	0.1657
	建筑技术工	工日	0.4832	0.3866
计价材料	方材红白松一等	m^3	0.0413	0.0291
	板材红白松一等	m^3	0.0092	0.0037
	其他材料费	元	5.4600	6.3500
机械	木工圆锯机　500mm	台班	0.0066	0.0057
	木工平刨床（刨削宽度　450mm）	台班	0.0164	0.0146
	木工压刨床（刨削宽度　双面600mm）	台班	0.0164	0.0146
	木工开榫机（榫头长度　160mm）	台班	0.0142	0.0097

续表

定　额　编　号			YJ7－5	YJ7－6
项　　目			木窗	无框木窗
			制安	
机械	木工打眼机（钻孔直径　50mm）	台班	0.0257	0.0173
	木工裁口机（宽度　多面 400mm）	台班	0.0072	0.0065
未计价材料	混合砂浆　M5	m^3	0.0036	0.0034
	平板玻璃 3mm	m^2	0.7141	0.8629
	木窗五金、配件　木窗	套	0.4000	
	木窗五金、配件　无框木窗	套		0.6000

7.1.4 成品木窗安装

工作内容：窗购置、运输、现场堆放；现场搬运、安装框扇；安装五金、配件、玻璃；周边塞口、清理。

定额编号			YJ7－7	YJ7－8
项目			成品木窗	成品无框木窗
			安装	
单位			m^2	m^2
基价（元）			**21.44**	**18.28**
其中	人工费（元）		15.75	13.39
	材料费（元）		5.67	4.87
	机械费（元）		0.02	0.02
名称		单位	数量	
人工	普通工	工日	0.0996	0.0847
	建筑技术工	工日	0.2321	0.1973
计价材料	方材红白松一等	m^3	0.0004	0.0002
	其他材料费	元	4.8800	4.4800
机械	木工圆锯机　500mm	台班	0.0006	0.0006
未计价材料	混合砂浆　M5	m^3	0.0036	0.0034
	成品木窗	m^2	0.9800	
	成品无框木窗	m^2		0.9800
	木窗五金、配件　木窗	套	0.4000	
	木窗五金、配件　无框木窗	套		0.6000

7.2 钢门、窗

7.2.1 成品钢门安装

工作内容： 钢门购置、运输、现场堆放；钢门框校正、稳固铁件、安装框扇；安装五金、配件、玻璃；周边塞口、清理。

定额编号			YJ7-9	YJ7-10	YJ7-11	YJ7-12	YJ7-13	YJ7-14
项目			成品全钢板门	成品玻璃钢板门	成品平开防盗门	成品半截百页钢板门	成品防火门	屏蔽门
			安装					
单位			m^2	m^2	m^2	m^2	m^2	m^2
基价（元）			**16.72**	**17.76**	**18.62**	**17.11**	**31.15**	**25.94**
其中	人工费（元）		14.08	15.33	14.08	12.38	19.29	14.34
	材料费（元）		2.08	1.87	3.98	2.58	11.30	11.04
	机械费（元）		0.56	0.56	0.56	2.15	0.56	0.56
名称		单位	数量					
人工	普通工	工日	0.0890	0.1025	0.0890	0.0782	0.1218	0.0906
	建筑技术工	工日	0.2075	0.2218	0.2075	0.1824	0.2843	0.2113
计价材料	电焊条 J422 综合	kg	0.0294	0.0294	0.0294	0.0840	0.0313	0.0313
	其他材料费	元	1.9000	1.6900	3.8000	2.0700	11.1100	10.8500
机械	交流电焊机 21kVA	台班	0.0095	0.0095	0.0095	0.0363	0.0095	0.0095

续表

定额编号			YJ7－9	YJ7－10	YJ7－11	YJ7－12	YJ7－13	YJ7－14
项目			成品全钢板门	成品玻璃钢板门	成品平开防盗门	成品半截百页钢板门	成品防火门	屏蔽门
			安装					
未计价材料	水泥砂浆 1：2	m^3	0.0025	0.0025	0.0025	0.0008	0.0025	0.0025
	现浇混凝土 C20－20 集中搅拌	m^3	0.0020	0.0020	0.0020	0.0020	0.0020	0.0020
	成品全钢板门	m^2	0.9600					
	成品钢板玻璃门	m^2		0.9600				
	成品平开防盗门	m^2			0.9600			
	成品半截百页钢板门	m^2				0.9600		
	成品防火门	m^2					0.9600	
	屏蔽门	m^2						0.9600
	钢门五金、配件 全钢板门	套	0.5000					
	钢门五金、配件 玻璃钢板门	套		0.5000				
	钢门五金、配件 平开防盗门	套			0.5000			
	钢门五金、配件 半截百页门	套				0.5000		
	钢门五金、配件 防火门	套					0.5000	
	屏蔽门五金、配件	套						0.5000

7.2.2 成品钢窗安装

工作内容：钢窗购置、运输、现场堆放；钢窗框校正、稳固铁件、安装框扇；安装五金、配件、玻璃；周边塞口、清理。

定额编号			YJ7－15	YJ7－16	YJ7－17	YJ7－18	YJ7－19
项目			单层钢窗	钢纱窗	屏蔽窗	窗防护格栅	
						钢结构	不锈钢结构
单位			m^2	m^2	m^2	m^2	m^2
基价（元）			**16.33**	**64.63**	**19.34**	**3.96**	**6.32**
其中	人工费（元）		13.55	6.17	14.96	2.86	2.86
	材料费（元）		2.42	1.59	4.38	1.10	3.46
	机械费（元）		0.36	56.87			
名称		单位	数量				
人工	普通工	工日	0.0856	0.0389	0.0945	0.0180	0.0180
	建筑技术工	工日	0.1997	0.0909	0.2205	0.0422	0.0422
计价材料	电焊条 J422 综合	kg	0.0309	0.0332	0.0400		
	其他材料费	元	2.2400	1.3900	4.1400	1.1000	3.4600
机械	交流电焊机 21kVA	台班	0.0061	0.9600			
未计价材料	水泥砂浆 1:2	m^3	0.0018		0.0028		
	现浇混凝土 C20－10 集中搅拌	m^3	0.0020		0.0030		
	成品单层钢窗	m^2	0.9800				
	成品钢纱窗	m^2		0.9800			

续表

定 额 编 号			YJ7－15	YJ7－16	YJ7－17	YJ7－18	YJ7－19
项 目			单层钢窗	钢纱窗	屏蔽窗	窗防护格栅	
						钢结构	不锈钢结构
未计价材料	成品窗防护格栅（钢）	m^2				0.9800	
	成品窗防护格栅（不锈钢）	m^2					0.9800
	屏蔽窗	m^2			0.9800		
	钢窗五金、配件 单层钢窗	套	0.4000				
	钢窗五金、配件 钢纱窗	套		0.4000			
	屏蔽窗五金、配件	套			0.4000		

7.3 铝合金门、窗

7.3.1 成品铝合金门安装

工作内容：铝合金门购置、运输、现场堆放；门框校正、稳固铁件、安装框扇；安装五金、配件、玻璃；周边塞口、清理。

定额编号			YJ7－20	YJ7－21	YJ7－22	YJ7－23
项目			铝合金门	铝合金纱门	单扇全玻地弹门	双扇全玻地弹门
单位			m^2	m^2	m^2	m^2
基价（元）			**33.24**	**9.51**	**46.84**	**46.50**
其中	人工费（元）		16.31	8.16	16.31	17.12
	材料费（元）		16.93	1.35	30.53	29.38
	机械费（元）					
名称		单位	数量			
人工	普通工	工日	0.1030	0.0516	0.1030	0.1081
	建筑技术工	工日	0.2403	0.1203	0.2403	0.2523
计价材料	膨胀螺栓 M10	套			10.4300	8.4600
	发泡软填料	kg	0.6671		0.6671	0.6671
	玻璃胶	kg	0.3500		0.3500	0.3500
	其他材料费	元	7.5700	1.3500	9.0200	10.1700

续表

定额编号			YJ7－20	YJ7－21	YJ7－22	YJ7－23
项目			铝合金门	铝合金纱门	单扇全玻地弹门	双扇全玻地弹门
未计价材料	成品铝合金门	m^2	0.9600			
	成品铝合金纱门	m^2		0.9600		
	成品单扇全玻地弹门	m^2			0.9600	
	成品双扇全玻地弹门	m^2				0.9600
	铝合金门五金　铝合金门	套	0.5000			
	铝合金门五金　铝合金纱门	套		0.5000		
	铝合金门五金　单扇全玻地弹门	套			0.5000	
	铝合金门五金　双扇全玻地弹门	套				0.5000

7.3.2 成品铝合金窗安装

工作内容：铝合金窗购置、运输、现场堆放；窗框校正、稳固铁件、安装框扇；安装五金、配件、玻璃；周边塞口、清理。

定额编号			YJ7-24	YJ7-25	YJ7-26	YJ7-27	YJ7-28
项目			铝合金固定窗	铝合金推拉窗	铝合金平开窗	铝合金纱窗	固定铝合金百页窗
单位			m^2	m^2	m^2	m^2	m^2
基价（元）			**21.78**	**22.68**	**20.74**	**7.88**	**23.58**
其中	人工费（元）		7.63	11.55	10.61	5.51	8.02
	材料费（元）		14.15	11.13	10.13	2.37	15.56
	机械费（元）						
名称		单位	数量				
人工	普通工	工日	0.0482	0.0730	0.0670	0.0390	0.0506
	建筑技术工	工日	0.1124	0.1702	0.1563	0.0783	0.1182
计价材料	发泡软填料	kg	0.6671	0.3975	0.3200		0.5870
	玻璃胶	kg	0.3500	0.3000	0.3000		0.3500
	其他材料费	元	4.7900	4.4400	4.0500	2.3700	6.8200
未计价材料	成品铝合金固定窗	m^2	0.9800				
	成品铝合金推拉窗	m^2		0.9800			
	成品铝合金平开窗	m^2			0.9800		
	成品铝合金纱窗	m^2				0.9800	

续表

定额编号			YJ7－24	YJ7－25	YJ7－26	YJ7－27	YJ7－28
项目			铝合金固定窗	铝合金推拉窗	铝合金平开窗	铝合金纱窗	固定铝合金百页窗
未计价材料	成品固定铝合金百页窗	m^2					0.9800
	铝合金窗五金、配件　铝合金固定窗	套	0.5000				
	铝合金窗五金、配件　铝合金推拉窗	套		0.5000			
	铝合金窗五金、配件　铝合金平开窗	套			0.5000		
	铝合金窗五金、配件　铝合金纱窗	套				0.5000	

7.4 塑钢门、窗

7.4.1 成品塑钢门安装

工作内容：塑钢门购置、运输、现场堆放；门框校正、稳固铁件、安装框扇；安装五金、配件、玻璃；周边塞口、清理。

定额编号			YJ7－29	YJ7－30
项目			塑钢门	
			单层玻璃	双层玻璃
单位			m^2	m^2
基价（元）			**36.91**	**40.12**
其中	人工费（元）		18.39	20.22
	材料费（元）		12.25	13.63
	机械费（元）		6.27	6.27
名称		单位	数量	
人工	普通工	工日	0.1162	0.1278
	建筑技术工	工日	0.2709	0.2980
计价材料	发泡软填料	kg	0.2600	0.3000
	门窗密封橡胶条	m	1.0300	1.2000
	密封油膏	kg	0.4200	0.4400
	氯丁腻子 JN－10	kg	0.0800	0.1000
	冲击钻头 $\phi10$	支	0.0800	0.0800

续表

定额编号			YJ7－29	YJ7－30
项目			塑钢门	
			单层玻璃	双层玻璃
计价材料	其他材料费	元	4.1200	4.5100
机械	冲击钻	台班	0.0800	0.0800
未计价材料	成品塑钢门（单层玻璃）	m^2	0.9600	
	成品塑钢门（双层玻璃）	m^2		0.9600
	塑钢门五金　塑钢门单层玻璃	套	0.5000	
	塑钢门五金　塑钢门双层玻璃	套		0.5000

7.4.2 成品塑钢窗安装

工作内容：塑钢窗购置、运输、现场堆放；窗框校正、稳固铁件、安装框扇；安装五金、配件、玻璃；周边塞口、清理。

定额编号			YJ7－31	YJ7－32
项目			塑钢窗	
			单层玻璃	双层玻璃
单位			m^2	m^2
基价（元）			**39.89**	**42.17**
其中	人工费（元）		16.02	17.62
	材料费（元）		17.68	18.36
	机械费（元）		6.19	6.19
名称		单位	数量	
人工	普通工	工日	0.1012	0.1113
	建筑技术工	工日	0.2361	0.2597
计价材料	发泡软填料	kg	0.2600	0.3000
	门窗密封橡胶条	m	4.2800	4.2800
	密封油膏	kg	0.4200	0.4400
	冲击钻头 $\phi10$	支	0.0800	0.0800
	其他材料费	元	3.7600	4.0400
机械	冲击钻	台班	0.0790	0.0790

续表

定 额 编 号			YJ7－31	YJ7－32
项 目			塑钢窗	
			单层玻璃	双层玻璃
未计价材料	成品塑钢窗（单层玻璃）	m^2	0.9800	
	成品塑钢窗（双层玻璃）	m^2		0.9800
	塑钢窗五金、配件　塑钢窗单层玻璃	套	0.4000	
	塑钢窗五金、配件　塑钢窗双层玻璃	套		0.4000

7.5 卷 帘 门

工作内容：卷帘门购置、运输、现场堆放；门框校正、安装铁件、焊接连接件；安装卷闸与电动装置、调试；安装五金、配件；周边塞口、清理。

定额编号			YJ7－33	YJ7－34	YJ7－35
项目			镀锌薄钢板卷闸门	铝合金卷闸门	卷闸门电动装置
单位			m^2	m^2	套
基价（元）			**22.89**	**23.56**	**67.18**
其中	人工费（元）		19.46	19.46	40.30
	材料费（元）		2.38	3.05	26.88
	机械费（元）		1.05	1.05	
名称		单位	数量		
人工	普通工	工日	0.1229	0.1229	0.2545
	建筑技术工	工日	0.2868	0.2868	0.5939
计价材料	电焊条 J422 综合	kg	0.0950	0.0950	
	其他材料费	元	1.8100	2.4800	26.8800
机械	交流电焊机 21kVA	台班	0.0178	0.0178	
未计价材料	卷闸镀锌薄钢板门	m^2	1.0000		
	卷闸铝合金门	m^2		1.0000	
	卷闸电动装置	套			1.0000
	卷帘门五金 镀锌薄钢板卷闸门	套	0.1500		
	卷帘门五金 铝合金卷闸门	套		0.1500	

7.6 不锈钢门、窗

工作内容：不锈钢门窗购置、运输、现场堆放；校正框扇、安装门窗；安装五金、配件、玻璃；安装感应装置、调试；周边塞口、清理。

定额编号			YJ7－36	YJ7－37	YJ7－38	YJ7－39
项目			不锈钢		电子感应门	门电子感应装置
			固定玻璃窗	玻璃地弹门		
单位			m^2	m^2	m^2	套
基价（元）			**37.20**	**62.48**	**68.22**	**76.47**
其中	人工费（元）		18.45	33.31	55.68	38.16
	材料费（元）		18.75	29.17	12.54	32.21
	机械费（元）					6.10
名称		单位	数量			
人工	普通工	工日	0.1165	0.2104	0.3516	0.2410
	建筑技术工	工日	0.2719	0.4909	0.8205	0.5623
计价材料	电焊条 J422 综合	kg				0.5150
	发泡软填料	kg	0.8691	0.6671	0.3219	
	玻璃胶	kg	0.3500	0.3500	0.1870	0.5000
	其他材料费	元	7.8400	19.8100	7.8000	23.0500
机械	交流电焊机 21kVA	台班				0.1030

续表

定额编号			YJ7－36	YJ7－37	YJ7－38	YJ7－39
项目			不锈钢		电子感应门	门电子感应装置
			固定玻璃窗	玻璃地弹门		
未计价材料	成品不锈钢双扇全玻地弹门	m^2		0.9600		
	成品门电子感应门	m^2			0.9600	
	成品不锈钢固定玻璃窗	m^2	0.9600			
	不锈钢门五金　玻璃地弹门	套		0.2500		
	不锈钢门五金　电子感应门	套			0.3000	
	不锈钢固定窗五金、附件	套	0.4000			
	门电子感应装置	套				1.0000

7.7 玻璃幕墙

工作内容：放样、划线、下料；钻孔、组装焊接、安装龙骨；装配玻璃、配件；周边嵌胶、清理。

定额编号			YJ7－40	YJ7－41	YJ7－42
项目			铝合金框玻璃幕墙	不锈钢框玻璃幕墙	全玻璃幕墙
单位			m^2	m^2	m^2
基价（元）			**419.06**	**214.93**	**75.90**
其中	人工费（元）		79.50	81.49	11.15
	材料费（元）		288.43	70.59	62.97
	机械费（元）		51.13	62.85	1.78
名称		单位	数量		
人工	普通工	工日	0.5021	0.5147	0.0704
	建筑技术工	工日	1.1715	1.2008	0.1644
计价材料	铝合金型材	kg	10.6000		
	电焊条 J422 综合	kg	0.3500		0.1580
	不锈钢气焊丝 综合	kg		0.3105	
	膨胀螺栓 M12	套			5.1200
	不锈钢螺栓	套	1.2322	1.2322	
	镀锌铁件	kg	2.4388	2.4388	4.1870
	硅胶	kg	2.3378	2.3378	2.5600
	合金钻头	支		0.0420	

续表

定 额 编 号			YJ7－40	YJ7－41	YJ7－42
项 目			铝合金框玻璃幕墙	不锈钢框玻璃幕墙	全玻璃幕墙
计价材料	其他材料费	元	13.2600	14.5300	4.2700
机械	交流电焊机 21kVA	台班	0.0800	0.0800	0.0300
	氩弧焊机 电流500A	台班		0.0744	
	砂轮切割机 ϕ400	台班	0.1380	0.1380	
	冲击钻	台班		0.0420	
	双组份挤胶系统	台班	0.1700	0.1700	
未计价材料	不锈钢型材	kg		13.7800	
	镀锌钢板1.0以下	kg			2.2600
	白水泥	t			0.0004
	水泥膏浆 白水泥浆	m^3			0.0041
	钢化镀膜玻璃6mm	m^2	0.9806	0.9806	
	钢化玻璃12mm	m^2			1.0300

7.8 木制作、扶手栏杆

7.8.1 木制作

工作内容：木构件制作、拼装、组装、安装、固定、面清理。

定额编号			YJ7-43	YJ7-44	YJ7-45	YJ7-46	YJ7-47
项目			暖气罩	窗帘盒安装		木门窗套	木线条
			制作与安装	单轨	双轨	制作与安装	
单位			m^2	m	m	m^2	m^2
基价（元）			**118.63**	**50.95**	**70.39**	**162.48**	**185.53**
其中	人工费（元）		21.74	5.93	6.59	25.41	10.20
	材料费（元）		95.43	44.48	63.24	136.29	175.30
	机械费（元）		1.46	0.54	0.56	0.78	0.03
名称		单位	数量				
人工	普通工	工日	0.1374	0.0375	0.0416	0.1605	0.0651
	建筑技术工	工日	0.3204	0.0874	0.0971	0.3745	0.1499
计价材料	加工铁件　综合	kg		0.2960	0.2960		
	板材红白松一等	m^3	0.0350			0.0310	
	胶合板三层（3mm）	m^2				1.4800	0.0500
	胶合板五层（5mm）	m^2	0.9490				
	细木工板	m^2		0.4853	0.4853		
	胶合饰面板（泰柚）	m^2				1.1200	

续表

定 额 编 号			YJ7-43	YJ7-44	YJ7-45	YJ7-46	YJ7-47
项 目			暖气罩	窗帘盒安装		木门窗套	木线条
			制作与安装	单轨	双轨	制作与安装	
计价材料	木线 100×12	m					10.0500
	铝合金窗帘轨	m		1.1200	2.2400		
	镀锌半圆头螺栓 综合	套		3.3000	3.3000		
	其他材料费	元	5.5000	1.2600	2.4700	6.6300	5.7500
机械	木工圆锯机 500mm	台班	0.0120	0.0070	0.0008	0.0010	0.0010
	木工压刨床（刨削宽度 三面 400mm）	台班	0.0120	0.0037	0.0057	0.0080	

7.8.2 扶手栏杆

工作内容：木扶手购置、加工、安装、面清理；钢栏杆制作、除锈、刷防锈漆、安装。

定额编号			YJ7-48	YJ7-49	YJ7-50	YJ7-51	YJ7-52
项目			硬木扶手			不锈钢栏板	
			型钢栏杆	靠墙扶手	不锈钢栏杆	半玻璃栏板	全玻璃栏板
单位			m	m	m	m	m
基价（元）			**111.01**	**96.91**	**135.12**	**141.10**	**151.68**
其中	人工费（元）		12.87	7.28	20.65	46.97	46.97
	材料费（元）		85.10	89.57	99.73	86.62	97.20
	机械费（元）		13.04	0.06	14.74	7.51	7.51
名称		单位	数量				
人工	普通工	工日	0.0812	0.0462	0.1304	0.2967	0.2967
	建筑技术工	工日	0.1897	0.1071	0.3043	0.6921	0.6921
计价材料	不锈钢法兰座 ϕ59	个			0.5771	1.1540	1.1540
	镀锌法兰 DN50	副		1.1110			
	不锈钢卡子	个				3.4976	3.4976
	硬木扶手 90×60	m	1.0500	1.0500	1.0500		
	有机玻璃 6mm	m^2				0.6370	0.8240
	电焊条 J422 综合	kg	0.2500	0.0110			
	钨极棒	g			4.7600	2.0100	2.0100
	不锈钢螺栓	套				3.4976	3.4976
	氧气	m^3	0.5660	0.4830			

续表

定额编号			YJ7－48	YJ7－49	YJ7－50	YJ7－51	YJ7－52
项目			硬木扶手			不锈钢栏板	
			型钢栏杆	靠墙扶手	不锈钢栏杆	半玻璃栏板	全玻璃栏板
计价材料	乙炔气	m^3	0.1980	0.1690			
	氩气	m^3			0.3370	0.0840	0.0840
	环氧树脂 6101 号	kg			0.1500	0.0300	0.0300
	其他材料费	元	1.0800	1.0500	7.0900	2.3800	2.4800
机械	金属面抛光机	台班			0.0200	0.0540	0.0540
	管子切断机 60mm	台班			0.0950	0.0700	0.0700
	管子切断机 150mm	台班	0.0830				
	交流电焊机 21kVA	台班	0.1530	0.0010			
	氩弧焊机 电流 500A	台班			0.1090	0.0410	0.0410
未计价材料	扁钢 综合	kg	4.7800	0.1470			
	不锈钢管 $\phi32\times1.5$	m			4.6330	1.0293	1.0293
	不锈钢管 $\phi89\times2.5$	m				0.1210	0.1210
	镀锌钢管 DN25	kg		0.7080			
	现浇混凝土 C20－10 集中搅拌	m^3		0.0010			

7.9 门 窗 修 理

7.9.1 钢门窗工程

工作内容： 修理钢门：领料、断料、拆旧、换新、拆桩铁脚、疏通、出水眼、修理、整理加油（电焊两头）。

定额编号			YJ7－53	YJ7－54	YJ7－55	YJ7－56
项目			修理钢门			
			换槛梃	内外框	整理加油	拆装钢门
			上槛			
单位			根	樘	樘	樘
基价（元）			**29.25**	**90.63**	**1.66**	**36.84**
其中	人工费（元）		9.85	53.75	1.33	33.86
	材料费（元）		19.40	36.88	0.33	2.98
	机械费（元）					
名称		单位	数量			
人工	普通工	工日	0.1374	0.7500	0.0186	0.4725
	建筑技术工	工日	0.0916	0.5000	0.0124	0.3150
计价材料	钢垫板 综合	kg	2.4200			
	镀锌扁钢钩	个	2.0000	12.0000		
	电焊条 J422 综合	kg	0.1200	0.1000		0.0400
	镀锌半圆头螺栓 M2×5～M15×50	套	2.0600	12.3600		

续表

定额编号			YJ7－53	YJ7－54	YJ7－55	YJ7－56
项目			修理钢门			
			换槛梃 上槛	内外框	整理加油	拆装钢门
计价材料	柴油机油	kg			0.0500	
	氧气	m^3	0.0173			
	乙炔气	m^3	0.0078			
	其他材料费	元	0.3300	0.6400		2.7400

工作内容：修理钢窗：领料、断料、拆旧、换新、拆换脚头、出水眼、焊接、修理；修理钢窗；钢窗拆装：拆装。

定额编号			YJ7－57	YJ7－58	YJ7－59	YJ7－60
项目			修理钢窗		拆装钢窗	拆卸玻璃
			内外框修理	整理加油		
单位			樘	樘	樘	m^2
基价（元）			**74.69**	**1.59**	**28.22**	**10.75**
其中	人工费（元）		43.90	1.33	28.22	10.75
	材料费（元）		30.79	0.26		
	机械费（元）					
名称		单位	数量			
人工	普通工	工日	0.6126	0.0186	0.3938	0.1500
	建筑技术工	工日	0.4084	0.0124	0.2625	0.1000
计价材料	镀锌扁钢钩	个	10.0000			
	电焊条 J422　综合	kg	0.1000			
	镀锌半圆头螺栓 M2×5～M15×50	套	10.3000			
	柴油机油	kg		0.0400		
	其他材料费	元	0.4900			

工作内容： 调换钢门窗零件：拆旧、拆装或换新、整修加油；拆装钢门窗零件：拆旧、拆装或换新、整修加油；调换钢门窗零件、拆装钢门窗插销零件：拆旧、拆装或换新、整修加油。

定额编号			YJ7－61
项目			调换钢门窗零件
单位			只
基价（元）			**4.89**
其中	人工费（元）		1.44
	材料费（元）		3.45
	机械费（元）		
名称		单位	数量
人工	普通工	工日	0.0205
	建筑技术工	工日	0.0131
计价材料	镀锌扁钢钩	个	1.0000
	镀锌半圆头螺栓 M2×5～M15×50	套	2.0600
	其他材料费	元	0.0300

7.9.2 铝合金门窗工程

工作内容：修理铝合金窗：加油、拆换、周边打胶、清扫等。

定额编号			YJ7－62	YJ7－63
项目			修理铝合金窗	
			整修	调换滑轮
单位			扇	扇
基价（元）			**1.97**	**85.14**
其中	人工费（元）		1.81	3.58
	材料费（元）		0.16	81.56
	机械费（元）			
名称		单位	数量	
人工	普通工	工日	0.0252	0.0500
	建筑技术工	工日	0.0168	0.0333
计价材料	门滑轨	m		2.0600
	柴油机油	kg	0.0250	
	其他材料费	元		0.8100

工作内容：修理塑钢窗：清洗、周边打胶、拆换。

定 额 编 号			YJ7－64
项 目			修理铝合金窗
			调换内锁销
单 位			只
基 价（元）			**4.39**
其中	人 工 费（元）		2.69
	材 料 费（元）		1.70
	机 械 费（元）		
名 称		单位	数 量
人工	普通工	工日	0.0375
	建筑技术工	工日	0.0250
计价材料	铝插销 100	对	1.0000
	其他材料费	元	0.0200

定额编号			YJ7－65	YJ7－66	YJ7－67
项目			修理铝合金窗		
			打密封胶	换毛条	换橡皮条
单位			m	m	m
基价（元）			**5.98**	**22.88**	**3.30**
其中	人工费（元）		0.89	0.89	1.35
	材料费（元）		5.09	21.99	1.95
	机械费（元）				
名称		单位	数量		
人工	普通工	工日	0.0125	0.0125	0.0188
	建筑技术工	工日	0.0083	0.0083	0.0125
计价材料	发泡软填料	kg	0.6560		
	橡皮条	m			1.0800
	密封胶	kg		1.1782	
	其他材料费	元	0.0500	0.2200	0.0200

7.9.3 其他工程

工作内容：调换、拆装木门拉手、门锁：拆旧、安装。

定额编号			YJ7－68	YJ7－69	YJ7－70
项目			调换木门扇拉手 300 以内	调换铝合金门拉手 竖臂拉手	调换弹簧铰链
单位			副	副	副
基价（元）			**4.66**	**12.65**	**9.08**
其中	人工费（元）		4.48	12.56	8.94
	材料费（元）		0.18	0.09	0.14
	机械费（元）				
名称		单位	数量		
人工	普通工	工日	0.0625	0.1752	0.1248
	建筑技术工	工日	0.0417	0.1168	0.0832
计价材料	其他材料费	元	0.1800	0.0900	0.1400
未计价材料	蝶式弹簧铰链 100	个			1.0150
	自由门拉手	个		1.0000	
	拉手 30 以内	对	1.0000		

工作内容：调换钢门锁：拆旧、装配、校正。

定额编号			YJ7－71	YJ7－72
项目			调换木门锁	调换钢门锁
单位			把	把
基价（元）			**3.74**	**10.97**
其中	人工费（元）		3.31	10.75
	材料费（元）		0.43	0.22
	机械费（元）			
名称		单位	数量	
人工	普通工	工日	0.0462	0.1500
	建筑技术工	工日	0.0308	0.1000
计价材料	其他材料费	元	0.4300	0.2200
未计价材料	门锁	把		1.0000
	弹子锁	把	1.0000	

工作内容：拆装闭门器、门吸。

定额编号			YJ7－73	YJ7－74	YJ7－75	YJ7－76
项目			闭门器		门吸	
			调换	拆装	调换	拆装
单位			只	只	只	只
基价（元）			**7.53**	**6.28**	**2.78**	**2.71**
其中	人工费（元）		6.28	6.28	2.71	2.71
	材料费（元）		1.25		0.07	
	机械费（元）					
名称		单位	数量			
人工	普通工	工日	0.0876	0.0876	0.0378	0.0378
	建筑技术工	工日	0.0584	0.0584	0.0252	0.0252
计价材料	其他材料费	元	1.2500		0.0700	
未计价材料	闭门器	个	1.0000			
	门磁吸	个			1.0150	

工作内容： 木窗换玻璃：去老灰和元钉、清槽口、装玻璃、钉元钉、嵌油灰、扫清垃圾；旧木门窗拆装玻璃、重嵌油灰：去老灰或拆装压条、卸下玻璃、再装玻璃、清槽口、钉元钉、重嵌油灰、扫清垃圾。钢门窗换玻璃：去老灰、去碎玻璃、扫清碎玻璃、清槽口、装配玻璃、装扎头、嵌油灰或装压条。旧钢门窗拆装玻璃：去老油灰或拆装压条、卸下玻璃、清槽口、装扎头、嵌油灰、清垃圾。

定额编号			YJ7－77	YJ7－78	YJ7－79	YJ7－80	YJ7－81	YJ7－82	YJ7－83
项目			木门窗换玻璃	旧木门窗拆装玻璃	旧木门窗重嵌油灰	钢门窗换玻璃	旧钢门窗拆装玻璃		
			有座灰		全部	有座灰外嵌油灰	有座灰嵌油灰	有座灰装压条	无座灰装压条
单位			m^2	m^2	m^2	m^2	m^2	m^2	m^2
基价（元）			**14.59**	**18.90**	**7.93**	**27.55**	**28.09**	**25.90**	**17.03**
其中	人工费（元）		10.01	11.48	4.04	16.15	17.03	20.60	17.03
	材料费（元）		4.58	7.42	3.89	11.40	11.06	5.30	
	机械费（元）								
名称		单位	数量						
人工	普通工	工日	0.1397	0.1602	0.0564	0.2254	0.2376	0.2874	0.2376
	建筑技术工	工日	0.0931	0.1068	0.0376	0.1502	0.1584	0.1916	0.1584
计价材料	油灰	kg	1.2000	2.1000	1.1000	3.1300	3.1300	1.5000	
	其他材料费	元	0.3800	0.0700	0.0400	0.4500	0.1100	0.0500	
未计价材料	平板玻璃5mm	m^2	1.2000			1.2000			

工作内容： 旧钢门窗拆卸玻璃：去老油灰（或拆压条）、卸玻璃、妥善堆放；旧天棚：清槽口、拆装或添配玻璃、钉圆钉、嵌油灰、扫清垃圾。

定额编号			YJ7－84	YJ7－85	YJ7－86
项目			旧钢门窗	旧天棚	
			拆卸玻璃	添配玻璃	重装玻璃
单位			m^2	m^2	m^2
基价（元）			**21.81**	**21.09**	**13.53**
其中	人工费（元）		10.75	13.46	6.11
	材料费（元）		11.06	7.63	7.42
	机械费（元）				
名称		单位	数量		
人工	普通工	工日	0.1500	0.1878	0.0852
	建筑技术工	工日	0.1000	0.1252	0.0568
计价材料	油灰	kg	3.1300	2.1000	2.1000
	其他材料费	元	0.1100	0.2800	0.0700
未计价材料	平板玻璃3mm	m^2		1.2000	

第 8 章 地面与楼地面工程

说　明

1．本章定额中的砂浆、混凝土等配合比，当设计与定额不同时，可以根据附录 E、D 换算。

2．地面填土垫层定额中不包括土的材料费，工程实际发生费用时另行计算。

3．混凝土垫层定额是按照无筋编制的，当工程设计配置钢筋时，其钢筋部分按照第 4 章钢筋定额另行计算。垫层定额中包括原土夯实工作内容。

4．油池铺填卵石定额子目仅用于油池箅子上安放卵石工程。

5．防潮、防水定额子目适用于建筑物、构筑物除屋面防水以外的防潮、防水工程。包括楼地面、墙、基础、沟道等防潮、防水工程。定额中包括转角处或交叉处的附加层以及防潮防水层的接头、接缝、收头等工作内容。地下防潮、防水层的保护层根据材质另行计算。

6．地面整体面层与块料面层定额中包括地面找平层、结合层、面层。面层根据工程设计的材质与规格可以调整价差，找平层与结合层除定额规定允许调整外，不得调整。

7．水泥砂浆地面定额中包括了水泥砂浆踢脚板的费用。其他面层地面定额中不包括踢脚板费用，踢脚板根据材质单独计算。

8．定额中水泥砂浆地面面层厚度是按照 20mm 编制，工程设计与定额中厚度不同时，可以执行水泥砂浆找平层每增减 5mm 定额子目进行调整。

9．定额中块料踢脚板的高度是按照 150mm 编制的，工程设计超过 150mm 小于 300mm 时材料用量可以调整，定额中人工费与机械费不变。当踢脚板高度大于 300mm 时执行相应的墙或柱面定额。

10. 楼地面修理工程，调换抗静电地板未包括板下支架的修理，如发生支架损坏，套用调换支架定额子目。

工程量计算规则

1．地面垫层按照室内主墙间净面积乘以设计厚度以立方米为单位计算工程量。扣除凸出地面的构筑物、设备基础、室内地沟等所占体积，不扣除间壁墙及单个面积在 $0.3m^2$ 以内的柱、垛、附墙竖井、通风道、孔洞等所占的体积。

2．防潮、防水工程量计算。

（1）地面防潮、防水层按照主墙间净面积计算工程量。扣除凸出地面的构筑物、设备基础等所占的面积，不扣除间壁墙及单个面积 $0.3m^2$ 以内的柱、垛、附墙竖井、通风道、孔洞等所占面积。

（2）地面与墙面连接处高度在 500mm 以内的防潮、防水层按照展开面积计算工程量，并入地面工程量内；高度超过 500mm 时，按照立面防潮、防水层计算工程量。

（3）墙平面防潮层根据墙宽度乘以长度按照面积计算工程量，外墙长度按照中心线计算，内墙长度按照净长线计算。

（4）立面防潮、防水层按照设计图示尺寸垂直投影面积以平方米为单位计算工程量。扣除门窗洞口及单个面积大于 $0.3m^2$ 孔洞所占面积，柱、梁、垛、附墙竖井、通风道等按照展开面积计算工程量，并入立面防潮、防水工程量内。门窗洞口侧面、孔洞四周侧面不计算面积。

3．各类伸缩缝分材质按照设计图示尺寸以延长米为单位计算工程量。当墙体伸缩缝需要双侧填缝时，工程量乘以 2 系数。

4．找平层、整体面层按照主墙间净面积以平方米为单位计算工程量。扣除凸出地面的构筑物、设备基础、室内管道、地沟等所占面积，不扣除间壁墙及单个面积在 $0.3m^2$ 以内的柱、垛、附墙竖井、通风道、孔洞所占的面积。不计算门洞、空圈、暖气包槽、壁龛等开口部分面积。

5．块料面层、地板按照设计图示尺寸的实铺面积以平方米为单位计算工程量。门洞、空圈、暖气包槽、壁龛等开口部分计算工程量，并入相应的面层内。

6．楼梯面层工程量计算。

（1）楼梯面层按照设计图示尺寸水平投影面积计算工程量，包括踏步、休息平台、平台梁投影面积。

（2）扣除宽度大于 300mm 楼梯井所占面积。

（3）楼梯与楼面相连，楼梯面积计算至楼梯平台梁外侧边沿；无楼梯平台梁时，楼梯面积计算至最上一层踏步边沿加 300mm。

（4）楼梯与地面分界。

1）有楼梯平台梁时，楼梯面积计算至楼梯平台梁外则边沿。

2）有楼梯基础时，楼梯面积计算至楼梯基础外则边沿。

3）楼梯与地面混凝土浇成一体时，楼梯面积计算至第一个踏步边沿加 300mm。

（5）楼梯面层工程量不包括楼梯间踢脚板、楼梯梁板侧面及底面抹灰，应另行计算工程量，执行相应定额。

7．阳台、眺台、外檐廊地面按照伸出墙外水平投影面积计算工程量，执行地面相应定额。

8．沟道、池井、地坑底板面层及构筑物底板面层按照净面积计算工程量。凸出底板上的支墩、隔墙高度在 500mm 以内的面层按照展开面积计算，并入地面工程量内；高度超过 500mm 时，按照墙面工程量计算，执行第 11 章相应定额。

9．卫生间便池侧面计算工程量，并入相应材质面层地面工程量内。

10．台阶面层按照设计图示尺寸水平投影面积计算工程量。台阶宽度计算到最上一个踏步边沿加300mm。台阶梯带按照展开面积计算工程量，根据材质执行第11章相应的零星项目定额。

11．防滑条按照设计图示尺寸以长度计算工程量。设计无规定时按照踏步两端距离减300mm计算。

12．散水、坡道按照设计图示尺寸以平方米为单位计算工程量。计算散水面积时，扣除台阶、坡道、花台等所占面积。

13．楼地面修理工程。

（1）楼地面修粉，按照面积计算。

（2）拆换木地板地搁栅，按照延长米计算。

14．油池卵石清洗，按照体积计算。

8.1 地面垫层

工作内容：基底夯实；铺设垫层、灌浆、找平、密实。

定额编号			YJ8－1	YJ8－2	YJ8－3	YJ8－4	YJ8－5	YJ8－6	YJ8－7
项目			土	灰土	砂	人工级配砂石	碎石、天然砂石	毛石干铺	毛石灌浆
单位			m^3	m^3	m^3	m^3	m^3	m^3	m^3
基价（元）			**17.26**	**20.14**	**17.79**	**31.27**	**26.17**	**28.52**	**46.22**
其中	人工费（元）		15.27	18.51	15.71	28.79	24.02	26.01	43.13
	材料费（元）		0.61	0.42	1.64	1.82	1.49	1.03	1.61
	机械费（元）		1.38	1.21	0.44	0.66	0.66	1.48	1.48
名称		单位	数量						
人工	普通工	工日	0.2131	0.2583	0.2192	0.4018	0.3352	0.3629	0.6017
	建筑技术工	工日	0.1420	0.1722	0.1461	0.2678	0.2235	0.2419	0.4012
计价材料	水	t	0.2000		0.3000	0.3000	0.2500		0.1000
	其他材料费	元	0.0100	0.4200	0.7400	0.9200	0.7400	1.0300	1.3100
机械	夯实机	台班	0.0500	0.0440	0.0160	0.0240	0.0240	0.0538	0.0538
未计价材料	混合砂浆 M2.5	m^3							0.2690
	中砂	m^3			1.1530	0.4640		0.2720	
	天然砂砾	m^3					1.1670		
	碎石 40	m^3				0.9110			

续表

定额编号			YJ8－1	YJ8－2	YJ8－3	YJ8－4	YJ8－5	YJ8－6	YJ8－7
项目			土	灰土	砂	人工级配砂石	碎石、天然砂石	毛石干铺	毛石灌浆
未计价材料	毛石 70～190	m^3						1.2240	1.2240
	土　综合	m^3	1.4400						
	灰土　2:8	m^3		1.1580					

定　额　编　号			YJ8－8	YJ8－9	YJ8－10	YJ8－11	YJ8－12	YJ8－13
项　　目			碎石、砾石干铺	碎石、砾石灌浆	混凝土	水泥炉渣	油池铺填卵石	油池卵石清洗
单　　位			m^3	m^3	m^3	m^3	m^3	m^3
基　　价（元）			**25.76**	**28.37**	**49.19**	**45.95**	**45.50**	**13.80**
其中	人　工　费（元）		24.10	26.11	43.93	43.66	42.35	12.47
	材　料　费（元）		0.94	1.54	3.81	2.29	3.15	1.33
	机　械　费（元）		0.72	0.72	1.45			
名　　称		单位	数　　量					
人工	普通工	工日	0.3362	0.3238	0.6130	0.6092	0.5909	0.1740
	建筑技术工	工日	0.2242	0.2718	0.4086	0.4061	0.3939	0.1160
计价材料	清洗剂 601	kg						0.1837
	水	t		0.1000	0.5000	0.2000		0.0400
	其他材料费	元	0.9400	1.2400	2.3100	1.6900	3.1500	0.0100
机械	夯实机	台班	0.0260	0.0260				
	混凝土振捣器（平台式）	台班			0.0650			
未计价材料	混合砂浆　M2.5	m^3		0.2840				
	现浇混凝土 C10－40　集中搅拌	m^3			1.0100			
	中砂	m^3	0.2900					
	碎石　40	m^3	1.1120	1.1120				
	卵石（滤油）	m^3					1.0600	
	水泥炉渣　1:06	m^3				1.0100		

8.2 防潮、防水

8.2.1 防水砂浆

工作内容：清理基层、抹灰、养护。

定额编号			YJ8-14	YJ8-15
项目			防水砂浆	
			平面	立面
单位			m^2	m^2
基价（元）			**3.25**	**4.94**
其中	人工费（元）		3.06	4.75
	材料费（元）		0.19	0.19
	机械费（元）			
名称		单位	数量	
人工	普通工	工日	0.0396	0.0633
	建筑技术工	工日	0.0306	0.0464
计价材料	水	t	0.0380	0.0380
	其他材料费	元	0.0700	0.0700
未计价材料	防水砂浆	m^3	0.0204	0.0204

8.2.2 卷材防潮、防水

工作内容：涂刷基层处理剂；铺附加层、铺贴卷材、卷材接缝、收头。

定额编号			YJ8－16	YJ8－17	YJ8－18	YJ8－19
项目			三元乙丙橡胶		改性沥青卷材	
			平面	立面	平面	立面
单位			m^2	m^2	m^2	m^2
基价（元）			**49.02**	**50.87**	**51.09**	**53.09**
其中	人工费（元）		6.91	8.76	6.91	8.76
	材料费（元）		42.11	42.11	44.18	44.33
	机械费（元）					
名称		单位	数量			
人工	普通工	工日	0.0965	0.1222	0.0965	0.1222
	建筑技术工	工日	0.0643	0.0815	0.0643	0.0815
计价材料	玻纤胎改性沥青卷材（页岩片）4mm	m^2			1.2420	1.2420
	橡胶卷材三元乙丙橡胶 1mm	m^2	1.2420	1.2420		
	二甲苯	kg	0.2700	0.2700		
	粘结剂丁荃	kg	0.1850	0.1850		
	改性沥青粘结剂	kg			0.5060	0.5060
	石油液化气	m^3			0.2450	0.2890
	聚氨酯乙料	kg	0.2177	0.2177	0.0810	0.0810
	其他材料费	元	3.4000	3.4000	2.4500	2.4500

8.2.3 涂膜防潮、防水

工作内容：涂刷底胶、涂刷附加层、刷涂料、贴布、做保护层。

定额编号			YJ8－20	YJ8－21	YJ8－22	YJ8－23
项目			聚氨酯涂膜		冷底子油	
			二遍（2mm）	每增加一遍	第一遍	第二遍
单位			m^2	m^2	m^2	m^2
基价（元）			**41.43**	**16.28**	**2.51**	**2.04**
其中	人工费（元）		2.38	0.91	0.63	0.58
	材料费（元）		39.05	15.37	1.88	1.46
	机械费（元）					
名称		单位	数量			
人工	普通工	工日	0.0333	0.0127	0.0088	0.0082
	建筑技术工	工日	0.0221	0.0085	0.0059	0.0054
计价材料	聚氨酯甲料	kg	1.0760	0.4272		
	聚氨酯乙料	kg	1.6840	0.6605		
	冷底子油 3:7	kg			0.4850	0.3640
	木柴	kg			0.1650	0.2000
	其他材料费	元	1.3300	0.5100	0.0200	0.0100
未计价材料	中砂	m^3	0.0021			

定额编号			YJ8－24	YJ8－25	YJ8－26	YJ8－27
项目			石油沥青一遍		石油沥青每增加一遍	
			平面	立面	平面	立面
单位			m^2	m^2	m^2	m^2
基价（元）			**9.82**	**10.40**	**5.97**	**6.76**
其中	人工费（元）		0.67	0.80	0.32	0.40
	材料费（元）		9.15	9.60	5.65	6.36
	机械费（元）					
名称		单位	数量			
人工	普通工	工日	0.0094	0.0113	0.0044	0.0056
	建筑技术工	工日	0.0062	0.0074	0.0030	0.0038
计价材料	石油沥青30号	kg	1.8660	1.9822	1.4443	1.6324
	冷底子油3:7	kg	0.4850	0.4850		
	木柴	kg	0.8690	0.9130	0.5720	0.6160
	其他材料费	元	0.0900	0.1000	0.0600	0.0600

定额编号			YJ8－28	YJ8－29	YJ8－30	YJ8－31
项目			乳化沥青聚酯布			
			一布二涂	每增加一布一涂	一布二涂	每增加一布一涂
			平面		立面	
单位			m^2	m^2	m^2	m^2
基价（元）			**27.46**	**23.22**	**28.89**	**23.45**
其中	人工费（元）		2.50	1.32	3.93	1.55
	材料费（元）		24.96	21.90	24.96	21.90
	机械费（元）					
名称		单位	数量			
人工	普通工	工日	0.0349	0.0185	0.0549	0.0217
	建筑技术工	工日	0.0233	0.0123	0.0366	0.0144
计价材料	阴离子合成乳胶化沥青	kg	2.0800	1.5600	2.0800	1.5600
	聚酯布 100g/m^2	kg	1.2491	1.1813	1.2491	1.1813
	其他材料费	元	0.2500	0.2200	0.2500	0.2200
未计价材料	普通硅酸盐水泥 32.5	t	0.0002		0.0002	

8.3 伸 缩 缝

8.3.1 填缝

工作内容：填缝材料制备；清理缝、填缝；止水带下料、连接、安装。

定额编号			YJ8－32	YJ8－33	YJ8－34	YJ8－35	YJ8－36	YJ8－37	YJ8－38
项目			油浸麻丝	油浸木丝板	沥青砂浆	玛蹄脂	建筑油膏	橡胶止水带	塑料止水带
单位			m	m	m	m	m	m	m
基价（元）			**15.76**	**10.27**	**3.89**	**22.65**	**5.96**	**61.98**	**52.48**
其中	人工费（元）		3.35	1.90	2.36	2.38	1.99	3.94	3.94
	材料费（元）		12.41	8.37	1.53	20.27	3.97	58.04	48.54
	机械费（元）								
名称		单位	数量						
人工	普通工	工日	0.0468	0.0264	0.0328	0.0333	0.0277	0.0549	0.0549
	建筑技术工	工日	0.0311	0.0177	0.0220	0.0221	0.0185	0.0367	0.0367
计价材料	水泥木丝板 25	m^2		0.1570					
	石油沥青 30 号	kg	2.0400	1.6324					
	石油沥青玛蹄脂	m^3				0.0046			
	橡胶止水带普通型	m						1.0500	
	塑料止水带 651 型	m							1.0500
	建筑油膏（伸缩缝用）	kg					0.8777		
	麻丝	kg	0.5459						

续表

定额编号			YJ8－32	YJ8－33	YJ8－34	YJ8－35	YJ8－36	YJ8－37	YJ8－38
项目			油浸麻丝	油浸木丝板	沥青砂浆	玛蹄脂	建筑油膏	橡胶止水带	塑料止水带
计价材料	其他材料费	元	0.5300	0.4100	1.5300	1.6400	0.2400	1.6000	1.5000
未计价材料	沥青砂浆 1:2:6	m^3			0.0045				

8.3.2 盖缝

工作内容： 盖缝材料制备；清理缝、盖缝；连接、固定、面清理。

定额编号			YJ8－39	YJ8－40	YJ8－41	YJ8－42	YJ8－43	YJ8－44	YJ8－45	YJ8－46
项目			铁皮盖面		木板盖面		钢板盖面		不锈钢板盖面	
			平面	立面	平面	立面	平面	立面	平面	立面
单位			m	m	m	m	m	m	m	m
基价（元）			**29.89**	**11.53**	**13.68**	**26.26**	**13.70**	**9.17**	**3.21**	**2.09**
其中	人工费（元）		4.80	3.78	1.39	4.36	1.83	1.51	1.83	1.51
	材料费（元）		25.09	7.75	12.29	21.90	11.87	7.66	1.38	0.58
	机械费（元）									
名称		单位	数量							
人工	普通工	工日	0.0670	0.0528	0.0194	0.0609	0.0255	0.0210	0.0255	0.0210
	建筑技术工	工日	0.0447	0.0352	0.0130	0.0406	0.0170	0.0140	0.0170	0.0140
计价材料	板材红白松一等	m^3	0.0115	0.0030	0.0061	0.0109				
	焊锡	kg	0.0406	0.0344						
	圆钉	kg	0.0210	0.0070		0.0181				
	水泥钉	根					0.0210	0.0030	0.0210	0.0030
	铝铆钉	kg					0.3000	0.2000		
	玻璃胶	kg					0.0560	0.0230	0.0560	0.0230
	防腐油	kg	0.0676	0.0531	0.0540	0.0500	0.1100	0.0340	0.1100	0.0340
	其他材料费	元	0.4000	0.2100	0.2000	0.2200	0.2300	0.1300	0.5500	0.2600

续表

定额编号			YJ8－39	YJ8－40	YJ8－41	YJ8－42	YJ8－43	YJ8－44	YJ8－45	YJ8－46
项目			铁皮盖面		木板盖面		钢板盖面		不锈钢板盖面	
			平面	立面	平面	立面	平面	立面	平面	立面
未计价材料	镀锌钢板 0.5 以下	kg	2.4550	2.0800						
	不锈钢板 1.0	kg							2.2100	1.0428
	花纹钢板　综合	kg					2.2000	1.0428		

8.4 找 平 层

工作内容：清理底层；找平、压光；细石混凝土浇筑、密实、养护。

定额编号			YJ8－47	YJ8－48	YJ8－49	YJ8－50	YJ8－51
项目			水泥砂浆			细石混凝土	
			在填充料上	在混凝土或硬基层上	厚度每增减5mm	厚度30mm	厚度每增加5mm
			厚度20mm				
单位			m^2	m^2	m^2	m^2	m^2
基价（元）			**2.94**	**2.87**	**0.52**	**3.06**	**0.52**
其中	人工费（元）		2.86	2.80	0.51	2.92	0.49
	材料费（元）		0.08	0.07	0.01	0.10	0.02
	机械费（元）					0.04	0.01
名称		单位	数量				
人工	普通工	工日	0.0400	0.0390	0.0071	0.0407	0.0069
	建筑技术工	工日	0.0266	0.0261	0.0048	0.0271	0.0046
计价材料	水	t	0.0060	0.0060		0.0060	0.0020
	其他材料费	元	0.0600	0.0600	0.0100	0.0800	0.0100
机械	混凝土振捣器（平台式）	台班				0.0020	0.0004

续表

<table>
<tr><td colspan="3">定　额　编　号</td><td>YJ8 －47</td><td>YJ8 －48</td><td>YJ8 －49</td><td>YJ8 －50</td><td>YJ8 －51</td></tr>
<tr><td colspan="3" rowspan="3">项　　目</td><td colspan="3">水泥砂浆</td><td colspan="2">细石混凝土</td></tr>
<tr><td>在填充料上</td><td>在混凝土或硬基层上</td><td rowspan="2">厚度每增减 5mm</td><td rowspan="2">厚度 30mm</td><td rowspan="2">厚度每增加 5mm</td></tr>
<tr><td colspan="2">厚度 20mm</td></tr>
<tr><td rowspan="3">未计价材料</td><td>水泥砂浆　1:3</td><td>m^3</td><td>0. 0253</td><td>0. 0202</td><td>0. 0050</td><td></td><td></td></tr>
<tr><td>素水泥浆</td><td>m^3</td><td></td><td>0. 0010</td><td></td><td>0. 0010</td><td></td></tr>
<tr><td>现浇混凝土 C15 －20　集中搅拌</td><td>m^3</td><td></td><td></td><td></td><td>0. 0300</td><td>0. 0050</td></tr>
</table>

8.5 整 体 面 层

8.5.1 水泥砂浆面层

工作内容：清理底层；刷素水泥浆；水泥砂浆抹面、压光。

定额编号			YJ8－52	YJ8－53	YJ8－54	YJ8－55	YJ8－56	YJ8－57
项目			地面	楼梯	台阶	防滑坡道	加浆压光	水泥自流平地坪 3～5mm
单位			m^2	m^2	m^2	m^2	m^2	m^2
基价（元）			**4.29**	**15.38**	**11.18**	**12.94**	**3.07**	**7.66**
其中	人工费（元）		3.86	14.79	10.58	12.31	2.69	1.48
	材料费（元）		0.43	0.59	0.60	0.63	0.38	6.18
	机械费（元）							
名称		单位	数量					
人工	普通工	工日	0.0502	0.2024	0.1431	0.1698	0.0375	0.0207
	建筑技术工	工日	0.0385	0.1405	0.1017	0.1159	0.0250	0.0137
计价材料	水泥自流坪混合料	kg						4.2000
	水	t	0.0380	0.0510	0.0560	0.0760	0.0380	
	其他材料费	元	0.3200	0.4400	0.4300	0.4100	0.2700	0.0600
未计价材料	水泥砂浆 1∶1	m^3				0.0323	0.0051	
	水泥砂浆 1∶2.5	m^3	0.0237	0.0270	0.0299			
	素水泥浆	m^3	0.0010	0.0013	0.0015	0.0016		

8.5.2 混凝土面层

工作内容：清理底层；混凝土浇筑、密实、养护，水泥砂浆抹面、压光。

定额编号			YJ8－58	YJ8－59	YJ8－60	YJ8－61	YJ8－62
项目			地面		散水	坡道	散水、坡道
			厚度40mm	厚度每增减5mm	厚度60mm	平均厚度100mm	厚度每增减10mm
单位			m^2	m^2	m^2	m^2	m^2
基价（元）			**4.11**	**0.50**	**5.57**	**8.02**	**0.70**
其中	人工费（元）		3.64	0.47	4.38	6.36	0.49
	材料费（元）		0.38	0.01	1.19	1.66	0.21
	机械费（元）		0.09	0.02			
名称		单位	数量				
人工	普通工	工日	0.0508	0.0066	0.0610	0.0888	0.0069
	建筑技术工	工日	0.0339	0.0044	0.0408	0.0592	0.0046
计价材料	水	t	0.0050		0.0060	0.0080	0.0008
	木模板	m^3			0.0004	0.0006	0.0001
	其他材料费	元	0.3700	0.0100	0.4600	0.5700	0.0300
机械	混凝土振捣器（平台式）	台班	0.0040	0.0010			
未计价材料	水泥砂浆 1:1	m^3			0.0050		
	水泥砂浆 1:2.5	m^3	0.0050				
	素水泥浆	m^3	0.0010				
	现浇混凝土 C20－20 集中搅拌	m^3	0.0404	0.0051			
	现浇混凝土 C20－40 集中搅拌	m^3			0.0609	0.1020	0.0101

8.5.3 环氧类面层

工作内容：基层清理；涂抹面层、养护、清理。

定额编号			YJ8－63	YJ8－64	YJ8－65
项目			环氧树脂自流平地坪	环氧砂浆	
				厚度5mm	厚度每增减1mm
单位			m^2	m^2	m^2
基价（元）			**47.85**	**16.17**	**2.56**
其中	人工费（元）		4.06	15.02	2.36
	材料费（元）		43.79	1.15	0.20
	机械费（元）				
名称		单位	数量		
人工	普通工	工日	0.0567	0.2095	0.0329
	建筑技术工	工日	0.0378	0.1397	0.0220
计价材料	环氧树脂自流平底漆	kg	0.2200		
	环氧树脂自流平面漆	kg	0.9900		
	环氧树脂自流平中漆	kg	0.9350		
	其他材料费	元	0.4300	1.1500	0.2000
未计价材料	环氧砂浆 1∶0.07∶2.4	m^3		0.0051	0.0010
	环氧树脂打底料 1∶1∶0.07∶0.15	m^3		0.0003	

8.6 块 料 面 层

工作内容：清理基层；刷素水泥浆；锯板磨边、贴块料地面；清理净面。

定额编号			YJ8－66	YJ8－67	YJ8－68
项目			地面砖		
			地面	楼梯及台阶	踢脚线
单位			m^2	m^2	m
基价（元）			**11.39**	**24.72**	**2.79**
其中	人工费（元）		10.45	23.42	2.59
	材料费（元）		0.94	1.30	0.20
	机械费（元）				
名称		单位	数量		
人工	普通工	工日	0.1458	0.3268	0.0361
	建筑技术工	工日	0.0972	0.2179	0.0241
计价材料	水	t	0.0240	0.0260	0.0260
	其他材料费	元	0.8600	1.2200	0.1200
未计价材料	白水泥	t	0.0001	0.0001	0.0001
	水泥砂浆 1:1	m^3	0.0200	0.0280	0.0131
	素水泥浆	m^3	0.0010	0.0010	0.0010
	彩釉砖 300×300	m^2			0.1520
	瓷质耐磨地砖 300×300	m^2	1.0200	1.4500	

定额编号			YJ8－69	YJ8－70	YJ8－71
项目			水磨石板		
			地面	楼梯及台阶	踢脚板
单位			m^2	m^2	m
基价（元）			**10.62**	**25.65**	**2.69**
其中	人工费（元）		9.95	24.69	2.59
	材料费（元）		0.67	0.96	0.10
	机械费（元）				
名称		单位	数量		
人工	普通工	工日	0.1389	0.3445	0.0361
	建筑技术工	工日	0.0926	0.2297	0.0241
计价材料	水	t	0.0260	0.0360	0.0040
	其他材料费	元	0.5900	0.8500	0.0900
未计价材料	白水泥	t	0.0001	0.0001	0.0001
	水泥砂浆 1∶2	m^3			0.0020
	水泥砂浆 1∶2.5	m^3	0.0200	0.0280	
	水磨石板 400×400×8	m^2	1.0100	1.4500	0.1520

定额编号			YJ8－72	YJ8－73	YJ8－74
项目			花岗岩		
			地面	楼梯及台阶	踢脚板
单位			m^2	m^2	m
基价（元）			**11.92**	**26.17**	**3.31**
其中	人工费（元）		8.94	21.92	2.84
	材料费（元）		2.98	4.25	0.47
	机械费（元）				
名称		单位	数量		
人工	普通工	工日	0.1248	0.3059	0.0397
	建筑技术工	工日	0.0831	0.2039	0.0264
计价材料	水	t	0.0260	0.0360	0.0040
	其他材料费	元	2.9000	4.1400	0.4600
未计价材料	白水泥	t	0.0001	0.0001	0.0001
	水泥砂浆　1:2.5	m^3	0.0200	0.0280	0.0030
	素水泥浆	m^3	0.0010	0.0010	
	花岗岩板 30	m^2	1.0150	1.4500	0.1520

定额编号			YJ8－75	YJ8－76	YJ8－77
项目			大理石		
			地面	楼梯及台阶	踢脚板
单位			m^2	m^2	m
基价（元）			**11.43**	**24.63**	**3.24**
其中	人工费（元）		8.68	20.70	2.80
	材料费（元）		2.75	3.93	0.44
	机械费（元）				
名称		单位	数量		
人工	普通工	工日	0.1211	0.2889	0.0390
	建筑技术工	工日	0.0808	0.1925	0.0261
计价材料	水	t	0.0260	0.0360	0.0040
	其他材料费	元	2.6700	3.8200	0.4200
未计价材料	白水泥	t	0.0001	0.0001	0.0001
	水泥砂浆　1:2.5	m^3	0.0200	0.0280	0.0030
	素水泥浆	m^3	0.0010	0.0010	
	大理石板 500×500×20	m^2	1.0150	1.4500	0.1520

8.7 地　　板

工作内容：清理底层；涂刷黏结剂、铺贴面层、收边；铺设基层、安装木地板；清理净面。

定额编号			YJ8－78	YJ8－79	YJ8－80	YJ8－81	YJ8－82	YJ8－83	YJ8－84	YJ8－85
项目			橡胶地板		塑胶地板		木地板		木地板面层	木地板
			卷材	块料	卷材	块料	木楞	基层板	硬木企口地板	复合地板
单位			m^2	m^2	m^2	m^2	m^2	m^2	m^2	m^2
基价（元）			**9.35**	**13.45**	**9.07**	**13.33**	**48.32**	**32.73**	**11.60**	**24.37**
其中	人工费（元）		4.29	8.57	4.29	8.57	6.32	1.84	8.90	7.19
	材料费（元）		5.06	4.88	4.78	4.76	41.94	30.81	2.62	17.18
	机械费（元）						0.06	0.08	0.08	
名称		单位	数量							
人工	普通工	工日	0.0598	0.1196	0.0598	0.1196	0.0882	0.0256	0.1241	0.1004
	建筑技术工	工日	0.0399	0.0797	0.0399	0.0797	0.0588	0.0171	0.0828	0.0669
计价材料	预埋铁件　综合	kg					0.5001			
	方材红白松二等	m^3					0.0153			
	胶合板三层（3mm）	m^2						1.0500		
	光腊	kg	0.0230	0.0230	0.0230	0.0230				
	黏结剂乳胶	kg	0.0170	0.0170	0.0170	0.0170				

续表

定额编号			YJ8-78	YJ8-79	YJ8-80	YJ8-81	YJ8-82	YJ8-83	YJ8-84	YJ8-85
项目			橡胶地板		塑胶地板		木地板		木地板面层	木地板
			卷材	块料	卷材	块料	木楞	基层板	硬木企口地板	复合地板
计价材料	圆钉	kg					0.1587	0.0215	0.0794	
	射钉	个					8.0000			8.0000
	镀锌铁丝 8 号	kg					0.3031			
	羧甲基纤维素	kg	0.0034	0.0034	0.0034	0.0034				
	粘结剂 CX-404	kg	0.4500	0.4500	0.4500	0.4500				
	防腐油	kg					0.2842	0.1316		
	防腐剂（氯化钠）	kg					0.2450	0.1134		
	白棉纱	kg						0.0046		0.0100
	泡沫防潮纸	m^2						1.0800		1.1000
	其他材料费	元	0.6800	0.4900	0.3900	0.3700	0.4200	0.4100	2.0400	1.5600
机械	木工圆锯机 500mm	台班					0.0020	0.0030	0.0029	
未计价材料	实木地板	m^2							1.0500	
	复合地板	m^2								1.0200
	橡胶地板块料	m^2		1.0200						
	橡胶地板卷材 3.0	m^2	1.1000							
	塑胶地板卷材 1.5	m^2			1.1000					
	塑胶地板块料	m^2				1.0200				

定额编号			YJ8－86	YJ8－87	YJ8－88
项目			木踢脚板	防静电活动木地板	防静电活动木地板踢脚线
单位			m	m^2	m
基价（元）			**9.10**	**48.49**	**2.08**
其中	人工费（元）		1.43	22.46	1.43
	材料费（元）		7.61	26.03	0.65
	机械费（元）		0.06		
名称		单位	数量		
人工	普通工	工日	0.0199	0.3134	0.0199
	建筑技术工	工日	0.0133	0.2089	0.0133
计价材料	铸铁托架（活动地板用）	付		1.4880	
	方材红白松二等	m^3	0.0032		
	903胶	kg			0.0600
	圆钉	kg	0.0121		
	射钉	个	1.1000		
	防腐油	kg	0.0390		
	其他材料费	元	0.3300	3.3600	0.1800
机械	木工圆锯机 500mm	台班	0.0022		
未计价材料	镀锌扁钢 综合	kg		5.0900	
	防静电地板 500×500×30	m^2		1.0200	
	木踢脚板	m	1.0500		
	防静电踢脚线	m			1.0200

8.8 修 理 工 程

8.8.1 水泥砂浆地坪

工作内容： 地面水泥砂浆面层：基层去旧、拌砂浆、抹灰、粉光、出垃圾；楼梯水泥砂浆面层：清理、去旧、拌砂浆、抹灰、粉光、出垃圾；台阶水泥砂浆面层：清理、去旧、拌砂浆、抹灰、粉光、出垃圾；混凝土地坪：去旧、拌料、浇捣、粉面、养护、出垃圾。

定额编号			YJ8－89	YJ8－90
项目			修补混凝土地坪（连粉面）	
			60 厚	增减 10 厚
单位			m^2	m^2
基价（元）			**14.90**	**1.63**
其中	人工费（元）		14.71	1.59
	材料费（元）		0.19	0.04
	机械费（元）			
名称		单位	数量	
人工	普通工	工日	0.2052	0.0222
	建筑技术工	工日	0.1368	0.0148
计价材料	水	t	0.0131	0.0020
	其他材料费	元	0.1500	0.0300

续表

定　额　编　号			YJ8－89	YJ8－90
项　　目			修补混凝土地坪（连粉面）	
			60 厚	增减 10 厚
未计价材料	水泥砂浆　1:2	m^3	0.0124	0.0103
	现浇混凝土 C10－40　集中搅拌	m^3	0.0494	

8.8.2 地板

工作内容：拆换木地板地搁栅、整修木地板地搁栅：拆除替换木搁栅、铁件绑扎、刷水柏油等。

定　额　编　号			YJ8－91
项　　目			拆换木地板地搁栅
单　　位			m
基　　价（元）			**10.11**
其中	人　工　费（元）		4.21
	材　料　费（元）		5.90
	机　械　费（元）		
名　　称		单位	数　　量
人工	普通工	工日	0.0587
	建筑技术工	工日	0.0391
计价材料	方材红白松二等	m^3	0.0021
	膨胀螺栓 M6	套	1.4580
	圆钉	kg	0.0191
	铁钉	kg	0.0191
	煤焦油	kg	0.0816
	其他材料费	元	0.0600
未计价材料	等边角钢边长 30 以下	kg	0.0859

工作内容：整修企口地板：拆旧、锯板、铺钉、清扫、出垃圾；塑料地板：去旧、弹线、刷胶、铺板、清理、出垃圾；复合地板：去旧、弹线、铺胶垫、刷胶、拼贴、清扫、出垃圾；防静电地板：去旧、定位、安装支座、安装支架、铺板、出垃圾。

定额编号			YJ8－92	YJ8－93	YJ8－94	YJ8－95	YJ8－96
项目			整修木地板地搁栅	整修企口地板	塑料地板	复合地板	调换防静电地板
			检修加固	拆铺	调换	修补	铝质
单位			m^2	m^2	m^2	m^2	m^2
基价（元）			**3.59**	**17.69**	**22.69**	**29.24**	**30.57**
其中	人工费（元）		2.24	15.61	15.67	15.91	27.81
	材料费（元）		1.35	2.08	7.02	13.33	2.76
	机械费（元）						
名称		单位	数量				
人工	普通工	工日	0.0312	0.2179	0.2042	0.2220	0.3881
	建筑技术工	工日	0.0208	0.1452	0.1561	0.1480	0.2587
计价材料	方材红白松二等	m^3	0.0002				
	圆钉	kg		0.1620			
	铁钉	kg	0.0480				
	煤焦油	kg	0.2400	0.3850			
	二甲苯	kg			0.1900		
	万能胶	kg			0.4500		

续表

定额编号			YJ8－92	YJ8－93	YJ8－94	YJ8－95	YJ8－96
项目			整修木地板地搁栅	整修企口地板	塑料地板	复合地板	调换防静电地板
			检修加固	拆铺	调换	修补	铝质
计价材料	闭孔乳胶海绵 δ20	m^2				1.0500	
	其他材料费	元	0.0100	0.0200	0.3500	1.8600	2.7600
未计价材料	防静电地板 500×500×30	m^2					1.0200
	复合地板	m^2				1.0500	
	塑胶地板块料	m^2			1.0200		

8.8.3 地毯

工作内容：地毯面层：拆旧、放样、铺胶垫、钉刺毛条、刷胶、拼贴、修边、清扫、出垃圾。

定额编号			YJ8－97	YJ8－98
项目			调换地毯面层	
			地面	楼梯
单位			m^2	m^2
基价（元）			**15.03**	**24.39**
其中	人工费（元）		13.78	22.05
	材料费（元）		1.25	2.34
	机械费（元）			
名称		单位	数量	
人工	普通工	工日	0.1825	0.2920
	建筑技术工	工日	0.1352	0.2163
计价材料	铁钉	kg	0.0062	0.0180
	万能胶	kg	0.0200	0.0700
	其他材料费	元	0.9700	1.3900
未计价材料	地毯	m^2	1.0150	1.4500

8.8.4 其他

工作内容：陶瓷锦砖防滑条：拆旧、拌料、铺贴陶瓷锦砖、擦缝、养护、出垃圾；铜质防滑角条：拆旧、裁料、安装、出垃圾；铜质防滑嵌条：划线、割缝、裁料、刷胶、嵌入、出垃圾。

定额编号			YJ8－99	YJ8－100
项目			彩釉砖防滑条	铜质防滑条
			修铺	调换
单位			m	m
基价（元）			**2.31**	**27.86**
其中	人工费（元）		2.30	3.96
	材料费（元）		0.01	23.90
	机械费（元）			
名称		单位	数量	
人工	普通工	工日	0.0297	0.0552
	建筑技术工	工日	0.0231	0.0368
计价材料	金属防滑条	m		2.1000
	水	t	0.0001	
	其他材料费	元	0.0100	0.6400
未计价材料	普通硅酸盐水泥 32.5	t	0.0001	
	中砂	m^3	0.0001	
	彩釉砖 300×300	m^2	0.0253	

第9章 屋面工程

说　明

1．本章保温、隔热定额适用于建筑物、构筑物的屋面、楼面绝热工程，墙、柱、梁及其他项目的绝热工程执行第 10 章相应定额。

2．定额中保温与隔热层材料是按照常用标准考虑，当工程设计与定额不同时可以换算，其他工料与机械不做调整。

3．预制板架空隔热层定额中包括预制板制作、运输、安装及砖支墩的砌筑等工作内容。当工程设计的支墩、隔热板与定额不同时，执行其他定额另行计算。

4．瓦屋面定额中包括成品瓦的购置、运输、铺设等工作内容，铺设瓦屋面包括铺设屋脊、铺设端头瓦、挂角、收边、封檐等。工程设计瓦屋面材料与定额不同时可以换算，其他工料与机械不做调整。

5．屋面砂浆找平层、保护面层、隔气层执行第 8 章地面及楼地面相应定额。

6．卷材屋面定额综合考虑了满铺、条铺、点铺、空铺等铺设形式，执行定额时不得因铺设方式而调整。

7．卷材屋面定额中包括刷冷底子油一遍，执行定额时，应根据工程设计标准按照第 8 章相应的定额进行调整。

8．卷材屋面定额中包括接缝、收头、找平层嵌缝等工作内容。

9．铺设卷材屋面坡度超过 15°时，人工乘以 1.23 系数。

10．三元乙丙橡胶冷贴、氯丁橡胶冷贴、橡胶卷材、改性沥青卷材定额是按照铺设一遍编制，当工程设计每增加一遍时，定额人工费增加 80%，卷材、黏结剂增加 100%。

11．铁皮排水定额中包括咬口和搭接的工料。工程设计铁皮厚度与定额不同时可以换算，其他工料与机械不做调整。

12．刚性屋面定额中包括钢筋网费用，工程设计钢筋网用量与定额不同时，按照第 4 章钢筋相应定额进行调整。

13．屋面修理工程。

（1）检修平瓦屋面包括新添瓦片。

（2）聚氯乙烯落水管拆换包括旧管拆除、新添落水管。

工程量计算规则

1．屋面保温、隔热层按照设计图示尺寸面积乘以平均厚度以立方米为单位计算工程量。扣除水箱间、电梯井、天窗、屋顶通风器、屋顶设备等所占体积，不扣除凸出屋面的排气管及单个面积在 $0.3m^2$ 以内的通风道、孔洞所占的体积。

2．瓦屋面按照设计图示尺寸面积以平方米为单位计算工程量。不扣除凸出屋面的排气管及单个面积在 $0.3m^2$ 以内的通风道、孔洞、屋面小气窗、斜沟等所占面积，屋面小气窗出檐部分的面积也不增加。坡屋面按照水平投影面积乘以屋面坡度延尺系数或隅延尺系数计算工程量。

3．琉璃瓦檐口线按照檐口线轮廓长度乘以檐口线斜宽（高）以平方米为单位计算工程量。

4．卷材屋面工程量计算。

（1）按照设计图示尺寸面积以平方米为单位计算工程量。

（2）坡屋面可以按照水平投影面积乘以屋面坡度延尺系数或隅延尺系数计算工程量。

（3）扣除水箱间、电梯井、天窗、屋顶通风器、屋顶设备等所占面积。

（4）不扣除凸出屋面的排气管及单个面积在 $0.3m^2$ 以内的通风道、孔洞、屋面小气窗、斜沟等所占面积，其根部弯起部分面积也不增加。

（5）天窗出檐部分重叠的面积按照设计图示尺寸另行计算工程量。

（6）屋面与女儿墙、屋面上墙、伸缩缝、天窗交叉处弯起部分，按照设计图示尺寸以平方米为单位计算工程量，并入卷材屋面工程量内。如图纸未注明尺寸，伸缩缝、女儿墙、屋面上墙根部弯起部分按照 250mm 计算，天窗根部弯起部分按照 500mm 计算。

（7）卷材屋面的附加层、接缝、收头、找平层的嵌缝、冷底子油已计入定额内，不另行计算。

5．铁皮排水根据设计图示尺寸按照展开面积以平方米为单位计算工程量。如图纸未注明尺寸，可按表 9-1 计算。咬口和搭接部分不计算工程量。

表 9-1　　铁皮排水部件工程量折算表

名　称	单位	水落管 ϕ100	檐沟	水斗	雨水口	下水口	天沟	斜沟天窗窗台泛水	天窗侧面泛水	通风道泛水	通气管泛水	滴水檐口	滴水
		1m	1m	1 个	1 个	1 个	1m	1m	1m	1m	1m	1m	1m
铁皮排水	m^2	0.32	0.3	0.4	0.16	0.45	1.3	0.5	0.7	0.8	0.22	0.24	0.11

6．钢制、玻璃钢、UPVC 雨水管根据直径按照设计图示尺寸以延长米为单位计算工程量。

7．钢制、玻璃钢、UPVC 雨水口、雨水斗、弯头根据直径按照设计布置以个或套为单位计算工程量。

8．刚性屋面按照设计图示尺寸面积以平方米为单位计算工程量。不扣除凸出屋面的排气管及单个面积在 0.3m^2 以内的通风道、孔洞、屋面小气窗等所占面积，扣除水箱间、电梯井、天窗、屋顶通风器、屋顶设备等所占面积。坡屋面可以按照水平投影面积乘以屋面坡度延尺系数或隅延尺系数计算工程量。

9．屋面修理工程。

检修瓦屋面，按照面积计算。

10．屋面坡度系数见表 9-2 及图 9-1。

表 9-2 **屋面坡度系数表**

坡度 B（A=1）	坡度 $B/2A$	坡度角度（α）	延尺系数 C（A=1）	隅延尺系数 D（A=1）
1	$\frac{1}{2}$	45°	1.4142	1.7321
0.75		36°52′	1.25	1.6008
0.7		35°	1.2207	1.5779
0.666	$\frac{1}{3}$	33°40′	1.2015	1.562
0.65		33°01′	1.1926	1.5564
0.6		30°58′	1.1662	1.5362
0.577		30°	1.1547	1.527
0.55		28°49′	1.1403	1.517
0.5	$\frac{1}{4}$	26°34′	1.118	1.5
0.45		24°14′	1.0966	1.4839
0.4	$\frac{1}{5}$	21°48′	1.077	1.4697
0.35		19°17′	1.0594	1.4569

续表

坡度 B（A=1）	坡度 $B/2A$	坡度角度（α）	延尺系数 C（A=1）	隅延尺系数 D（A=1）
0.3		16°42′	1.044	1.4457
0.25		14°02′	1.0308	1.4362
0.2	$\frac{1}{10}$	11°19′	1.0198	1.4283
0.15		8°32′	1.0112	1.4221
0.125		7°8′	1.0078	1.4191
0.1	$\frac{1}{20}$	5°42′	1.0050	1.4177
0.083		4°45′	1.0035	1.4166
0.066	$\frac{1}{30}$	3°49′	1.0022	1.4157

注　1．A 为四坡或两坡屋面 $\frac{1}{2}$ 宽边长度。

2．B 为坡屋面脊高。

3．C 为延尺系数。

4．D 为隅延尺系数。

5．α 为坡度夹角。

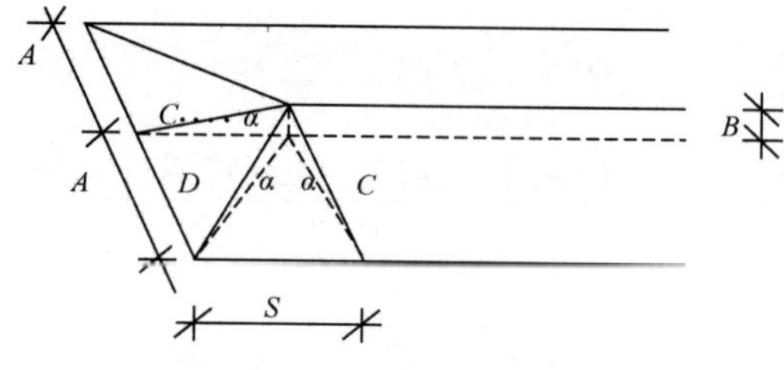

图 9-1　屋面坡度

9.1 保温、隔热

工作内容：清理底层；铺设保温层；混凝土浇筑、养护；砌筑砖腿、安装架空隔热板。

定额编号			YJ9-1	YJ9-2	YJ9-3	YJ9-4	YJ9-5	YJ9-6	YJ9-7
项目			泡沫混凝土	水泥蛭石	珍珠岩		聚苯乙烯挤塑板（XPS）	炉（矿）渣混凝土	细石混凝土泛水
					现浇	干铺			
单位			m^3	m^3	m^3	m^3	m^3	m^3	m^3
基价（元）			**295.99**	**212.40**	**265.60**	**264.49**	**579.79**	**19.80**	**43.54**
其中	人工费（元）		17.60	20.22	25.71	16.25	24.47	18.77	40.60
	材料费（元）		278.39	192.18	239.89	248.24	555.32	1.03	2.94
	机械费（元）								
名称		单位	数量						
人工	普通工	工日	0.2455	0.2822	0.3588	0.2268	0.3414	0.2619	0.5666
	建筑技术工	工日	0.1637	0.1881	0.2392	0.1512	0.2276	0.1746	0.3777
计价材料	方材红白松二等	m^3					0.0500		
	泡沫混凝土块	m^3	1.0700						
	水泥蛭石 1:10	m^3		1.0500					
	水泥珍珠岩 1:10	m^3			1.0400				
	水泥珍珠岩板	m^3				1.0500			
	挤塑聚苯乙烯板（XPS）20~100mm	m^3					1.0200		

续表

定额编号			YJ9－1	YJ9－2	YJ9－3	YJ9－4	YJ9－5	YJ9－6	YJ9－7
项目			泡沫混凝土	水泥蛭石	珍珠岩		聚苯乙烯挤塑板（XPS）	炉（矿）渣混凝土	细石混凝土泛水
					现浇	干铺			
计价材料	其他材料费	元	2.7600	1.9000	2.3700	2.4600	5.5000	1.0300	2.9400
未计价材料	炉渣混凝土 CL5.0	m^3						1.0400	
	现浇混凝土 C20－10　集中搅拌	m^3							1.0700

定 额 编 号			YJ9－8
项 目			预制板架空隔热
单 位			m^2
基 价（元）			**33.74**
其中	人 工 费（元）		4.85
	材 料 费（元）		28.89
	机 械 费（元）		
名 称		单位	数 量
人工	普通工	工日	0.0676
	建筑技术工	工日	0.0451
计价材料	混凝土隔热板 500×500×30	块	4.0500
	其他材料费	元	0.3100
未计价材料	水泥砂浆 M10	m^3	0.0010
	混合砂浆 M5	m^3	0.0020
	标准砖 240×115×53	千块	0.0066

9.2 瓦屋面

工作内容：清理基层；安装挂瓦钉、铺设屋面瓦；安装瓦脊、封檐；清理面层。

定额编号			YJ9-9	YJ9-10	YJ9-11	YJ9-12
项目			玻璃钢波纹瓦	琉璃瓦	釉面瓦	琉璃瓦檐口线
单位			m^2	m^2	m^2	m^2
基价（元）			**19.27**	**31.89**	**31.44**	**15.50**
其中	人工费（元）		7.34	29.13	29.13	14.74
	材料费（元）		11.93	2.76	2.31	0.76
	机械费（元）					
名称		单位	数量			
人工	普通工	工日	0.0672	0.4065	0.4065	0.2056
	建筑技术工	工日	0.0934	0.2710	0.2710	0.1371
计价材料	镀锌瓦钩	套	2.0120			
	镀锌铁丝 18~22 号	kg		0.1440	0.1440	
	玻璃钢脊瓦	m^2	0.1200			
	水	t	0.0100	0.0320	0.0320	0.0030
	其他材料费	元	0.7200	1.8900	1.4500	0.7500
未计价材料	水泥砂浆 1:2	m^3	0.0030	0.0220	0.0220	0.0040
	琉璃瓦片	块		48.6000		
	琉璃瓦筒	块		23.1000		

续表

定额编号			YJ9－9	YJ9－10	YJ9－11	YJ9－12
项目			玻璃钢波纹瓦	琉璃瓦	釉面瓦	琉璃瓦檐口线
未计价材料	釉面瓦片	块			11.6700	
	釉面瓦筒	块			4.7290	
	琉璃满面瓦	块				4.9290
	琉璃满面筒	块				4.3371
	玻璃钢波纹瓦　综合	m^2	1.2510			

9.3 卷材屋面

工作内容：清扫基层；刷冷底子油；沥青玛蹄脂制备、铺贴卷材、做保护层。

定额编号			YJ9－13	YJ9－14	YJ9－15	YJ9－16	YJ9－17	YJ9－18
项目			玻璃布二布三油	玻璃布一布二油	三元乙丙橡胶冷贴	氯丁橡胶冷贴	橡胶卷材	改性沥青卷材 SBS
单位			m^2	m^2	m^2	m^2	m^2	m^2
基价（元）			**42.85**	**27.09**	**51.85**	**40.72**	**45.74**	**45.89**
其中	人工费（元）		2.01	1.23	3.29	3.29	3.29	2.15
	材料费（元）		40.84	25.86	48.56	37.43	42.45	43.74
	机械费（元）							
名称		单位	数量					
人工	普通工	工日	0.0281	0.0172	0.0460	0.0460	0.0460	0.0300
	建筑技术工	工日	0.0187	0.0115	0.0306	0.0306	0.0306	0.0200
计价材料	石油沥青马蹄脂	m^3	0.0051	0.0033				
	沥青玻璃布油毡	m^2	2.4000	1.2000				
	玻纤胎改性沥青卷材（页岩片）4mm	m^2						1.2500
	粘结剂 107 胶	kg				0.0200		
	粘结剂 XY401 胶	kg			0.4040			
	橡胶卷材三元乙丙橡胶 1mm	m^2			1.1055			
	橡胶卷材氯化聚乙烯橡胶 1mm	m^2					1.1060	

续表

定额编号			YJ9－13	YJ9－14	YJ9－15	YJ9－16	YJ9－17	YJ9－18
项目			玻璃布二布三油	玻璃布一布二油	三元乙丙橡胶冷贴	氯丁橡胶冷贴	橡胶卷材	改性沥青卷材 SBS
计价材料	橡胶卷材氯丁橡胶 1mm	m^2				1.1060		
	二甲苯	kg			0.2700	0.2840	0.2700	
	黏结剂 BX－12	kg					0.5500	
	橡胶黏结剂氯丁胶	kg					0.1820	
	聚氨酯甲料	kg						0.0830
	聚氨酯乙料	kg						0.1250
	聚酰胺树脂 650、651	kg			0.4730	0.2920	0.2920	
	氯丁橡胶沥青漆	kg				0.6360		
	冷底子油 3:7	kg	0.4848	0.4848				
	建筑油膏 CSPE 油膏	kg	0.1500	0.1500	0.1500	0.1580	0.1500	
	木柴	kg	3.8200	2.7200				
	其他材料费	元	0.4100	0.2600	1.8900	2.0500	0.9100	1.8400

9.4 屋 面 排 水

工作内容：排水系统材料制备；安装雨水管、檐沟、泛水、水斗、虹吸装置。

定额编号			YJ9－19	YJ9－20	YJ9－21	YJ9－22	YJ9－23
项目			铁皮排水	玻璃钢雨水管	玻璃钢雨水口	玻璃钢雨水斗	玻璃钢弯头
				ϕ100 以内			
单位			m^2	m^2	个	个	个
基价（元）			**13.24**	**28.63**	**73.45**	**30.50**	**11.50**
其中	人工费（元）		10.30	10.33	1.96	10.72	4.69
	材料费（元）		2.94	18.30	71.49	19.78	6.81
	机械费（元）						
名称		单位	数量				
人工	普通工	工日	0.1437	0.1442	0.0274	0.1497	0.0654
	建筑技术工	工日	0.0958	0.0961	0.0182	0.0997	0.0436
计价材料	排水管检查口 100	套		0.1110			
	排水管伸缩节 100	个		0.1010			
	铸铁箅子板 460×280	个			1.0100		
	加工铁件　综合	kg	0.4915	0.4900			
	膨胀螺栓 M8	套		0.7140			
	玻璃钢管雨水管	m		1.0700			
	玻璃钢管件弯头	个					1.0100

续表

定额编号			YJ9－19	YJ9－20	YJ9－21	YJ9－22	YJ9－23
项目			铁皮排水	玻璃钢雨水管	玻璃钢雨水口	玻璃钢雨水斗	玻璃钢弯头
				ϕ100 以内			
计价材料	玻璃钢管件雨水斗	个				1.0100	
	玻璃钢管件雨水口	个			1.0000		
	塑料粘结剂	kg			1.0000		
	其他材料费	元	0.3100	0.4000	0.7100	0.7800	0.2500
未计价材料	镀锌钢板 0.5 以下	kg	4.1020				
	现浇混凝土 C15－20　集中搅拌	m^3				0.0030	

定 额 编 号			YJ9－24	YJ9－25	YJ9－26	YJ9－27
项 目			UPVC 塑料雨水管	UPVC 塑料雨水口	UPVC 塑料雨水斗	UPVC 塑料弯头
			ϕ100 以内			
单 位			m	个	个	个
基 价（元）			**31.87**	**67.81**	**26.55**	**41.36**
其中	人 工 费（元）		9.89	1.96	9.03	4.69
	材 料 费（元）		21.98	65.85	17.52	36.67
	机 械 费（元）					
名 称		单位	数 量			
人工	普通工	工日	0.1379	0.0274	0.1260	0.0654
	建筑技术工	工日	0.0920	0.0182	0.0840	0.0436
计价材料	铸铁箅子板 460×280	个		1.0100		
	塑料管卡子 DN100	个	1.0000			
	熟铁管箍 DN100	个	0.2500			
	管卡带膨胀螺栓	套	0.7140			
	UPVC 排水管 ϕ100×2.6	m	1.0520			
	UPVC 排水管雨水斗 ϕ100	个			1.0100	
	UPVC 塑料雨水口 ϕ100	个		1.0000		
	塑料弯头 DN100	个				1.0000
	塑料粘结剂	kg		0.1000		0.1000
	其他材料费	元	0.4400	0.6500	0.8900	0.3600

9.5 刚性屋面

工作内容：清理基层；钢筋网制作、铺设；混凝土浇筑、抹平、密实；刷素水泥浆、压光、养护。

定额编号			YJ9－28	YJ9－29
项目			细石混凝土	
			厚度	
			4cm	每增减1cm
单位			m^2	m^2
基价（元）			**4.49**	**0.92**
其中	人工费（元）		4.30	0.89
	材料费（元）		0.19	0.03
	机械费（元）			
名称		单位	数量	
人工	普通工	工日	0.0550	0.0125
	建筑技术工	工日	0.0436	0.0083
计价材料	其他材料费	元	0.1900	0.0300
未计价材料	圆钢 ϕ6以内	kg	1.3700	
	素水泥浆	m^3	0.0020	
	现浇混凝土 C20－10　集中搅拌	m^3	0.0404	0.0102

9.6 屋面修理

工作内容：检修屋面、平瓦打眼：运添瓦、整理瓦片、调换坏瓦、检修斜沟、清理。

定额编号			YJ9－30	YJ9－31	YJ9－32
项目			检修屋面	平屋面修理	
				全部面层凿毛	全部面层凿除
单位			m^2	m^2	m^2
基价（元）			**0.54**	**5.42**	**8.08**
其中	人工费（元）		0.52	5.42	8.08
	材料费（元）		0.02		
	机械费（元）				
名称		单位	数量		
人工	普通工	工日	0.0072	0.0756	0.1128
	建筑技术工	工日	0.0048	0.0504	0.0752
计价材料	其他材料费	元	0.0200		
未计价材料	釉面瓦片	块	0.2000		

工作内容：简瓦屋面凡水：拆旧、运添料、重粉；凿除凡水：凿除凡水、出清垃圾。

定额编号			YJ9－33	YJ9－34	YJ9－35	YJ9－36	YJ9－37	YJ9－38
项目			凿除凡水			凿嵌压顶裂缝	平台裂缝凿嵌	
			粉凡水	砖凡水	混凝土凡水		聚氯乙烯胶泥	建筑密封膏
单位			m	m	m	m	m	m
基价（元）			**1.81**	**3.58**	**5.38**	**7.58**	**18.94**	**5.84**
其中	人工费（元）		1.81	3.58	5.38	7.57	5.91	5.38
	材料费（元）					0.01	13.03	0.46
	机械费（元）							
名称		单位	数量					
人工	普通工	工日	0.0252	0.0500	0.0750	0.1056	0.0825	0.0750
	建筑技术工	工日	0.0168	0.0333	0.0500	0.0704	0.0550	0.0500
计价材料	热熔密封胶聚氯乙烯	kg					1.0000	
	密封油膏	kg						0.0700
	煤	kg					0.5000	
	冷底子油 3:7	kg					0.0029	0.0290
	其他材料费	元				0.0100	0.1300	
未计价材料	水泥砂浆 1:2	m^3				0.0020		

第10章 防腐、绝热、屏蔽、隔声及封堵工程

说　明

1．本章定额适用于建筑物、构筑物因使用要求对其构件或部件进行功能性处理的项目工程，与其他章节定额配套使用。凡是执行其他章节功能性定额子目，不再执行本章定额子目。

2．防腐。

（1）防腐整体面层和块料面层定额综合考虑了不同的部位、不同的施工方法、不同的作业环境等因素，执行定额时不做调整。定额适用于地面、楼面、平台、墙面、墙裙、沟道、地坑、池井等各类平面与立面的防腐面层工程。

（2）各种胶泥、砂浆、混凝土材料的配比，如工程设计与定额不同时，可以根据定额附录进行换算。各种块料面层的结合层（砂浆或胶泥）厚度，除定额规定允许调整外，其他一律不做调整。

（3）涂布防腐定额中包括接缝、附加层、收头等工作内容。

3．绝热。

（1）定额中只包括绝热材料的铺贴费用，不包括隔气、防潮、保护层、衬墙等费用，工程设计需要时，应执行相应定额另行计算。绝热材料不同时，主材可以换算，其他不变。

（2）绝热定额综合考虑了不同的部位、不同的施工方法、不同的作业环境等因素，执行定额时不做调整。定额适用于地面、楼面、墙面、沟道、地坑、池井等各类平面与立面绝热工程。

（3）绝热定额中包括在基层上先涂热沥青一遍工作内容。

4．屏蔽定额适用于建筑物、构筑物中不同部位的屏蔽项目工程。定额中包括屏蔽网铺设、附加层铺设、接缝、收头、封关等工作内容，不包括与电气间的连线、屏蔽检测费用。

5．阀厅套管封堵不含套管膜、防火板的材料费等。

工程量计算规则

1．防腐工程量计算。

（1）防腐根据材料种类及其厚度按照设计图示尺寸实铺面积以平方米为单位计算工程量。扣除单个面积 $0.3m^2$ 以上孔洞、凸出防腐面的物体所占面积。凸出防腐面的建筑部件需要做防腐时，应按照其展开面积计算，并入防腐工程量内。

（2）平面砌双层防腐块料时按照相应单层面积的 2 倍计算工程量。

2．绝热工程量计算。

（1）绝热根据材料种类按照设计图示尺寸成品体积以立方米为单位计算工程量。扣除单个面积 $0.3m^2$ 以上孔洞、凸出绝热面的物体所占体积。凸出绝热面的建筑部件需要做绝热时，应按照其展开面积乘以厚度计算，并入绝热工程量内。

（2）绝热层的厚度按照绝热体材料的设计成品净厚度（不包括胶结材料）尺寸计算。

3．屏蔽工程量计算。

（1）地面屏蔽按照主墙间净空面积计算工程量。扣除凸出地面的构筑物、设备基础等所占的面积，不扣除间壁墙及单个面积 $0.3m^2$ 以内的柱、垛、附墙竖井、通风道、孔洞等所占面积。凸出地面的构筑物、设备基础等需要做屏蔽时按照其展开面积计算，并入屏蔽工程量内。

（2）立面屏蔽按照设计图示尺寸垂直投影面积以平方米为单位计算工程量。扣除门窗洞口及单个面积大于 $0.3m^2$ 孔洞所占面积，柱、梁、垛、附墙竖井、通风道、门窗洞口、孔洞四周按照展开面积计算，并入屏蔽工程量内。

（3）屏蔽网附加层、接缝、收头、封关等不计算工程量。

4．阀厅套管洞口封堵按所开洞口垂直投影面积计算，不扣除套管所占面积。

10.1 防　　腐

10.1.1 整体面层

工作内容： 清理基层；底层刷胶泥；铺设砂浆；刷防腐漆、贴布；混凝土浇筑、抹平、密实、养护；表面压实抹光、酸化处理。

定额编号			YJ10－1	YJ10－2
项目			耐酸沥青砂浆	
			厚度	
			30mm	每增减 10mm
单位			m^2	m^2
基价（元）			**22.53**	**6.57**
其中	人工费（元）		6.73	2.12
	材料费（元）		15.80	4.45
	机械费（元）			
名称		单位	数量	
人工	普通工	工日	0.0938	0.0296
	建筑技术工	工日	0.0626	0.0198
计价材料	冷底子油 3:7	kg	0.4800	
	木柴	kg	18.0500	5.7200
	其他材料费	元	0.9400	0.2800

续表

定额编号			YJ10－1	YJ10－2
项目			耐酸沥青砂浆	
			厚度	
			30mm	每增减 10mm
未计价材料	耐酸沥青砂浆 12:26:74	m^3	0.0303	0.0102
	耐酸沥青胶泥 1:0.3:0.05	m^3	0.0020	

定额编号			YJ10－3	YJ10－4	YJ10－5
项目			混凝土面防水、防腐		
			高效防水漆	高强膨胀砂浆	高强防渗剂
单位			m^2	m^2	m^2
基价（元）			**43.93**	**12.98**	**18.72**
其中	人工费（元）		6.95	9.89	4.38
	材料费（元）		36.98	3.09	14.34
	机械费（元）				
名称		单位	数量		
人工	普通工	工日	0.0970	0.1380	0.0611
	建筑技术工	工日	0.0647	0.0920	0.0408
计价材料	膨胀剂	kg		1.5000	
	高性能界面剂	kg		0.8000	
	高强涂渗剂	kg			0.6000
	高效防水漆抗压60MPa	kg	1.1240		
	水	t		0.0270	0.0050
	其他材料费	元	0.7200	0.1000	0.1400
未计价材料	水泥砂浆　1:2	m^3		0.0240	

10.1.2 块料面层

工作内容：清理基层；锯板磨边、贴块料面层；清理净面。

定额编号			YJ10－6	YJ10－7	YJ10－8	YJ10－9
项目			耐酸磁砖　沟池	耐酸磁砖　地面	耐酸磁砖　沟池	耐酸磁砖　地层
			砖厚20mm		砖厚65mm	
单位			m^2	m^2	m^2	m^2
基价（元）			**68.86**	**53.07**	**66.69**	**52.21**
其中	人工费（元）		66.43	50.69	63.79	49.35
	材料费（元）		1.57	1.52	2.04	2.00
	机械费（元）		0.86	0.86	0.86	0.86
名称		单位	数量			
人工	普通工	工日	0.9269	0.7073	0.8902	0.6886
	建筑技术工	工日	0.6179	0.4715	0.5934	0.4590
计价材料	水	t	0.0500	0.0500	0.0600	0.0600
	其他材料费	元	1.4200	1.3700	1.8600	1.8200
机械	轴流通风机　7.5kW	台班	0.0200	0.0200	0.0200	0.0200
未计价材料	水玻璃耐酸胶泥　1:0.18:1.2:1.1	m^3	0.0089	0.0075	0.0090	0.0090
	耐酸磁板 150×150×20	m^2	0.9700	0.9500		
	耐酸磁砖 230×113×65	m^2			0.9700	0.9450

10.2 绝　　热

工作内容：木框架制作、安装；铺贴绝热板；清理面层。

定额编号			YJ10－10	YJ10－11	YJ10－12	YJ10－13
项目			贴挂挤塑板（EPS）	贴挂水泥珍珠岩板	贴挂聚苯乙烯板	玻璃纤维网
单位			m^3	m^3	m^3	m^2
基价（元）			**783.71**	**610.04**	**546.32**	**10.63**
其中	人工费（元）		45.60	50.84	45.76	2.45
	材料费（元）		738.11	559.20	500.56	8.18
	机械费（元）					
名称		单位	数量			
人工	普通工	工日	0.6363	0.7094	0.6385	0.0342
	建筑技术工	工日	0.4242	0.4729	0.4256	0.0228
计价材料	903 胶	kg				0.0450
	水泥珍珠岩板	m^3		1.0500		
	玻璃纤维网	m^2				1.1000
	泡沫塑料板聚苯乙烯	m^3			1.0500	
	聚苯板（EPS）30mm（18kg/m^3）	m^3	1.0500			
	聚氨酯甲料	kg	10.1000	10.1000	10.1000	
	聚氨酯乙料	kg	12.4000	12.4000	12.4000	
	其他材料费	元	7.3100	5.9700	4.9600	0.4300

10.3 屏蔽、隔声

工作内容：材料下料、平直、安装、焊接、测试。

定额编号			YJ10－14	YJ10－15	YJ10－16
项目			钢板网	钢丝网	隔声屏障安装
单位			m^2	m^2	m^2
基价（元）			**29.57**	**27.67**	**300.91**
其中	人工费（元）		12.31	12.31	8.10
	材料费（元）		15.48	13.58	289.27
	机械费（元）		1.78	1.78	3.54
名称		单位	数量		
人工	普通工	工日	0.1718	0.1718	0.0910
	建筑技术工	工日	0.1145	0.1145	0.0910
计价材料	加工铁件　综合	kg	0.3500	0.2800	
	隔声屏	m^2			1.0200
	电焊条 J422　综合	kg	0.2700	0.2700	
	镀锌六角螺栓 M20×80	个			4.6600
	钢丝网 25×25×2.5	m^2		1.0500	
	钢板网　综合	m^2	1.0500		
	氧气	m^3	0.0120	0.0120	
	乙炔气	m^3	0.0052	0.0052	

续表

定额编号			YJ10－14	YJ10－15	YJ10－16
项目			钢板网	钢丝网	隔声屏障安装
计价材料	其他材料费	元	0.3300	0.3100	11.4800
机械	汽车式起重机　12t	台班			0.0038
	载重汽车　6t	台班			0.0019
	交流电焊机　21kVA	台班	0.0300	0.0300	
未计价材料	等边角钢边长 63 以下	kg	3.9600	3.9600	

10.4 封　　堵

工作内容： 场内转运，开箱清点检查，PVC 薄膜及处理接头，矿棉铺设，套管膜安装，波纹板安装，包边。

定额编号			YJ10－17
项目			阀厅套管洞口封堵
单位			m^2
基价（元）			**268.38**
其中	人工费（元）		90.52
	材料费（元）		46.03
	机械费（元）		131.83
名称		单位	数量
人工	普通工	工日	1.2630
	建筑技术工	工日	0.8420
计价材料	电焊条 J422　综合	kg	0.1870
	高强螺栓　综合	kg	0.5790
	防水自攻螺丝	kg	0.5150
	岩棉板 120～160kg/m^3	m^3	0.0470
	密封条	m	3.7640
	水	t	0.9410
	合金钻头	支	0.0500

续表

定额编号			YJ10－17
项目			阀厅套管洞口封堵
计价材料	其他材料费	元	1.3000
机械	机动翻斗车　1t	台班	0.2200
	电动葫芦（单速）5t	台班	0.8250
	液压弯管机　ϕ108	台班	0.0270
	交流电焊机　21kVA	台班	0.0730
	保温外装板专用机械	台班	0.0550
	人力钻孔机　ϕ600/1300mm	台班	0.3920
未计价材料	镀锌扁钢　综合	kg	5.7270
	镀锌钢板 1.0 以下	kg	6.0480
	镀锌钢板 2.5 以下	kg	2.1560

第11章 装饰工程

说　　明

1．本章定额以面层材质标准设置子目，定额中包括基层处理、打底抹灰、面层装饰等工作内容，除定额另有说明外，一律不做调整。

2．定额不分内墙与外墙，按照装饰材质标准执行相应的定额。内外墙裙装饰按照墙面装饰定额执行，墙裙高度小于 0.3m 时执行踢脚板定额。

3．墙面抹灰定额包括阴角、阳角的护角线抹灰；天棚抹灰定额包括小圆角抹灰。

4．带密肋小梁及井字梁混凝土天棚抹灰时，每平方米增加 0.05 个工日。

5．柱面抹灰定额综合考虑了矩形、圆形、多边形、格构式柱抹灰，执行定额时不做调整。

6．块料面层种类与定额不同时可以换算主材费用，其他费用不变。

7．油漆、镀锌。

（1）木材面油漆定额按照油漆材质及木作构件类别进行编制，定额综合考虑了不同的施工方法与施工遍数，工程实际与定额不同时不做调整。

（2）金属面油漆、抹灰面油漆定额按照油漆材质进行编制，定额综合考虑了不同的施工方法与施工遍数，工程实际与定额不同时不做调整。工程油漆干膜厚度超过定额干膜厚度±15%时，超出部分按照定额比例调整。

（3）钢结构镀锌定额中包括除锈、双程运输等工作内容。当运输距离单程超过 30km 时，按照公路货运标准计算运输费用。

8．钢结构喷砂除锈定额按照 $S_{a2.5}$ 清洁度标准编制。工程采用 S_{a2} 清洁度标准时，定额乘以 0.85 系数；工程采用 S_{a3} 清洁度标准时，定额乘以系数 1.15。

9．金属面防火涂料喷涂定额是按照耐火极限 1 小时、防火涂料厚度 4mm 编制。工程设计与定额不同时可以调整，按照每增减耐火极限 0.5 小时、防火涂料厚度 2mm，定额相应增减 0.5 系数。

10．壁纸种类与定额不同时可以换算，其他费用不变。

11．零星项目装饰是指挑檐、天沟、腰线、栏杆、扶手、门窗套、压顶、内窗台、外窗台、水槽、砖支墩等工程项目装饰。零星项目刷涂料根据所在位置分别执行内外墙刷涂料定额。

12．木饰面定额包括饰面材料的购置、下料、制作、安装、补漆、收口、嵌缝等工作内容。

13．界面处理定额适用于不同部位、不同工序间接触面的特殊处理工程。各章节定额中已包括正常界面处理费用，不再执行界面处理定额。当设计要求界面间采用界面剂处理或要求混凝土面凿毛时，方可执行界面处理定额。

14．装饰所需各类脚手架执行第 13 章相应的定额。

15．修理工程。

重做油漆的底子出白要求，解释如下：

全出白——全部铲除原有油漆。

半出白——除缝槽中或次平面油漆尚好，可不铲清外，其他均应铲清。

修出白——起壳部分铲清（包括金属面上铁锈）。

工程量计算规则

1．天棚抹灰工程量计算。

（1）天棚抹灰面层按照主墙间净面积计算工程量，不扣除间壁墙、检查孔、墙垛、管道等所占面积。扣除单位面积 0.3 m^2 以上孔洞所占面积；扣除独立柱、电缆竖井、通风道等所占面积。带梁天棚，梁的两侧抹灰面积并入天棚抹灰工程量内。

（2）有坡度及拱顶的天棚、密肋梁和井字梁天棚，按照主墙间水平投影净面积乘以系数 1.5 计算工程量。坡度及拱顶不再计算表面积，密肋梁和井字梁不再计算展开面积。

（3）雨篷板、挑檐板、挑檐、阳台、天沟的底面按照水平投影面积计算工程量，有梁者将梁的侧面面积并入其中，执行天棚抹灰相应的定额。

2．内墙面抹灰工程量计算。

（1）内墙按照主墙间净长乘以抹灰高度以平方米为单位计算工程量。其抹灰高度确定如下：

1）无墙裙的抹灰高度按照室内地面或楼面计算至天棚底面，不扣除踢脚板高度。

2）有墙裙的抹灰高度按照墙裙顶计算至天棚底面。

3）墙裙的高度按照室内地面或楼面计算至墙裙顶面，不扣除踢脚板高度。

4）吊顶天棚的内墙面抹灰，其高度按照室内地面或楼面计算至天棚底面加 100mm。

（2）内墙抹灰应扣除门窗洞口和空圈所占的面积。不扣除踢脚板、挂镜线、单个面积 0.3m^2 以内的孔洞和墙与构件交接处的面积，不计算洞口四周面积，附墙垛、壁柱的侧面抹灰面积并入内墙面抹灰工程量内。突出墙面的混凝土构件，其侧面抹灰计算工程量，并入墙体工程内。

（3）隔墙抹灰根据工程设计要求分别计算内、外两面工程量。单面工程量计算规则同隔墙。

3．外墙面抹灰工程量计算。

（1）外墙按照外墙面的垂直投影面积以平方米为单位计算工程量。扣除门窗洞口、外墙裙和单个大于 $0.3m^2$ 孔洞所占的面积，不计算洞口四周面积，附墙垛、壁柱的侧面抹灰面积并入外墙面抹灰工程量内。突出墙面的混凝土构件，其侧面抹灰计算工程量，并入墙体工程量内。

（2）栏板抹灰根据工程设计要求分别计算内、外两面工程量。根据抹灰面材质分别执行墙体装饰相应定额。

（3）女儿墙内侧抹灰按照女儿墙内侧周长乘以抹灰高度以平方米为单位计算工程量，执行相应的墙体抹灰定额。女儿墙有压顶者抹灰高度计算至压顶底标高，女儿墙压顶按照零星项目抹灰单独计算工程量；女儿墙无压顶者抹灰高度计算至女儿墙顶加女儿墙宽度。

4．零星项目抹灰工程量计算。

（1）挑檐、天沟、腰线、雨篷、栏杆、门窗套、窗台线、压顶、扶手、水池、砖支墩等按照展开面积以平方米为单位计算工程量。

（2）计算展开面积时，不计算雨篷板、挑檐板、挑檐、阳台、天沟的底面工程量。

5．涂料工程量计算。

（1）涂料工程量计算规则同抹灰工程量计算规则。

（2）预制混凝土构件刷涂料工程量按照表 11-1 数据计算。

6．块料面层按照设计图示尺寸的实贴（挂）面积以平方米为单位计算工程量。门窗洞口、孔洞等开口部分的侧面面积并入墙体装饰工程量内。

表 11-1　　　　预制混凝土构件刷涂料工程量折算表

项　　目	每立方米构件折算面积（m^2）
F 形板、双 T 形板、梁式板、槽形板 8m 以内	30
F 形板、双 T 形板、梁式板、槽形板 8m 以外	23
薄腹梁	15
吊车梁	11

7．独立的梁、柱面装饰单独计算工程量，执行相应的梁柱装饰定额；嵌入墙体中的混凝土过梁、圈梁、连梁、框架梁、构造柱、框架柱、排架柱、门框等混凝土构件不单独计算装饰面积，合并在墙体中，执行相应的墙装饰定额。

8．油漆工程量计算。

（1）木材面油漆：

1）木门窗及木作工程油漆按照其制作或安装工程量乘以表 11-2 中相应系数计算工程量。

表 11-2　　　　木材面油漆工程量计算系数表

项　　目	系　　数
单层木门窗、组合窗、特种门、库房大门	1
胶合板墙、木隔断	1

续表

项　　目	系　　数
双层木窗（包括一玻一纱窗）	1.6
木百叶窗	1.5
单层半玻璃门、全玻璃门、门纱扇	0.85
全百叶门、半截百叶门	1.6
木扶手　（不带托板）、木栏杆、木线	1
带托板木扶手	2.6
木地板	1
木踢脚板	0.16
窗帘盒	2.04
细木工板天棚、胶合板天棚、木墙裙	1
暖气罩、门窗套	1.28

2）木踢脚板按照面积计算工程量，执行其他木材面油漆相应定额。

3）当购置的成品门窗包括油漆费用时，不计算门窗油漆工程量。

（2）金属面油漆：

1）金属面除锈、油漆按照其制作或安装工程量乘以表 11-3 中相应系数计算工程量。

2）当购置的成品金属结构包括油漆费用时，不计算金属结构除锈、油漆工程量。

表 11-3　　　　　　　　　　　**金属面油漆工程量计算系数表**

项　　目	系　　数
单层钢窗、玻璃钢板门、钢纱窗	1
双层钢窗、全钢板门	1.48
防射线门，钢百页门窗	3
屏蔽门窗，钢半截百页门窗	2.3
钢丝网大门	0.65
钢屋架、天窗架、挡风架、屋架梁、支撑、钢桁架、系杆、钢支架、钢吊车梁、钢墙架	1
钢箅子	0.47
钢梁、钢柱、钢走道板、钢平台、车挡、檩条、单轨吊车梁	0.65
铁栅栏门、栏杆、窗栅、钢油箅子、钢格栅板	1.71
直型钢轨、弧型钢轨	0.25
钢爬梯、踏步式钢扶梯	1.2
轻型屋架、零星铁件	1.42

3）施工现场加工金属结构需要镀锌时，按照其制作工程量计算镀锌费用，不计算金属结构除锈、油漆工程量。

4）施工现场加工金属结构需要现场冷喷锌时，按照其制作工程量计算除锈、冷喷锌费用，不计算金属结构油漆工程量。

5）购置的镀锌钢结构成品不计算金属结构除锈、油漆工程量。

（3）抹灰面油漆工程量计算规则同抹灰工程量计算规则。

9．贴壁纸工程量计算规则同抹灰工程量计算规则，不计算接缝、收口、封边工程量。

10．木饰面按照设计图示尺寸的实贴（铺）面积以平方米为单位计算工程量。门窗洞口、孔洞等开口部分的侧面面积并入饰面工程量内。

11．界面处理按照工程设计要求处理的面积以平方米为单位计算工程量。

12．修理工程。

（1）门窗油漆，按照面积计算。

（2）木扶手、窗帘盒、线条油漆，按照延长米计算。

13．冲洗外墙面，按照面积计算。

14．修补或拆换吊平顶面层，按照面积计算。

11.1 混合砂浆

工作内容：清理基层、补堵墙眼、湿润基层；找平、抹灰、刷浆、罩面压光；天棚小圆角抹光；门窗洞口侧壁抹护角线；抹阴阳角、装饰线；清理面层。

定额编号			YJ11-1	YJ11-2	YJ11-3	YJ11-4	YJ11-5	YJ11-6	YJ11-7
项目			天棚	砖、砌块墙	混凝土墙	混凝土梁柱	轻质墙	钢板（丝）网墙	零星项目
单位			m^2	m^2	m^2	m^2	m^2	m^2	m^2
基价（元）			**5.63**	**6.73**	**8.21**	**9.47**	**6.74**	**8.04**	**15.54**
其中	人工费（元）		5.10	6.44	7.86	9.04	6.45	7.69	15.02
	材料费（元）		0.53	0.29	0.35	0.43	0.29	0.35	0.52
	机械费（元）								
名称		单位	数量						
人工	普通工	工日	0.0323	0.0407	0.0496	0.0571	0.0408	0.0486	0.0948
	建筑技术工	工日	0.0751	0.0949	0.1159	0.1333	0.0951	0.1133	0.2213
计价材料	板材红白松二等	m^3	0.0002	0.0001	0.0001	0.0001	0.0001	0.0001	0.0002
	粘结剂107胶	kg	0.0280		0.0248	0.0640		0.0250	
	水	t	0.0020	0.0070	0.0070	0.0070	0.0070	0.0070	0.0080
	其他材料费	元	0.0300	0.0500	0.0600	0.0600	0.0500	0.0500	0.0500

续表

定额编号			YJ11－1	YJ11－2	YJ11－3	YJ11－4	YJ11－5	YJ11－6	YJ11－7
项目			天棚	砖、砌块墙	混凝土墙	混凝土梁柱	轻质墙	钢板（丝）网墙	零星项目
未计价材料	混合砂浆 1:1:4	m^3		0.0069	0.0094	0.0110	0.0069	0.0070	0.0070
	混合砂浆 1:1:6	m^3	0.0110	0.0162	0.0139	0.0119	0.0162	0.0162	0.0160
	麻刀砂浆	m^3	0.0020						
	素水泥浆	m^3			0.0011	0.0011		0.0011	

11.2 水泥砂浆

工作内容： 清理基层、补堵墙眼、湿润基层；找平、抹灰、刷浆、罩面压光；护角、外墙分格；清理面层。

定额编号			YJ11－8	YJ11－9	YJ11－10	YJ11－11	YJ11－12	YJ11－13	YJ11－14	YJ11－15
项目			天棚	砖墙、砌块墙	混凝土墙	混凝土梁柱	轻质墙	钢板（丝）网墙	零星项目	刷素水泥浆 一道
单位			m^2	m^2	m^2	m^2	m^2	m^2	m^2	m^2
基价（元）			**7.52**	**6.65**	**7.22**	**8.26**	**6.78**	**7.86**	**15.16**	**1.01**
其中	人工费（元）		6.93	6.35	6.86	7.90	6.48	7.50	14.61	0.94
	材料费（元）		0.59	0.30	0.36	0.36	0.30	0.36	0.55	0.07
	机械费（元）									
名称		单位	数量							
人工	普通工	工日	0.0438	0.0402	0.0433	0.0499	0.0409	0.0473	0.0923	0.0106
	建筑技术工	工日	0.1021	0.0936	0.1012	0.1164	0.0956	0.1105	0.2153	0.0106
计价材料	板材红白松二等	m^3	0.0002	0.0001	0.0001	0.0001	0.0001	0.0001	0.0002	
	粘结剂 107 胶	kg	0.0280		0.0248	0.0248		0.0250	0.0160	0.0248
	水	t	0.0070	0.0070	0.0070	0.0070	0.0070	0.0070	0.0027	0.0050
	其他材料费	元	0.0700	0.0600	0.0700	0.0700	0.0600	0.0700	0.0700	0.0100

续表

定 额 编 号			YJ11－8	YJ11－9	YJ11－10	YJ11－11	YJ11－12	YJ11－13	YJ11－14	YJ11－15
项 目			天棚	砖墙、砌块墙	混凝土墙	混凝土梁柱	轻质墙	钢板（丝）网墙	零星项目	刷素水泥浆 一道
未计价材料	水泥砂浆 1:2.5	m^3	0.0069	0.0070	0.0092	0.0092	0.0069	0.0070	0.0078	
	水泥砂浆 1:3	m^3	0.0162	0.0162	0.0139	0.0139	0.0160	0.0162	0.0162	
	素水泥浆	m^3	0.0011		0.0011	0.0011		0.0011	0.0011	0.0011

11.3 涂　　料

工作内容：清理基层、补小孔洞、磨砂纸；遮盖、喷涂料；清理被喷污处。

定额编号			YJ11－16	YJ11－17	YJ11－18	YJ11－19	YJ11－20	YJ11－21	YJ11－22
项目			外墙喷刷丙烯酸漆	内墙、天棚喷刷乳胶漆	外墙喷刷氟碳漆	内墙、天棚喷刷氟碳漆	外墙喷刷粉质涂料	内墙、天棚喷刷可赛银	抹灰面刷白水泥
单位			m^2	m^2	m^2	m^2	m^2	m^2	m^2
基价（元）			**30.48**	**18.09**	**51.74**	**56.09**	**3.57**	**1.37**	**0.96**
其中	人工费（元）		4.23	4.23	15.41	11.77	0.92	0.80	0.67
	材料费（元）		23.32	13.86	36.33	44.32	2.65	0.57	0.29
	机械费（元）		2.93						
名称		单位	数量						
人工	普通工	工日	0.0475	0.0475	0.1732	0.1323	0.0103	0.0090	0.0075
	建筑技术工	工日	0.0475	0.0475	0.1732	0.1323	0.0103	0.0090	0.0075
计价材料	双飞粉	kg						0.1390	
	丙烯酸彩砂涂料	kg	3.8860						
	粘结剂107胶	kg							0.0890
	粘结剂骨胶	kg						0.0030	
	羧甲基纤维素	kg					0.0092	0.0050	
	色粉	kg					0.3675		0.0160

续表

定额编号			YJ11－16	YJ11－17	YJ11－18	YJ11－19	YJ11－20	YJ11－21	YJ11－22
项目			外墙喷刷丙烯酸漆	内墙、天棚喷刷乳胶漆	外墙喷刷氟碳漆	内墙、天棚喷刷氟碳漆	外墙喷刷粉质涂料	内墙、天棚喷刷可赛银	抹灰面刷白水泥
计价材料	可赛银	kg						0.2370	
	氟碳漆	kg			0.2800	0.2500			
	腻子	kg		1.5000		1.5000			
	水	t	0.0050	0.0050	0.0050	0.0050	0.0050		
	其他材料费	元	0.2400	2.3200	2.3800	2.4900	0.0300	0.0700	0.0100
机械	电动空气压缩机　排气量 $6m^3/min$	台班	0.0100						
未计价材料	普通硅酸盐水泥 32.5	t	0.0030		0.0020				
	白水泥	t							0.0004
	乳胶漆	kg		0.2781					

11.4 镶贴面层

11.4.1 水泥砂浆结合层

工作内容： 清理修补基层、打底抹灰；切割、磨光块料；镶贴面层、镶贴阴阳角；修补缝隙、清理面层、养护。

定额编号			YJ11－23	YJ11－24	YJ11－25
项目			内墙面砖		
			墙面	独立梁柱面	零星项目
单位			m^2	m^2	m^2
基价（元）			**23.62**	**24.60**	**30.14**
其中	人工费（元）		19.64	21.82	25.75
	材料费（元）		3.98	2.78	4.39
	机械费（元）				
名称		单位	数量		
人工	普通工	工日	0.1240	0.1378	0.1626
	建筑技术工	工日	0.2894	0.3216	0.3794
计价材料	阴阳角瓷片	块	3.8000	2.3000	4.2000
	粘结剂107胶	kg	0.1800	0.1800	0.2000
	水	t	0.0023	0.0023	0.0025
	其他材料费	元	0.6400	0.6200	0.7000

续表

定 额 编 号			YJ11－23	YJ11－24	YJ11－25
项 目			内墙面砖		
			墙面	独立梁柱面	零星项目
未计价材料	白水泥	t	0.0002	0.0002	0.0002
	水泥砂浆 1:3	m^3	0.0110		0.0120
	混合砂浆 1:0.2:2	m^3	0.0080	0.0090	0.0092
	水泥膏浆 水泥膏	m^3	0.0054	0.0054	0.0061
	内墙面砖	m^2	1.0300	1.0600	1.1200

定额编号			YJ11－26	YJ11－27	YJ11－28
项目			外墙面砖		
			墙面	独立梁柱面	零星项目
单位			m^2	m^2	m^2
基价（元）			**24.07**	**20.10**	**37.44**
其中	人工费（元）		22.91	18.97	36.17
	材料费（元）		1.16	1.13	1.27
	机械费（元）				
名称		单位	数量		
人工	普通工	工日	0.1447	0.1198	0.2284
	建筑技术工	工日	0.3376	0.2795	0.5330
计价材料	粘结剂107胶	kg	0.1800	0.1800	0.2000
	水	t	0.0120	0.0023	0.0120
	其他材料费	元	0.7600	0.7600	0.8300
未计价材料	水泥砂浆　1:3	m^3	0.0120		0.0124
	混合砂浆　1:0.2:2	m^3	0.0080	0.0090	0.0092
	水泥膏浆　水泥膏	m^3	0.0063	0.0063	0.0070
	外墙面砖	m^2	1.0300	1.0600	1.1200

定额编号			YJ11-29	YJ11-30	YJ11-31
项目			镶贴大理石		
			墙面	独立梁柱面	零星项目
单位			m^2	m^2	m^2
基价（元）			**29.19**	**33.05**	**35.65**
其中	人工费（元）		19.00	21.99	22.99
	材料费（元）		10.19	11.06	12.66
	机械费（元）				
名称		单位	数量		
人工	普通工	工日	0.1200	0.1389	0.1452
	建筑技术工	工日	0.2800	0.3241	0.3388
计价材料	黄铜丝　综合	kg	0.0770	0.0800	0.0850
	预埋铁件　综合	kg	0.3400	0.3400	0.5800
	煤油	kg	0.0400	0.0040	0.0040
	松节油	kg		0.0060	0.0060
	清油　综合	kg		0.0059	0.0059
	水	t	0.0140	0.0029	0.0029
	其他材料费	元	3.1800	3.9000	4.0200
未计价材料	圆钢 ϕ10 以内	kg	0.7900	0.8500	1.0500
	白水泥	t	0.0002	0.0002	0.0002
	水泥砂浆　1:2	m^3		0.0075	0.0075
	水泥砂浆　1:3	m^3	0.0220		0.0160

续表

定 额 编 号			YJ11－29	YJ11－30	YJ11－31
项 目			镶贴大理石		
			墙面	独立梁柱面	零星项目
未计价材料	素水泥浆	m^3	0.0020	0.0020	0.0020
	大理石板 500×500×20	m^2	1.0200	1.0400	1.0600

定额编号			YJ11－32	YJ11－33	YJ11－34
项目			镶贴花岗岩		
			墙面	独立梁柱面	零星项目
单位			m^2	m^2	m^2
基价（元）			**29.86**	**33.92**	**36.05**
其中	人工费（元）		19.00	21.81	22.95
	材料费（元）		10.86	12.11	13.10
	机械费（元）				
名称		单位	数量		
人工	普通工	工日	0.1200	0.1377	0.1440
	建筑技术工	工日	0.2800	0.3215	0.3388
计价材料	黄铜丝　综合	kg	0.0770	0.0800	0.0850
	预埋铁件　综合	kg	0.3490	0.3160	0.4290
	煤油	kg	0.0420	0.0444	0.0444
	松节油	kg		0.0067	0.0067
	清油　综合	kg		0.0059	0.0059
	水	t	0.0160	0.2900	0.2900
	其他材料费	元	3.7900	4.0400	4.1500
未计价材料	圆钢 ϕ10 以内	kg	0.8300	0.8500	1.0500
	白水泥	t	0.0002	0.0002	0.0002
	水泥砂浆　1:2	m^3		0.0075	0.0075
	水泥砂浆　1:3	m^3	0.0280		0.0160

续表

定额编号			YJ11－32	YJ11－33	YJ11－34
项目			镶贴花岗岩		
			墙面	独立梁柱面	零星项目
未计价材料	素水泥浆	m^3	0.0020	0.0020	0.0020
	花岗岩板20	m^2	1.0200	1.0400	1.0600

定额编号			YJ11-35	YJ11-36
项目			仿石外墙砖	
			勒脚	零星项目
单位			m^2	m^2
基价（元）			**23.36**	**29.69**
其中	人工费（元）		21.73	28.07
	材料费（元）		1.63	1.62
	机械费（元）			
名称		单位	数量	
人工	普通工	工日	0.1373	0.1773
	建筑技术工	工日	0.3202	0.4136
计价材料	水	t	0.2310	0.2200
	其他材料费	元	0.9400	0.9600
未计价材料	白水泥	t	0.0001	0.0001
	水泥砂浆 1:1	m^3	0.0054	0.0060
	水泥砂浆 1:2	m^3	0.0250	0.0250
	麻面仿石砖 200×75	m^2	1.0300	1.0600

11.4.2 粘结剂结合层

工作内容： 清理修补基层、打底抹灰；切割、磨光块料；粘贴面层、粘贴阴阳角；修补缝隙、清理面层、养护。

定额编号			YJ11－37	YJ11－38	YJ11－39
项目			内墙面砖		
			墙面	独立梁柱面	零星项目
单位			m^2	m^2	m^2
基价（元）			**26.13**	**28.16**	**35.18**
其中	人工费（元）		16.47	18.01	24.45
	材料费（元）		9.66	10.15	10.73
	机械费（元）				
名称		单位	数量		
人工	普通工	工日	0.1040	0.1138	0.1544
	建筑技术工	工日	0.2427	0.2654	0.3604
计价材料	干粉型粘合剂	kg	4.2000	4.4100	4.6620
	水	t	0.0067	0.0083	0.0110
	其他材料费	元	1.2700	1.3300	1.4000
未计价材料	白水泥	t	0.0002	0.0002	0.0002
	水泥砂浆　1:2.5	m^3	0.0173	0.0179	0.0185
	素水泥浆	m^3	0.0010	0.0011	0.0011
	内墙面砖	m^2	1.0200	1.0600	1.1200

定额编号			YJ11－40	YJ11－41	YJ11－42
项目			外墙面砖		
			墙面	独立梁柱面	零星项目
单位			m^2	m^2	m^2
基价（元）			**26.28**	**28.30**	**47.09**
其中	人工费（元）		16.47	18.01	36.20
	材料费（元）		9.81	10.29	10.89
	机械费（元）				
名称		单位	数量		
人工	普通工	工日	0.1040	0.1138	0.2286
	建筑技术工	工日	0.2427	0.2654	0.5335
计价材料	干粉型粘合剂	kg	4.2000	4.4100	4.6620
	水	t	0.0067	0.0083	0.0110
	其他材料费	元	1.4100	1.4800	1.5600
未计价材料	白水泥	t	0.0002	0.0002	0.0002
	水泥砂浆 1:2.5	m^3	0.0173	0.0179	0.0185
	素水泥浆	m^3	0.0010	0.0011	0.0011
	外墙面砖	m^2	1.0200	1.0600	1.1200

<table>
<tr><td colspan="3">定　额　编　号</td><td>YJ11 －43</td><td>YJ11 －44</td><td>YJ11 －45</td></tr>
<tr><td colspan="3" rowspan="2">项　　　目</td><td colspan="3">大理石</td></tr>
<tr><td>墙面</td><td>独立梁柱面</td><td>零星项目</td></tr>
<tr><td colspan="3">单　　位</td><td>m^2</td><td>m^2</td><td>m^2</td></tr>
<tr><td colspan="3">基　　价（元）</td><td>36. 46</td><td>39. 51</td><td>41. 84</td></tr>
<tr><td rowspan="3">其中</td><td colspan="2">人　工　费（元）</td><td>18. 40</td><td>21. 40</td><td>21. 99</td></tr>
<tr><td colspan="2">材　料　费（元）</td><td>18. 06</td><td>18. 11</td><td>19. 85</td></tr>
<tr><td colspan="2">机　械　费（元）</td><td></td><td></td><td></td></tr>
<tr><td colspan="2">名　　称</td><td>单位</td><td colspan="3">数　　量</td></tr>
<tr><td rowspan="2">人工</td><td>普通工</td><td>工日</td><td>0. 1162</td><td>0. 1352</td><td>0. 1389</td></tr>
<tr><td>建筑技术工</td><td>工日</td><td>0. 2711</td><td>0. 3153</td><td>0. 3241</td></tr>
<tr><td rowspan="3">计价材料</td><td>干粉型粘合剂</td><td>kg</td><td>6. 8250</td><td>6. 8250</td><td>7. 5758</td></tr>
<tr><td>水</td><td>t</td><td>0. 0059</td><td>0. 0059</td><td>0. 0063</td></tr>
<tr><td>其他材料费</td><td>元</td><td>4. 4300</td><td>4. 4900</td><td>4. 7300</td></tr>
<tr><td rowspan="4">未计价材料</td><td>白水泥</td><td>t</td><td>0. 0002</td><td>0. 0002</td><td>0. 0002</td></tr>
<tr><td>水泥砂浆　1:2. 5</td><td>m^3</td><td>0. 0202</td><td>0. 0219</td><td>0. 0202</td></tr>
<tr><td>素水泥浆</td><td>m^3</td><td>0. 0011</td><td>0. 0011</td><td>0. 0011</td></tr>
<tr><td>大理石板 500 × 500 × 20</td><td>m^2</td><td>1. 0200</td><td>1. 0400</td><td>1. 0600</td></tr>
</table>

定额编号			YJ11－46	YJ11－47	YJ11－48
项目			花岗岩		
			墙面	独立梁柱面	零星项目
单位			m^2	m^2	m^2
基价（元）			**35.98**	**40.16**	**42.91**
其中	人工费（元）		16.90	21.02	22.21
	材料费（元）		19.08	19.14	20.70
	机械费（元）				
名称		单位	数量		
人工	普通工	工日	0.1068	0.1328	0.1402
	建筑技术工	工日	0.2491	0.3098	0.3273
计价材料	干粉型粘合剂	kg	6.8250	6.8250	7.5758
	水	t	0.0059	0.0059	0.0063
	其他材料费	元	5.4500	5.5100	5.5800
未计价材料	白水泥	t	0.0002	0.0002	0.0002
	水泥砂浆 1:2.5	m^3	0.0202	0.0219	0.0202
	素水泥浆	m^3	0.0011	0.0011	0.0011
	花岗岩板20	m^2	1.0200	1.0400	1.0600

11.4.3 干挂

工作内容：清理基层、钻孔成槽，安装挂件；挂块料、封口磨边、灌胶密封；清理、打蜡。

定额编号			YJ11－49	YJ11－50
项目			干挂大理石板	干挂花岗岩板
单位			m^2	m^2
基价（元）			**55.64**	**56.36**
其中	人工费（元）		32.04	32.37
	材料费（元）		23.60	23.99
	机械费（元）			
名称		单位	数量	
人工	普通工	工日	0.2024	0.2044
	建筑技术工	工日	0.4721	0.4770
计价材料	不锈钢角挂件4件	套	5.6100	5.6100
	硅胶	kg	0.1283	0.1283
	密封胶	kg	0.0763	0.0915
	水	t	0.0140	0.0140
	其他材料费	元	3.1700	3.2900
未计价材料	大理石板500×500×20	m^2	1.0200	
	花岗岩板20	m^2		1.0200

11.4.4 装饰台面

工作内容：铁件制作、安装；铺钢板网、抹水泥砂浆；铺块料面板、磨边、嵌缝；清理面层、养护。

定额编号			YJ11－51	YJ11－52	YJ11－53
项目			大理石窗台板	花岗岩窗台板	水磨石窗台板
单位			m^2	m^2	m^2
基价（元）			**27.03**	**27.15**	**25.03**
其中	人工费（元）		24.06	24.06	24.06
	材料费（元）		2.97	3.09	0.97
	机械费（元）				
名称		单位	数量		
人工	普通工	工日	0.1520	0.1520	0.1520
	建筑技术工	工日	0.3545	0.3545	0.3545
计价材料	石料切割锯片 ϕ150	片	0.0035	0.0035	0.0035
	其他材料费	元	2.7600	2.8800	0.7600
未计价材料	水泥砂浆 1:2.5	m^3	0.0210	0.0210	0.0210
	白水泥水磨石块窗台板	m^2			1.0500
	大理石板 500×500×20	m^2	1.0500		
	花岗岩板 20	m^2		1.0500	

11.5 油　　漆

11.5.1 木材面油漆

工作内容：清扫、磨砂纸、刮腻子；刷油漆；清理面层。

定额编号			YJ11－54	YJ11－55
项目			调和漆	
			单层木门	单层木窗
单位			m^2	m^2
基价（元）			**16.13**	**14.33**
其中	人工费（元）		6.76	6.42
	材料费（元）		8.78	7.32
	机械费（元）		0.59	0.59
名称		单位	数量	
人工	普通工	工日	0.0427	0.0406
	建筑技术工	工日	0.0996	0.0945
计价材料	桐油熟	kg	0.0425	0.0354
	溶剂汽油 200 号	kg	0.1114	0.0928
	催干剂	kg	0.0103	0.0086
	普通调和漆	kg	0.2496	0.2080
	酚醛调和漆	kg	0.2201	0.1834
	普通清漆	kg	0.0175	0.0146

续表

定 额 编 号			YJ11－54	YJ11－55
项 目			调和漆	
			单层木门	单层木窗
计价材料	砂纸	张	0.4200	0.3500
	其他材料费	元	0.1700	0.1500
机械	电动空气压缩机 排气量 $3m^3/min$	台班	0.0030	0.0030

定　额　编　号			YJ11－56
项　　目			调和漆
			木扶手
单　　位			m
基　　价（元）			**6.23**
其中	人　工　费（元）		5.19
	材　料　费（元）		0.84
	机　械　费（元）		0.20
名　　称		单位	数　　量
人工	普通工	工日	0.1060
	建筑技术工	工日	0.0244
计价材料	桐油熟	kg	0.0041
	溶剂汽油 200 号	kg	0.0107
	催干剂	kg	0.0010
	普通调和漆	kg	0.0239
	酚醛调和漆	kg	0.0211
	普通清漆	kg	0.0017
	砂纸	张	0.0400
	其他材料费	元	0.0200
机械	电动空气压缩机　排气量 $3m^3/min$	台班	0.0010

定　额　编　号			YJ11－57	YJ11－58	YJ11－59	YJ11－60
项　　目			调和漆			木地板漆
			门、窗套	木线条	其他木材	
单　　位			m^2	m^2	m^2	m^2
基　　价（元）			**13.02**	**12.30**	**12.75**	**10.57**
其中	人　工　费（元）		6.18	5.82	6.00	5.95
	材　料　费（元）		6.15	5.79	5.97	3.84
	机　械　费（元）		0.69	0.69	0.78	0.78
名　　称		单位	数　　量			
人工	普通工	工日	0.0390	0.0367	0.0379	0.0376
	建筑技术工	工日	0.0910	0.0858	0.0884	0.0877
计价材料	桐油熟	kg	0.0298	0.0281	0.0289	0.0261
	溶剂汽油 200 号	kg	0.0780	0.0735	0.0758	0.0516
	催干剂	kg	0.0072	0.0068	0.0070	0.0012
	普通调和漆	kg	0.1747	0.1647	0.1697	
	酚醛调和漆	kg	0.1541	0.1453	0.1497	
	普通清漆	kg	0.0123	0.0116	0.0119	
	树脂清漆地板漆	kg				0.2918
	砂纸	张	0.2940	0.2772	0.2856	0.1800
	其他材料费	元	0.1200	0.1200	0.1200	0.0600
机械	电动空气压缩机　排气量 $3m^3/min$	台班	0.0035	0.0035	0.0040	0.0040

定额编号			YJ11 -61	YJ11 -62
项目			聚氨酯清漆	
			单层木门	单层木窗
单位			m^2	m^2
基价（元）			**30.71**	**26.10**
其中	人工费（元）		14.31	12.88
	材料费（元）		15.58	12.40
	机械费（元）		0.82	0.82
名称		单位	数量	
人工	普通工	工日	0.0904	0.0814
	建筑技术工	工日	0.2108	0.1898
计价材料	桐油熟	kg	0.0689	0.0354
	溶剂汽油 200 号	kg	0.1260	0.0928
	催干剂	kg	0.0103	0.0086
	聚氨酯漆	kg	0.6228	0.5190
	聚氨酯漆稀释剂	kg	0.0775	0.0646
	其他材料费	元	0.5300	0.4400
机械	电动空气压缩机　排气量 $3m^3/min$	台班	0.0042	0.0042

定额编号			YJ11－63
项目			聚氨酯清漆
			木扶手
单位			m
基价（元）			**5.38**
其中	人工费（元）		3.58
	材料费（元）		1.51
	机械费（元）		0.29
名称		单位	数量
人工	普通工	工日	0.0226
	建筑技术工	工日	0.0527
计价材料	桐油熟	kg	0.0066
	溶剂汽油 200 号	kg	0.0107
	催干剂	kg	0.0010
	聚氨酯漆	kg	0.0613
	聚氨酯漆稀释剂	kg	0.0071
	其他材料费	元	0.0500
机械	电动空气压缩机 排气量 $3m^3/min$	台班	0.0015

定额编号			YJ11－64	YJ11－65	YJ11－66	YJ11－67
项目			聚氨酯清漆			
			门、窗套	木线条	木地板	其他木材面
单位			m^2	m^2	m^2	m^2
基价（元）			**20.52**	**19.39**	**19.43**	**18.09**
其中	人工费（元）		9.02	8.49	10.26	9.32
	材料费（元）		10.42	9.82	7.99	7.59
	机械费（元）		1.08	1.08	1.18	1.18
名称		单位	数量			
人工	普通工	工日	0.0569	0.0536	0.0648	0.0589
	建筑技术工	工日	0.1329	0.1252	0.1512	0.1374
计价材料	桐油熟	kg	0.0298	0.0281	0.0250	0.0214
	溶剂汽油200号	kg	0.0780	0.0735	0.0643	0.0625
	催干剂	kg	0.0072	0.0068	0.0034	0.0074
	聚氨酯漆	kg	0.4360	0.4110	0.3297	0.3140
	聚氨酯漆稀释剂	kg	0.0543	0.0512	0.0411	0.0391
	其他材料费	元	0.3700	0.3400	0.3200	0.2900
机械	电动空气压缩机 排气量 $3m^3/min$	台班	0.0055	0.0055	0.0060	0.0060

定额编号			YJ11－68	YJ11－69	YJ11－70
项目			防火漆		
			木线条	木地板	其他木材面
单位			m^2	m^2	m^2
基价（元）			**12.10**	**14.77**	**16.09**
其中	人工费（元）		6.24	8.73	10.18
	材料费（元）		4.78	4.86	4.73
	机械费（元）		1.08	1.18	1.18
名称		单位	数量		
人工	普通工	工日	0.0394	0.0552	0.0642
	建筑技术工	工日	0.0919	0.1287	0.1500
计价材料	桐油熟	kg	0.0248	0.0276	0.0246
	松节油	kg	0.0574	0.0406	0.0568
	清油　综合	kg	0.0181	0.0188	0.0179
	防火漆	kg	0.1794	0.1869	0.1776
	其他材料费	元	0.0700	0.0700	0.0700
机械	电动空气压缩机　排气量 $3m^3/min$	台班	0.0055	0.0060	0.0060

11.5.2　金属面油漆

工作内容： 1. 清扫、磨砂纸、刷油漆、清理表面。2. 挂件、喷砂、除尘、回收砂；清理现场、修理工具。3. 清扫、配料、喷锌、清理面层。4. 装运、酸洗、镀锌。

定额编号			YJ11－71	YJ11－72	YJ11－73	YJ11－74	YJ11－75	YJ11－76	YJ11－77	YJ11－78
项目			防锈漆 33μm	环氧富锌漆 50μm	水性无机富锌底漆 50μm	环氧云铁漆 100μm	氟碳漆 100μm	调和漆 100μm	磁漆 100μm	沥青漆 100μm
单位			t	t	t	t	t	t	t	t
基价（元）			**115.60**	**394.55**	**423.27**	**413.30**	**1608.05**	**276.03**	**267.86**	**316.34**
其中	人工费（元）		47.33	55.66	64.00	94.26	174.55	114.87	114.87	143.42
	材料费（元）		57.96	326.61	252.20	298.84	1400.56	137.82	129.65	143.70
	机械费（元）		10.31	12.28	107.07	20.20	32.94	23.34	23.34	29.22
名称		单位	数量							
人工	普通工	工日	0.4116	0.3515	0.4042	0.5953	1.1024	0.7244	0.7244	0.9058
	建筑技术工	工日	0.6174	0.8202	0.9432	1.3891	2.5724	1.6936	1.6936	2.1135
计价材料	松节油	kg						2.2280		
	溶剂汽油200号	kg	0.4800							4.4800
	醇酸漆稀释剂	kg							2.4900	
	防锈漆	kg	4.6500							
	水性无机富锌底漆	kg			13.8200					

续表

定额编号			YJ11－71	YJ11－72	YJ11－73	YJ11－74	YJ11－75	YJ11－76	YJ11－77	YJ11－78
项目			防锈漆 33μm	环氧富锌漆 50μm	水性无机富锌底漆 50μm	环氧云铁漆 100μm	氟碳漆 100μm	调和漆 100μm	磁漆 100μm	沥青漆 100μm
计价材料	醇酸磁漆	kg							6.9500	
	酚醛调和漆	kg						8.6180		
	氟碳漆	kg					11.4260			
	沥青清漆	kg								13.0800
	环氧富锌漆	kg		11.3400						
	环氧云铁漆	kg				12.3750				
	其他材料费	元	2.6200	5.2800	4.5500	5.0100	15.9200	4.5200	3.3300	3.4700
机械	电动空气压缩机　排气量 $3m^3/min$	台班	0.0526	0.0626	0.5460	0.1030	0.1680	0.1190	0.1190	0.1490

定额编号			YJ11－79	YJ11－80	YJ11－81
项目			银粉漆 100μm	防火漆 120μm	防火涂料（1h/4mm）
单位			t	t	t
基价（元）			**247.67**	**324.97**	**1109.77**
其中	人工费（元）		126.42	127.95	163.93
	材料费（元）		99.87	169.96	498.46
	机械费（元）		21.38	27.06	447.38
名称		单位	数量		
人工	普通工	工日	0.9405	0.8080	1.0353
	建筑技术工	工日	1.7620	1.8857	2.4159
计价材料	松节油	kg	5.2380		
	银粉漆	kg	0.8540		
	普通清漆	kg	2.6100	0.8800	
	防火漆	kg		8.1190	
	钢结构薄型防火涂料	kg			17.6260
	其他材料费	元	0.9900	3.9000	4.9400
机械	电动空气压缩机 排气量 $3m^3/min$	台班	0.1090	0.1380	2.2814

定额编号			YJ11－82	YJ11－83
项目			喷砂除锈	手工除锈
单位			t	t
基价（元）			**1247.00**	**178.89**
其中	人工费（元）		241.37	143.44
	材料费（元）		232.54	35.45
	机械费（元）		773.09	
名称		单位	数量	
人工	普通工	工日	3.3682	1.2473
	建筑技术工	工日	2.2452	1.8710
计价材料	石英砂	kg	268.0000	
	喷砂用胶管 DN40	m	0.9600	
	砂布	张		21.8000
	钢丝刷子	把		0.1890
	铁砂布	张		1.2910
	碎布	kg		2.9000
	木柴	kg	20.1600	
	其他材料费	元	6.0900	0.3500
机械	电动空气压缩机　排气量 $10m^3/min$	台班	0.9390	
	鼓风机　$30m^3/min$	台班	0.8080	
	喷砂除锈机　$3m^3/min$	台班	0.9390	

定额编号			YJ11-84	YJ11-85	YJ11-86
项目			化学除锈	钢结构喷锌	钢结构镀锌
单位			t	t	t
基价（元）			**193.64**	**1090.26**	**2188.18**
其中	人工费（元）		50.09	66.65	4.04
	材料费（元）		120.80	864.96	2051.56
	机械费（元）		22.75	158.65	132.58
名称		单位	数量		
人工	普通工	工日	0.4389	0.5796	0.1092
	建筑技术工	工日	0.6510	0.8694	
计价材料	方材红白松二等	m^3			0.0060
	镀锌铁丝8号	kg			0.3580
	丁腈胶管 ϕ28以下	m	3.7610		
	硫酸纯度38%	kg	3.9600		
	氢氧化钠（烧碱）99.5%	kg	1.8000		
	水	t	1.0500		
	钢管脚手架　包括扣件	kg		3.0190	
	镀锌（建筑）	t			1.0000
	冷喷锌	t		1.0000	
	金属结构酸洗设施摊销	kg	3.0500		
	其他材料费	元	1.2000	8.5600	20.3100
机械	汽车式起重机　16t	台班			0.0210

续表

定 额 编 号			YJ11－84	YJ11－85	YJ11－86
项 目			化学除锈	钢结构喷锌	钢结构镀锌
机械	平板拖车组 30t	台班			0.1064
	电动空气压缩机 排气量 $3m^3/min$	台班	0.1160	0.8090	

11.5.3 抹灰面油漆

工作内容：清理基层、磨砂纸、刮腻子；刷油漆；清理面层。

定额编号			YJ11－87
项目			调和漆 100μm
单位			m^2
基价（元）			**7.93**
其中	人工费（元）		2.99
	材料费（元）		3.96
	机械费（元）		0.98
名称		单位	数量
人工	普通工	工日	0.0189
	建筑技术工	工日	0.0441
计价材料	纤维素	kg	0.0031
	滑石粉	kg	0.1388
	桐油熟	kg	0.0218
	溶剂汽油 200 号	kg	0.0751
	普通调和漆	kg	0.1854
	普通清漆	kg	0.0155
	其他材料费	元	0.1500
机械	电动空气压缩机　排气量 $3m^3/min$	台班	0.0050

11.5.4 钢门、钢窗油漆

工作内容：清扫、磨砂纸、刷油漆、清理表面。

定额编号			YJ11－88	YJ11－89	YJ11－90	YJ11－91
项目			防锈漆 33μm	环氧富锌漆 50μm	调和漆 100μm	磁漆 100μm
单位			m^2	m^2	m^2	m^2
基价（元）			**4.48**	**10.92**	**8.10**	**8.66**
其中	人工费（元）		1.92	1.78	3.68	3.93
	材料费（元）		2.21	8.59	3.34	3.65
	机械费（元）		0.35	0.55	1.08	1.08
名称		单位	数量			
人工	普通工	工日	0.0121	0.0193	0.0282	0.0179
	建筑技术工	工日	0.0283	0.0205	0.0507	0.0629
计价材料	溶剂汽油 200 号	kg	0.0172		0.0238	
	醇酸漆稀释剂	kg				0.0228
	防锈漆	kg	0.1652			
	醇酸磁漆	kg				0.2114
	酚醛调和漆	kg			0.2246	
	环氧富锌漆	kg		0.3000		
	砂布	张	0.2700			
	其他材料费	元	0.0200	0.0900	0.1600	0.1100
机械	电动空气压缩机 排气量 $3m^3/min$	台班	0.0018	0.0028	0.0055	0.0055

11.6 贴 壁 纸

工作内容：清扫、撕缝、粘贴壁纸、对花。

定额编号			YJ11-92	YJ11-93	YJ11-94
项目			贴壁纸		
			墙面	柱面	天棚
单位			m^2	m^2	m^2
基价（元）			**12.44**	**13.22**	**15.11**
其中	人工费（元）		9.50	10.27	12.17
	材料费（元）		2.94	2.95	2.94
	机械费（元）				
名称		单位	数量		
人工	普通工	工日	0.0600	0.0649	0.0769
	建筑技术工	工日	0.1400	0.1514	0.1794
计价材料	粘结剂乳胶	kg	0.2510	0.2510	0.2510
	酚醛清漆	kg	0.0700	0.0700	0.0700
	其他材料费	元	0.7200	0.7300	0.7200
未计价材料	壁纸	m^2	1.1579	1.2285	1.1579

11.7 木 饰 面

工作内容：下料、贴面层、封边、嵌缝、清理面层。

定额编号			YJ11－95	YJ11－96	YJ11－97	YJ11－98
项目			胶合板面层	油面板面层	吸音板面层	木质装饰板面层
单位			m^2	m^2	m^2	m^2
基价（元）			**28.91**	**58.17**	**88.62**	**24.97**
其中	人工费（元）		5.31	7.10	4.12	7.48
	材料费（元）		23.60	51.00	84.50	17.49
	机械费（元）			0.07		
名称		单位	数量			
人工	普通工	工日	0.0335	0.0449	0.0261	0.0472
	建筑技术工	工日	0.0782	0.1046	0.0607	0.1102
计价材料	胶合板五层（5mm）	m^2	1.0500			
	胶合板（榉木）3mm	m^2				1.1000
	胶合饰面板（泰柚）	m^2		1.1500		
	吸音板 12mm	m^2			1.0500	
	粘结剂乳胶	kg		0.3060		0.4119
	自攻螺丝 5×100	个			20.0000	
	圆钉	kg	0.0269			0.0269
	其他材料费	元	0.2300	0.5100	0.8400	0.1700
机械	木工圆锯机 500mm	台班		0.0026		

11.8 界 面 处 理

工作内容：清理基层、调制界面剂；涂抹界面剂。

定额编号			YJ11－99	YJ11－100	YJ11－101
项目			界面处理剂		混凝土面凿毛
			混凝土面	加气混凝土砌块	
单位			m^2	m^2	m^2
基价（元）			**4.71**	**4.98**	**14.80**
其中	人工费（元）		1.04	1.24	14.80
	材料费（元）		3.67	3.74	
	机械费（元）				
名称		单位	数量		
人工	普通工	工日	0.0117	0.0139	0.4000
	建筑技术工	工日	0.0117	0.0139	
计价材料	加气混凝土界面剂	kg		2.9973	
	混凝土界面处理剂	kg	2.4926		
	水	t	0.0025	0.0030	
	其他材料费	元	0.0400	0.0400	

11.9 修　理

11.9.1 石材处理

工作内容：花岗石割边：测量、划线、切割等；花岗石磨边：划线、磨边、抛光等。

定额编号			YJ11－102	YJ11－103
项目			花岗石	
			割边	磨边
单位			m	m
基价（元）			**8.50**	**10.53**
其中	人工费（元）		7.01	9.85
	材料费（元）		1.49	0.68
	机械费（元）			
名称		单位	数量	
人工	普通工	工日	0.0978	0.1374
	建筑技术工	工日	0.0652	0.0916
计价材料	砂轮片 ϕ150	片		0.0660
	尼龙砂轮片 ϕ150	片		0.1000
	石料切割锯片 ϕ150	片	0.0250	
	其他材料费	元	0.0100	0.0100

工作内容：石材面擦腊、出新：打磨、(抛光)、清洗、上光。

定额编号			YJ11－104	YJ11－105
项目			石材面	
			擦腊	出新
单位			m^2	m^2
基价（元）			**4.55**	**37.26**
其中	人工费（元）		4.30	36.12
	材料费（元）		0.25	1.14
	机械费（元）			
名称		单位	数量	
人工	普通工	工日	0.0600	0.5040
	建筑技术工	工日	0.0400	0.3360
计价材料	煤油	kg	0.0080	
	白蜡	kg	0.0400	
	草酸	kg	0.0120	
	多功能上光清洁剂	盒		0.0020
	水	t	0.0010	0.0100
	尼龙砂轮片 $\phi150$	片		0.2300
	其他材料费	元		0.0300

11.9.2 墙面清洗

工作内容：清除墙面灰浆：铲除墙面灰浆、清理、出垃圾；冲洗外墙粉刷墙面：准备、清理、冲洗等；冲洗外墙面砖、石材、玻璃幕墙面：运料、清理、刷清洁剂、擦污、冲洗、抹干等。

定额编号			YJ11－106	YJ11－107	YJ11－108	YJ11－109	YJ11－110
项目			清除墙面灰浆	冲洗外墙面			
				粉刷墙面	面砖墙面	石材墙面	玻璃幕墙
				毛面	毛面砖	光面	
单位			m^2	m^2	m^2	m^2	m^2
基价（元）			**2.67**	**1.47**	**4.13**	**2.36**	**0.83**
其中	人工费（元）		2.67	1.29	2.57	1.14	0.56
	材料费（元）			0.18	1.56	1.22	0.27
	机械费（元）						
名称		单位	数量				
人工	普通工	工日	0.0372	0.0180	0.0359	0.0158	0.0078
	建筑技术工	工日	0.0248	0.0120	0.0239	0.0106	0.0052
计价材料	清洁剂	kg			0.4750		0.0900
	清洗剂601	kg				0.1670	
	水	t		0.0600	0.0900	0.0400	0.0100
	其他材料费	元			0.0200	0.0100	

11.9.3 墙面渗漏修补

工作内容：墙面嵌缝：凿缝、清理、运料、嵌缝、出清垃圾；面砖墙面滚刷克渗防水涂料：运料、墙面清洗、揩缝、滚刷涂料。

定额编号			YJ11－111	YJ11－112	YJ11－113
项目			面砖墙面嵌缝		抹灰墙面嵌缝
			水泥氯偏	克渗腻子	
单位			m	m	m
基价（元）			**2.39**	**2.18**	**2.48**
其中	人工费（元）		1.81	1.63	1.81
	材料费（元）		0.58	0.55	0.67
	机械费（元）				
名称		单位	数量		
人工	普通工	工日	0.0252	0.0228	0.0252
	建筑技术工	工日	0.0168	0.0152	0.0168
计价材料	硝基快干腻子	kg		0.0250	0.0360
	氯偏	kg	0.0230		
	石料切割锯片 $\phi150$	片	0.0070	0.0050	0.0050
	其他材料费	元	0.0100	0.0100	0.0100
未计价材料	普通硅酸盐水泥 42.5	t	0.0020		

工作内容：抹灰墙面滚刷克渗防水涂料：运料、清洗墙面、滚刷涂料；面砖、马赛克墙面喷涂无色防水涂料：运料、墙面清洗、揩缝、喷涂涂料；抹灰墙面喷涂无色防水涂料：运料、清洗墙面、喷涂涂料。

定额编号			YJ11－114	YJ11－115	YJ11－116	YJ11－117
项目			滚刷克渗防水涂料		喷涂无色防水涂料	
			面砖墙面	抹灰墙面	溶剂型	乳液型
					面砖墙面	抹灰墙面
单位			m^2	m^2	m^2	m^2
基价（元）			**20.12**	**26.84**	**3.72**	**2.39**
其中	人工费（元）		3.48	4.13	2.71	1.81
	材料费（元）		16.64	22.71	1.01	0.58
	机械费（元）					
名称		单位	数量			
人工	普通工	工日	0.0486	0.0576	0.0378	0.0252
	建筑技术工	工日	0.0324	0.0384	0.0252	0.0168
计价材料	防腐防渗涂料	kg	1.2100	1.6500	0.0550	0.0333
	粘结剂107胶	kg			0.0790	
	水	t	0.0250	0.0400	0.0304	0.0403
	其他材料费	元	0.1600	0.2200	0.0100	0.0100
未计价材料	普通硅酸盐水泥42.5	t			0.0003	

11.9.4 木材面修缮油漆

工作内容：出白、刷底油、批嵌、打砂皮、抄油、复油。

定额编号			YJ11－118	YJ11－119	YJ11－120	YJ11－121
项目			木门调和漆	百页窗调和漆	窗台板、筒子板调和漆	
			修出白	全出白		
			一底二度		深色	淡色
					一底二度	一底三度
单位			m^2	m^2	m^2	m^2
基价（元）			**17.02**	**37.66**	**18.74**	**23.93**
其中	人工费（元）		10.02	14.92	7.69	10.65
	材料费（元）		7.00	22.74	11.05	13.28
	机械费（元）					
名称		单位	数量			
人工	普通工	工日	0.1398	0.2069	0.1073	0.1486
	建筑技术工	工日	0.0932	0.1398	0.0715	0.0990
计价材料	铅油	kg				0.1512
	清油　综合	kg	0.0620	0.2640	0.0840	0.0840
	铝合金除锈剂	kg		0.6990	0.3340	0.3340
	普通调和漆	kg	0.2240	0.3020	0.0945	0.1512
	氯丁腻子 JN－10	kg	0.2000	0.6000	0.4200	0.4200
	其他材料费	元	0.9000	1.3900	0.5700	0.5800

定额编号			YJ11－122	YJ11－123	YJ11－124
项目			木扶手调和漆	窗帘盒调和漆	踢脚板调和漆
			全出白		全出白（深色）
			一底二度		
单位			m	m	m
基价（元）			**8.20**	**9.11**	**12.33**
其中	人工费（元）		5.51	5.88	6.03
	材料费（元）		2.69	3.23	6.30
	机械费（元）				
名称		单位	数量		
人工	普通工	工日	0.0430	0.0821	0.0473
	建筑技术工	工日	0.0753	0.0547	0.0823
计价材料	清油　综合	kg	0.0280	0.0420	0.2891
	铝合金除锈剂	kg	0.0620	0.1240	0.0410
	普通调和漆	kg	0.0320	0.0480	0.0352
	氯丁腻子 JN－10	kg	0.1000	0.0500	0.1200
	其他材料费	元	0.1400	0.2200	0.1800

工作内容：酚醛清漆（油色）：出白、批嵌、打砂皮、刷底油、油色、刷酚醛清漆两遍。

定额编号			YJ11－125	YJ11－126	YJ11－127	YJ11－128
项目			木门酚醛清漆	百页门酚醛清漆	木窗酚醛清漆	百页窗酚醛清漆
			全出白			
			一底二度			
单位			m^2	m^2	m^2	m^2
基价（元）			**28.99**	**40.58**	**28.46**	**39.86**
其中	人工费（元）		16.77	23.47	17.85	25.00
	材料费（元）		12.22	17.11	10.61	14.86
	机械费（元）					
名称		单位	数量			
人工	普通工	工日	0.2339	0.3275	0.2491	0.3488
	建筑技术工	工日	0.1560	0.2183	0.1661	0.2325
计价材料	松香	kg	0.1457	0.2040	0.1214	0.1700
	桐油熟	kg	0.0425	0.0595	0.0354	0.0496
	铝合金除锈剂	kg	0.6400	0.8960	0.5760	0.8064
	酚醛清漆	kg	0.2311	0.3235	0.1926	0.2696
	其他材料费	元	0.6300	0.8800	0.5300	0.7400

定额编号			YJ11－129	YJ11－130	YJ11－131
项目			木扶手酚醛清漆（不带托板）	窗帘盒酚醛清漆	装饰线条酚醛清漆
			全出白		
			一底二度		
单位			m	m	m
基价（元）			**4.66**	**10.48**	**2.52**
其中	人工费（元）		3.40	7.96	1.87
	材料费（元）		1.26	2.52	0.65
	机械费（元）				
名称		单位	数量		
人工	普通工	工日	0.0474	0.1110	0.0260
	建筑技术工	工日	0.0316	0.0740	0.0174
计价材料	松香	kg	0.0140	0.0280	0.0073
	桐油熟	kg	0.0041	0.0082	0.0021
	铝合金除锈剂	kg	0.0700	0.1400	0.0364
	酚醛清漆	kg	0.0221	0.0442	0.0115
	其他材料费	元	0.0600	0.1200	0.0300

定额编号			YJ11－132	YJ11－133	YJ11－134
项目			板平顶酚醛清漆	木栅栏、木栏杆酚醛清漆（带扶手）	木板壁酚醛清漆
			全出白		
			一底二度		
单位			m²	m²	m²
基价（元）			**16.22**	**30.99**	**13.84**
其中	人工费（元）		9.80	19.31	8.10
	材料费（元）		6.42	11.68	5.74
	机械费（元）				
名称		单位	数量		
人工	普通工	工日	0.1367	0.2694	0.1130
	建筑技术工	工日	0.0912	0.1796	0.0754
计价材料	松香	kg	0.0734	0.1336	0.0668
	桐油熟	kg	0.0214	0.0389	0.0195
	铝合金除锈剂	kg	0.3480	0.6334	0.3070
	酚醛清漆	kg	0.1165	0.2120	0.1059
	其他材料费	元	0.3200	0.5800	0.2900

工作内容：出白、打砂皮、润油粉、批嵌、刷聚氨酯清漆三遍。

定额编号			YJ11－135	YJ11－136	YJ11－137	YJ11－138
项目			木门聚氨酯清漆	百页门聚氨酯清漆	木窗聚氨酯清漆	百页窗聚氨酯清漆
			全出白			
			底二度			
单位			m^2	m^2	m^2	m^2
基价（元）			**50.11**	**70.16**	**49.07**	**68.70**
其中	人工费（元）		30.64	42.89	32.42	45.39
	材料费（元）		19.47	27.27	16.65	23.31
	机械费（元）					
名称		单位	数量			
人工	普通工	工日	0.4276	0.5985	0.4524	0.6334
	建筑技术工	工日	0.2850	0.3990	0.3016	0.4222
计价材料	桐油熟	kg	0.0689	0.0965	0.0574	0.0804
	清油　综合	kg	0.0355	0.0497	0.0296	0.0414
	铝合金除锈剂	kg	0.6410	0.8974	0.5760	0.8064
	聚氨酯清漆	kg	0.6228	0.8719	0.5190	0.7266
	其他材料费	元	1.1700	1.6400	0.9800	1.3800

定额编号			YJ11－139	YJ11－140	YJ11－141	YJ11－142
项目			木扶手聚氨酯清漆（不带托板）	窗帘盒聚氨酯清漆	装饰线条聚氨酯清漆	踢脚线聚氨酯清漆
			全出白			
			一底三度			
单位			m	m	m	m
基价（元）			**9.32**	**17.14**	**4.87**	**7.95**
其中	人工费（元）		7.25	13.00	3.79	6.68
	材料费（元）		2.07	4.14	1.08	1.27
	机械费（元）					
名称		单位	数量			
人工	普通工	工日	0.1012	0.1814	0.0529	0.0638
	建筑技术工	工日	0.0675	0.1210	0.0352	0.0831
计价材料	桐油熟	kg	0.0066	0.0132	0.0034	0.0047
	清油　综合	kg	0.0034	0.0068	0.0018	0.0024
	铝合金除锈剂	kg	0.0820	0.1640	0.0426	0.0378
	聚氨脂清漆	kg	0.0597	0.1194	0.0310	0.0428
	其他材料费	元	0.1100	0.2300	0.0600	0.0800

定 额 编 号			YJ11－143	YJ11－144	YJ11－145
项 目			板平顶聚氨酯清漆	木栅栏、木栏杆聚氨酯清漆	木地板地板漆
			全出白		
			一底三度		一底二度
单 位			m^2	m^2	m^2
基 价（元）			**29.10**	**54.84**	**15.79**
其中	人 工 费（元）		19.44	37.81	5.83
	材 料 费（元）		9.66	17.03	9.96
	机 械 费（元）				
名 称		单位	数 量		
人工	普通工	工日	0.2712	0.5276	0.0813
	建筑技术工	工日	0.1808	0.3517	0.0542
计价材料	桐油熟	kg	0.0347	0.0632	
	清油 综合	kg	0.0179	0.0326	0.0700
	铝合金除锈剂	kg	0.3070	0.5040	0.2110
	聚氨脂清漆	kg	0.3140	0.5715	
	树脂清漆地板漆	kg			0.0800
	氯丁腻子 JN－10	kg			0.5000
	其他材料费	元	0.5900	1.0700	0.5200

11.9.5 抹灰面修缮油漆

工作内容： 清理（起底）、嵌缝、贴接缝带、批嵌、打砂皮、乳胶漆。

定额编号			YJ11－146	YJ11－147	YJ11－148	YJ11－149	YJ11－150	YJ11－151
项目			墙面平顶抹灰面乳胶漆					
			原油修出白		原油冲出白		原粉起底	
			二度	三度	一底二度	一底三度	一底二度	一底三度
单位			m²	m²	m²	m²	m²	m²
基价（元）			**8.13**	**9.43**	**18.37**	**19.67**	**13.33**	**14.63**
其中	人工费（元）		5.38	6.67	12.51	13.80	8.08	9.37
	材料费（元）		2.75	2.76	5.86	5.87	5.25	5.26
	机械费（元）							
名称		单位	数量					
人工	普通工	工日	0.0750	0.0930	0.1746	0.1926	0.1128	0.1308
	建筑技术工	工日	0.0500	0.0620	0.1164	0.1284	0.0752	0.0872
计价材料	煤油	kg			0.1500	0.1500		
	清油　综合	kg	0.0300	0.0300	0.1000	0.1000	0.1000	0.1000
	腻子	kg	0.3000	0.3000	0.5000	0.5000	0.5000	0.5000
	其他材料费	元	0.0400	0.0500	0.0700	0.0800	0.0700	0.0800
未计价材料	乳胶漆	kg	0.3000	0.4660	0.3000	0.4660	0.3000	0.4660

定额编号			YJ11－152	YJ11－153	YJ11－154	YJ11－155	YJ11－156
项目			墙面平顶石膏板面乳胶漆 原粉起底		墙面批嵌107胶白水泥	抹灰墙面光面一般腻子	抹灰墙面毛面一般腻子
			二度	三度			
单位			m²	m²	m²	m²	m²
基价（元）			**12.85**	**14.20**	**1.25**	**2.28**	**2.70**
其中	人工费（元）		7.05	8.39	0.86	1.42	1.61
	材料费（元）		5.80	5.81	0.39	0.86	1.09
	机械费（元）						
名称		单位	数量				
人工	普通工	工日	0.0984	0.1170	0.0120	0.0197	0.0224
	建筑技术工	工日	0.0656	0.0780	0.0080	0.0132	0.0150
计价材料	刮墙腻子粉821	kg				1.1003	1.3753
	粘结剂107胶	kg			0.1890		
	清油　综合	kg	0.1000	0.1000			
	腻子	kg	0.4500	0.4500			
	嵌缝膏	kg	0.1260	0.1260			
	水	t				0.0130	0.0194
	其他材料费	元	0.3000	0.3100	0.0100	0.0100	0.0100
未计价材料	白水泥	t			0.0009		
	乳胶漆	kg	0.3000	0.4660			

第12章　构筑物工程

说　　明

本章定额是按照构筑物项目进行子目划分与设置，与本册定额其他章节子目配套使用。凡是本章定额设置的子目均执行本章定额，本章定额未设置的子目执行其他章节定额子目。

1．钢筋混凝土管道。

（1）本定额适用于换流站、变电站循环水管和补给水管以及排水管等钢筋混凝土管道、钢套筒混凝土管道安装工程。

（2）定额中管道按照购置成品考虑，当工程现场制作管道时，其单价按照成品购置单价执行。

（3）管道安装定额中，不包括土方、垫层、底板、支墩、垫块、弧形基础、包角、钢管弯头、钢管连接件等工作内容。

（4）管道安装定额中，包括成品管道购置、管道连接、安装各阶段水压试验、管道消毒、管道场内运输等工作内容。

（5）定额中包括管道场内运输、安装损耗费用。

（6）定额中管道安装是按照双根管铺设考虑，如工程采用单根管铺设时，定额不做调整。

2．室外混凝土沟道、井池。

（1）本定额适用于室外钢筋混凝土单孔、多孔的地下沟道、隧道工程；适用于室外钢筋混凝土封闭、敞口的地下水池、油池、井等工程。

（2）定额是按照土方大开挖、明排水、现浇混凝土施工编制。地下降水、排地下水费用按照批准的施工组织设计另行计算。

（3）定额中不包括土方、伸缩缝、脚手架、垂直运输工作内容，按照本定额相应的章节另行计算。

3．变电构支架。

（1）本定额适用于35～1000kV变电站、开闭所、换流站的离心杆、型钢、钢管、格构式钢管构支架的安装工程。

（2）定额按照构支架材质、安装高度、综合不同电压等级编制。定额中包括构支架场内运输、安装损耗费用。

（3）构架、支架、钢梁、附件、避雷针塔安装均包括成品购置、现场拼装、组装、吊装、补漆、脚手架安拆等工作内容。

（4）变、配电构支架附件包括爬梯、地线柱（地线支架）、走道板、避雷针架、连接设备支架间型钢。离心杆构支架中的柱头铁件、组成A型构架的连接件、组成带端撑A型构架的连接件不属于变、配电构支架附件，其费用综合在离心杆构支架安装定额中，不单独计算。

（5）变、配电构支架组装、安装定额综合考虑了螺栓连接与焊接，工程实际与定额不同时，不做调整。定额中的螺栓是按照普通螺栓考虑的，当设计采用高强螺栓连接时，允许调整螺栓单价。

（6）构件组装、拼装、吊装所需加固、垫用的木材、木楔等已综合考虑在板方材用量内。

（7）变电构架安装定额中不含二次浇灌内容，需要时执行相应定额。钢管端部灌混凝土执行第4章二次灌浆定额。

（8）现场制作避雷针塔定额中包括制作、除锈、刷防锈漆、刷防腐漆、安装等工作内容。

4．道路与场地地坪。

（1）本定额适用于站区围墙内的道路与场地地坪工程。

（2）路床土方定额中包括路基土方开挖、基底碾压、路床试验、土方运输等工作内容，土方开挖不分人工与机械施工，均执行本定额。

（3）面层定额综合考虑了前台的运输工具及有筋、无筋等不同情况时的工效，执行定额时不做调整。

（4）路面设有钢筋、铁件时，应执行第 4 章相应的定额子目单独计算其费用。

5．围墙、围墙大门。

（1）本定额适用于站区内外的围墙与围墙大门工程。

（2）钢围栅定额按照现场制作考虑；其他钢结构围栅、围栏按照购置成品安装考虑，定额中包括成品购置费。

（3）钢格栅大门的制作、安装参照钢围栅定额执行。

（4）电动门电动装置安装定额中包括购置电动装置的设备费、材料费及安装费。

（5）土方、基础、墙体、柱、装饰等工程执行其他章节相应的定额。

工程量计算规则

本章钢筋混凝土中钢筋、铁件工程量计算规则同本定额第 4 章中的有关钢筋、铁件工程量计算规则；钢结构工程量（围墙、围墙大门除外）计算规则同本定额第 5 章中的有关钢结构工程量计算规则。

1．钢筋混凝土管道工程量计算。

（1）管道安装按照混凝土管道中心线长以米为单位计算工程量，不扣除管道接头所占长度。扣除钢管弯头、钢管连接段、阀门所占长度。

（2）管道防腐面积按照管道安装长度乘以管道内壁或外壁周长计算工程量。

2．室外混凝土沟道、池井工程量计算。

（1）室外混凝土沟道、池井按照设计图示尺寸以立方米为单位计算工程量，不扣除钢筋、铁件和螺栓所占体积，扣除 $0.3m^2$ 以上洞孔所占体积。

（2）室外混凝土沟道、池井底板与侧壁以底板顶标高分界，底板与侧壁交叉处“三角形”体积并入侧壁中；顶板与侧壁以顶板底标高分界，顶板与侧壁交叉处“三角形”体积并入侧壁中。

（3）室外混凝土沟道、池井内混凝土隔墙计算体积，并入混凝土侧壁工程量内；混凝土柱单独计算工程量，柱高从底板顶标高计算至顶板底标高，执行第 4 章相应定额。

（4）室外混凝土沟道、池井内砌体墙或柱体积单独计算工程量，执行第 3 章相应定额。

3．变、配电构支架工程量计算。

（1）构架、支架、钢梁、附件应根据安装高度分别计算工程量。

（2）离心杆构支架按照安装后成品外轮廓体积以立方米为单位计算工程量。离心杆长度包括插入基础部分长度。

（3）钢结构构支架按照安装后成品重量以吨为单位计算工程量。

（4）避雷针塔按照安装后成品重量以吨为单位计算工程量。避雷针根据设计图纸划分单独计算工程量，执行相应的定额。

4．道路与场地地坪工程量计算。

（1）路床土方按照设计图示尺寸以自然方体积计算工程量，开挖起点为场地平整标高。不计算放坡、工作面、超挖的土方体积。

（2）计算道路、地坪工程量时，不扣除路面上的雨水井、给排水井、消火栓井等所占面积，道路由此增加的工料不另计，路面上各种井按照相应定额另行计算费用。

（3）道路基层、底层、面层按照设计图示尺寸以体积计算工程量。

（4）块料地坪、硬化地坪按照设计图示尺寸以面积计算工程量。

（5）路缘石、伸缩缝、切缝按照设计图示尺寸以延长米为单位计算工程量。

（6）路面锯纹按照设计图示尺寸以平方米为单位计算工程量。

5．围墙、围墙大门工程量计算。

（1）钢围栅、铁丝网围栅、铁艺围栅按照设计图示外轮廓尺寸以平方米为单位计算工程量。

（2）钢管框铁丝网大门、钢格栅大门按照设计图示外轮廓尺寸以平方米为单位计算工程量。

（3）角铁柱铁刺网按照面积计算工程量。长度按照挂铁刺网围墙中心线长计算，扣除大门、边门及大门柱所占长度；高度从围墙顶计算至角钢柱顶。

（4）围墙电动伸缩门按照面积计算工程量。长度按照大门柱间净长计算。

12.1 钢筋混凝土管道

12.1.1 钢筋混凝土管道安装

工作内容：场内运输、清理基坑；清扫管材、起吊、就位、找中、安装；水压试验。

定额编号			YJ12－1	YJ12－2	YJ12－3	YJ12－4	YJ12－5
项目			钢筋混凝土管道安装				
			DN200	DN300	DN400	DN500	DN600
单位			m	m	m	m	m
基价（元）			**9.93**	**11.07**	**12.39**	**16.12**	**16.34**
其中	人工费（元）		5.30	6.04	6.87	7.92	7.47
	材料费（元）		0.68	1.08	1.57	2.06	2.73
	机械费（元）		3.95	3.95	3.95	6.14	6.14
名称		单位	数量				
人工	普通工	工日	0.0527	0.0602	0.0721	0.0875	0.0736
	建筑技术工	工日	0.0644	0.0734	0.0808	0.0901	0.0913
计价材料	水	t	0.0600	0.0900	0.1600	0.2300	0.3100
	其他材料费	元	0.5000	0.8100	1.0900	1.3700	1.8000
机械	履带式起重机 40t	台班	0.0009	0.0009	0.0009	0.0014	0.0014
	汽车式起重机 16t	台班	0.0009	0.0009	0.0009	0.0014	0.0014
	管子拖车 24t	台班	0.0009	0.0009	0.0009	0.0014	0.0014
	电动卷扬机（单筒慢速）50kN	台班	0.0009	0.0009	0.0009	0.0014	0.0014

续表

定额编号			YJ12-1	YJ12-2	YJ12-3	YJ12-4	YJ12-5
项目			钢筋混凝土管道安装				
			DN200	DN300	DN400	DN500	DN600
机械	电动单级离心清水泵 出口直径150mm	台班	0.0009	0.0009	0.0009	0.0014	0.0014
	试压泵 25MPa	台班	0.0012	0.0012	0.0012	0.0018	0.0018
未计价材料	普通硅酸盐水泥 32.5	t	0.0001	0.0001	0.0002	0.0003	0.0005
	水泥砂浆 M5	m^3	0.0001	0.0002	0.0003	0.0004	0.0009
	水泥砂浆 1:2	m^3	0.0001	0.0002	0.0003	0.0005	0.0005
	膨胀水泥砂浆 1:1	m^3	0.0001	0.0002	0.0003	0.0003	0.0004
	钢筋混凝土管 ϕ200	m	0.9800				
	钢筋混凝土管 ϕ300	m		0.9800			
	钢筋混凝土管 ϕ400	m			0.9800		
	钢筋混凝土管 ϕ500	m				0.9800	
	钢筋混凝土管 ϕ600	m					0.9800
	细砂特细砂	m^3	0.0002	0.0003	0.0004	0.0006	0.0010
	标准砖 240×115×53	千块	0.0001	0.0003	0.0005	0.0008	0.0018

定额编号			YJ12-6	YJ12-7	YJ12-8	YJ12-9
项目			钢筋混凝土管道安装			
			DN700	DN800	DN900	DN1000
单位			m	m	m	m
基价（元）			**18.00**	**21.81**	**24.20**	**47.26**
其中	人工费（元）		8.34	9.38	10.71	25.08
	材料费（元）		3.52	4.53	5.59	6.38
	机械费（元）		6.14	7.90	7.90	15.80
名称		单位	数量			
人工	普通工	工日	0.0838	0.0967	0.1136	0.2772
	建筑技术工	工日	0.1007	0.1115	0.1251	0.2851
计价材料	水	t	0.4300	0.5400	0.6800	0.8500
	其他材料费	元	2.2300	2.9100	3.5500	3.8300
机械	履带式起重机 40t	台班	0.0014	0.0018	0.0018	0.0036
	汽车式起重机 16t	台班	0.0014	0.0018	0.0018	0.0036
	管子拖车 24t	台班	0.0014	0.0018	0.0018	0.0036
	电动卷扬机（单筒慢速）50kN	台班	0.0014	0.0018	0.0018	0.0036
	电动单级离心清水泵 出口直径150mm	台班	0.0014	0.0018	0.0018	0.0036
	试压泵 25MPa	台班	0.0018	0.0024	0.0024	0.0048
未计价材料	普通硅酸盐水泥 32.5	t	0.0076	0.0009	0.0011	0.0014
	水泥砂浆 M5	m^3	0.0013	0.0016	0.0020	0.0025
	水泥砂浆 1:2	m^3	0.0008	0.0009	0.0011	0.0012

续表

定额编号			YJ12－6	YJ12－7	YJ12－8	YJ12－9
项目			钢筋混凝土管道安装			
			DN700	DN800	DN900	DN1000
未计价材料	膨胀水泥砂浆 1:1	m^3	0.0005	0.0006	0.0007	0.0008
	钢筋混凝土管 ϕ700	m	0.9800			
	钢筋混凝土管 ϕ800	m		0.9800		
	钢筋混凝土管 ϕ900	m			0.9800	
	钢筋混凝土管 ϕ1000	m				0.9800
	细砂特细砂	m^3	0.0015	0.0018	0.0023	0.0028
	标准砖 240×115×53	千块	0.0025	0.0032	0.0040	0.0050

12.1.2 钢套筒混凝土管道安装

工作内容：场内运输、清理基坑；清扫管材、起吊、就位、找中、安装；水压试验。

定额编号			YJ12－10	YJ12－11	YJ12－12	YJ12－13	YJ12－14	YJ12－15
项目			钢套筒混凝土管道安装					
			DN500	DN600	DN700	DN800	DN900	DN1000
单位			m	m	m	m	m	m
基价（元）			**64.19**	**65.67**	**67.56**	**71.97**	**73.67**	**87.28**
其中	人工费（元）		31.63	31.98	32.34	32.68	33.04	33.76
	材料费（元）		25.92	27.04	28.14	29.97	31.31	34.41
	机械费（元）		6.64	6.65	7.08	9.32	9.32	19.11
名称		单位	数量					
人工	普通工	工日	0.6325	0.6395	0.6467	0.6537	0.6608	0.6751
	建筑技术工	工日	0.1582	0.1599	0.1617	0.1634	0.1652	0.1689
计价材料	电焊条 J422 综合	kg	0.1050	0.1200	0.1400	0.1600	0.1800	0.2000
	水	t	3.5778	3.6180	3.6582	3.6984	3.7386	3.8190
	木模板	m^3	0.0036	0.0036	0.0036	0.0037	0.0037	0.0038
	其他材料费	元	8.1800	9.0900	9.9500	11.3500	12.4600	15.0200
机械	履带式起重机 40t	台班	0.0015	0.0015	0.0016	0.0021	0.0021	0.0043
	汽车式起重机 16t	台班	0.0015	0.0015	0.0016	0.0021	0.0021	0.0043
	管子拖车 24t	台班	0.0015	0.0015	0.0016	0.0021	0.0021	0.0043
	电动卷扬机（单筒慢速）50kN	台班	0.0015	0.0015	0.0016	0.0021	0.0021	0.0043
	电动单级离心清水泵 出口直径 150mm	台班	0.0015	0.0015	0.0016	0.0021	0.0021	0.0043

续表

定额编号			YJ12-10	YJ12-11	YJ12-12	YJ12-13	YJ12-14	YJ12-15
项目			钢套筒混凝土管道安装					
			DN500	DN600	DN700	DN800	DN900	DN1000
机械	试压泵 25MPa	台班	0.0020	0.0020	0.0020	0.0028	0.0028	0.0057
	交流电焊机 21kVA	台班	0.0009	0.0011	0.0012	0.0017	0.0018	0.0040
未计价材料	高强水泥砂浆 M30	m^3	0.0100	0.0140	0.0160	0.0200	0.0225	0.0250
	钢套筒混凝土管 $\phi500$	m	0.9800					
	钢套筒混凝土管 $\phi600$	m		0.9800				
	钢套筒混凝土管 $\phi700$	m			0.9800			
	钢套筒混凝土管 $\phi800$	m				0.9800		
	钢套筒混凝土管 $\phi900$	m					0.9800	
	钢套筒混凝土管 $\phi1000$	m						1.0200

12.2　室外混凝土沟道、混凝土池井

12.2.1　室外混凝土沟道

工作内容：木模板制作与安装、钢模板组合与安装；模板刷隔离剂；模板拆除、运输、整理、堆放；混凝土浇筑、捣固、养护。

定额编号			YJ12－16	YJ12－17	YJ12－18
项目			底板	壁板	顶板
单位			m^3	m^3	m^3
基价（元）			**61.29**	**250.88**	**217.52**
其中	人工费（元）		31.69	131.49	109.10
	材料费（元）		25.13	106.10	97.47
	机械费（元）		4.47	13.29	10.95
名称		单位	数量		
人工	普通工	工日	0.5218	2.0257	1.6663
	建筑技术工	工日	0.2381	1.0872	0.9124
计价材料	水	t	0.2980	0.1510	0.3024
	支撑钢管及扣件	kg		2.3870	3.0460
	通用钢模板	kg	1.0863	11.0950	7.1690
	木模板	m^3	0.0070	0.0100	0.0150
	其他材料费	元	5.9500	14.4300	14.1600
机械	汽车式起重机　8t	台班	0.0030	0.0110	0.0080

续表

定额编号			YJ12－16	YJ12－17	YJ12－18
项目			底板	壁板	顶板
机械	载重汽车 6t	台班	0.0030	0.0130	0.0110
	混凝土振捣器（插入式）	台班	0.0780	0.1150	0.1150
	木工圆锯机 500mm	台班	0.0150	0.0150	0.0200
未计价材料	现浇混凝土 C30－40 集中搅拌	m^3	1.0090	1.0090	1.0090

12.2.2 室外混凝土池井

工作内容：木模板制作与安装、钢模板组合与安装；模板刷隔离剂；模板拆除、运输、整理、堆放；混凝土浇筑、捣固、养护。

定额编号			YJ12－19	YJ12－20	YJ12－21	YJ12－22	YJ12－23	YJ12－24
项目			底板		壁板		顶板	
			矩形	圆形	矩形	圆形	矩形	圆形
单位			m^3	m^3	m^3	m^3	m^3	m^3
基价（元）			**56.13**	**79.38**	**198.06**	**279.27**	**205.67**	**308.83**
其中	人工费（元）		28.78	35.98	91.71	137.56	97.30	136.22
	材料费（元）		24.57	40.20	93.00	115.26	97.50	121.40
	机械费（元）		2.78	3.20	13.35	26.45	10.87	51.21
名称		单位	数量					
人工	普通工	工日	0.4589	0.5737	1.4266	2.1399	1.4833	2.0766
	建筑技术工	工日	0.2270	0.2838	0.7485	1.1228	0.8157	1.1421
计价材料	水	t	0.2371	0.2390	0.1463	0.1502	0.3001	0.3186
	支撑钢管及扣件	kg			2.3176	2.4173	3.3869	3.4932
	通用钢模板	kg	1.0052	0.4120	8.9200	5.7432	6.4371	5.1186
	木模板	m^3	0.0070	0.0163	0.0085	0.0294	0.0150	0.0310
	其他材料费	元	6.0100	8.4000	16.1900	18.1600	16.2700	18.3800
机械	汽车式起重机 8t	台班	0.0010	0.0010	0.0110	0.0218	0.0080	0.0158
	载重汽车 6t	台班	0.0020	0.0020	0.0130	0.0257	0.0110	0.0218

续表

定额编号			YJ12－19	YJ12－20	YJ12－21	YJ12－22	YJ12－23	YJ12－24
项目			底板		壁板		顶板	
			矩形	圆形	矩形	圆形	矩形	圆形
机械	机动翻斗车 1t	台班						0.2257
	混凝土振捣器（插入式）	台班	0.0680	0.0680	0.1100	0.2178	0.1100	0.2178
	木工圆锯机 500mm	台班	0.0150	0.0300	0.0200	0.0400	0.0200	0.0400
未计价材料	现浇混凝土 C30－40 集中搅拌	m^3	1.0090	1.0090	1.0090	1.0090	1.0090	1.0090

工作内容：定位、弹线、清理基层、选截材料、打磨、刷清油、钉钉子固定、清洁表面等全部过程。

定额编号			YJ12-25	YJ12-26
项目			电缆沟防碰撞倒角	
			木线条	塑料线条
单位			m	m
基价（元）			**20.03**	**5.62**
其中	人工费（元）		2.08	1.22
	材料费（元）		17.95	4.40
	机械费（元）			
名称		单位	数量	
人工	普通工	工日	0.0134	0.0082
	建筑技术工	工日	0.0304	0.0176
计价材料	木线 100×12	m	1.0100	
	PVC 阴阳角线 30×30	m		1.0100
	其他材料费	元	0.9800	0.2100

12.3 变电构支架

12.3.1 离心杆构支架安装

工作内容：拼装、连接、接头补漆；起吊、就位、校正、固定。

定额编号			YJ12-27	YJ12-28	YJ12-29	YJ12-30	YJ12-31
项目			构架			设备支架	
			高度				
			10m 以内	20m 以内	20m 以外	6m 以内	6m 以外
单位			m^3	m^3	m^3	m^3	m^3
基价（元）			**433.13**	**259.26**	**281.80**	**452.24**	**339.98**
其中	人工费（元）		121.54	80.33	82.31	118.95	89.21
	材料费（元）		114.48	69.92	72.24	192.64	145.30
	机械费（元）		197.11	109.01	127.25	140.65	105.47
名称		单位	数量				
人工	普通工	工日	2.0501	1.1793	1.3883	2.0064	1.5047
	建筑技术工	工日	0.8786	0.7056	0.5950	0.8598	0.6449
计价材料	圆木杉木	m^3	0.0001	0.0002	0.0003	0.0002	0.0003
	方材红白松二等	m^3	0.0190	0.0092	0.0098	0.0451	0.0338
	电焊条 J422 综合	kg	4.9300	2.9520	3.5725	6.5287	4.8965
	其他材料费	元	42.7000	31.5100	28.5900	53.6000	40.8400
机械	汽车式起重机 8t	台班	0.0580	0.0288	0.0333	0.1699	0.1274

续表

定额编号			YJ12－27	YJ12－28	YJ12－29	YJ12－30	YJ12－31
项目			构架			设备支架	
			高度				
			10m以内	20m以内	20m以外	6m以内	6m以外
机械	汽车式起重机 25t	台班	0.0160	0.0156	0.0181		
	汽车式起重机 50t	台班	0.0320	0.0156	0.0181		
	交流电焊机 21kVA	台班	0.5000	0.3000	0.3623	0.6635	0.4976
未计价材料	离心杆连接件（成品）	t	0.2160	0.1240	0.0750	0.2560	0.1380
	混凝土离心杆	m^3	1.0100	1.0100	1.0100	1.0100	1.0100

12.3.2 型钢构支架安装

工作内容： 型钢构件排杆、组装、拼装、连接；紧固、绑扎、起吊、就位、校正、固定、补漆。

定额编号			YJ12-32	YJ12-33	YJ12-34	YJ12-35	YJ12-36
项目			构架			设备支架	
			高度				
			20m 以内	30m 以内	30m 以外	10m 以内	10m 以外
单位			t	t	t	t	t
基价（元）			**685.75**	**725.24**	**793.46**	**670.07**	**426.57**
其中	人工费（元）		118.75	124.68	130.63	114.15	91.32
	材料费（元）		216.28	214.26	215.53	318.14	267.65
	机械费（元）		350.72	386.30	447.30	237.78	67.60
名称		单位	数量				
人工	普通工	工日	2.0030	2.1030	2.2034	1.9254	1.5403
	建筑技术工	工日	0.8585	0.9014	0.9443	0.8252	0.6601
计价材料	圆木杉木	m^3	0.0017	0.0017	0.0017	0.0020	0.0020
	方材红白松二等	m^3	0.0092	0.0098	0.0100	0.0260	0.0300
	板材红白松二等	m^3	0.0200	0.0207	0.0214	0.0650	0.0300
	电焊条 J422 综合	kg	2.9870	2.3160	2.0440	1.5500	1.2400
	氧气	m^3	0.6670	0.6670	0.6670	0.2500	0.5000
	乙炔气	m^3	0.2333	0.2333	0.2333	0.0880	0.1750
	其他材料费	元	124.0700	123.2500	124.1800	102.6300	119.5500
机械	汽车式起重机 8t	台班	0.1157	0.1285	0.1504	0.3250	0.0290

续表

定额编号			YJ12－32	YJ12－33	YJ12－34	YJ12－35	YJ12－36
项目			构架			设备支架	
			高度				
			20m 以内	30m 以内	30m 以外	10m 以内	10m 以外
机械	汽车式起重机 16t	台班				0.0180	0.0253
	汽车式起重机 25t	台班	0.0307	0.0341	0.0399		
	汽车式起重机 50t	台班	0.0613	0.0681	0.0797		
	载重汽车 8t	台班	0.0507	0.0507	0.0507	0.0507	0.0507
	交流电焊机 21kVA	台班	0.1090	0.1040	0.1000	0.1080	0.1000
未计价材料	型钢构架（成品）	t	1.0010	1.0010	1.0010	1.0010	1.0010

12.3.3 钢管构支架安装

工作内容：钢管构件排杆、组装、拼装、连接；紧固、绑扎、起吊、就位、校正、固定、补漆。

定额编号			YJ12－37	YJ12－38	YJ12－39	YJ12－40	YJ12－41
项目			构架			设备支架	
			高度				
			20m以内	30m以内	30m以外	10m以内	10m以外
单位			t	t	t	t	t
基价（元）			**807.85**	**914.10**	**1508.09**	**560.93**	**646.63**
其中	人工费（元）		114.63	135.62	179.36	86.32	120.85
	材料费（元）		305.08	351.02	374.70	235.33	242.88
	机械费（元）		388.14	427.46	954.03	239.28	282.90
名称		单位	数量				
人工	普通工	工日	1.9335	2.2875	3.0253	1.4561	2.0385
	建筑技术工	工日	0.8286	0.9804	1.2966	0.6240	0.8736
计价材料	圆木杉木	m^3	0.0050	0.0160	0.0160	0.0200	0.0200
	方材红白松二等	m^3	0.0600	0.0680	0.0760	0.0260	0.0300
	电焊条 J422 综合	kg	2.4690	2.2170	2.0760	2.4690	2.2400
	氧气	m^3	0.7010	0.7000	0.5000	0.5200	0.5000
	乙炔气	m^3	0.2500	0.2500	0.2100	0.2100	0.2100
	其他材料费	元	142.4600	154.4600	163.1900	124.8100	125.0900
机械	汽车式起重机 8t	台班	0.1255	0.1394	0.1603	0.3250	0.0290
	汽车式起重机 16t	台班				0.0180	0.2530

续表

定额编号			YJ12－37	YJ12－38	YJ12－39	YJ12－40	YJ12－41
项目			构架			设备支架	
			高度				
			20m 以内	30m 以内	30m 以外	10m 以内	10m 以外
机械	汽车式起重机 25t	台班	0.0342	0.0380	0.4370		
	汽车式起重机 50t	台班	0.0686	0.0762	0.0876		
	载重汽车 8t	台班	0.0500	0.0500	0.0500	0.0500	0.0500
	交流电焊机 21kVA	台班	0.1380	0.1290	0.1170	0.1380	0.1280
未计价材料	镀锌钢管构架	t	1.0010	1.0010	1.0010	1.0010	1.0010

12.3.4 格构式钢管构支架安装

工作内容：钢管构件排杆、组装、拼装、连接；紧固、绑扎、起吊、就位、校正、固定、补漆。

定额编号			YJ12－42	YJ12－43	YJ12－44	YJ12－45	YJ12－46
项目			构架			设备支架	
			高度				
			30m 以内	45m 以内	45m 以外	15m 以内	15m 以外
单位			t	t	t	t	t
基价（元）			**966.83**	**1140.56**	**1353.89**	**582.18**	**643.46**
其中	人工费（元）		176.87	229.08	250.04	139.03	153.56
	材料费（元）		298.78	328.66	333.22	204.58	207.59
	机械费（元）		491.18	582.82	770.63	238.57	282.31
名称		单位	数量				
人工	普通工	工日	2.9834	3.8639	4.2176	2.3451	2.5902
	建筑技术工	工日	1.2786	1.6560	1.8075	1.0050	1.1101
计价材料	圆木杉木	m^3	0.0050	0.0160	0.0160	0.0200	0.0200
	方材红白松二等	m^3	0.0600	0.0680	0.0760	0.0260	0.0300
	电焊条 J422 综合	kg	2.0220	1.5880	1.1090	2.2160	2.0200
	氧气	m^3	0.5600	0.3600	0.2400	0.6400	0.5000
	乙炔气	m^3	0.1800	0.1200	0.0800	0.3200	0.1750
	其他材料费	元	140.6200	139.6900	130.8100	93.5100	91.5400
机械	汽车式起重机 8t	台班	0.1421	0.1705	0.1918	0.3250	0.0290
	汽车式起重机 16t	台班				0.0180	0.2530

续表

<table>
<tr><td colspan="3">定　额　编　号</td><td>YJ12－42</td><td>YJ12－43</td><td>YJ12－44</td><td>YJ12－45</td><td>YJ12－46</td></tr>
<tr><td colspan="3" rowspan="3">项　　目</td><td colspan="3">构架</td><td colspan="2">设备支架</td></tr>
<tr><td colspan="5">高度</td></tr>
<tr><td>30m 以内</td><td>45m 以内</td><td>45m 以外</td><td>15m 以内</td><td>15m 以外</td></tr>
<tr><td rowspan="4">机械</td><td>汽车式起重机　25t</td><td>台班</td><td>0.0456</td><td>0.0547</td><td>0.1616</td><td></td><td></td></tr>
<tr><td>汽车式起重机　50t</td><td>台班</td><td>0.0913</td><td>0.1096</td><td>0.1233</td><td></td><td></td></tr>
<tr><td>载重汽车　8t</td><td>台班</td><td>0.0500</td><td>0.0500</td><td>0.0500</td><td>0.0500</td><td>0.0500</td></tr>
<tr><td>交流电焊机　21kVA</td><td>台班</td><td>0.1180</td><td>0.0970</td><td>0.0850</td><td>0.1260</td><td>0.1180</td></tr>
<tr><td>未计价材料</td><td>格构式钢管构架（成品）</td><td>t</td><td>1.0010</td><td>1.0010</td><td>1.0010</td><td>1.0010</td><td>1.0010</td></tr>
</table>

12.3.5 钢梁、附件安装

工作内容：构件排杆、组装、拼装、连接；紧固、绑扎、起吊、就位、校正、固定、补漆。

定额编号			YJ12-47	YJ12-48	YJ12-49	YJ12-50	YJ12-51
项目			钢梁				
			安装高度				
			10m以内	20m以内	30m以内	45m以内	45m以外
单位			t	t	t	t	t
基价（元）			**661.44**	**619.38**	**727.41**	**811.86**	**889.79**
其中	人工费（元）		98.32	100.28	101.27	104.98	113.14
	材料费（元）		166.34	166.34	166.34	166.34	166.34
	机械费（元）		396.78	352.76	459.80	540.54	610.31
名称		单位	数量				
人工	普通工	工日	1.6584	1.6916	1.7082	1.7832	1.8229
	建筑技术工	工日	0.7107	0.7249	0.7320	0.7500	0.8787
计价材料	方材红白松二等	m^3	0.0250	0.0250	0.0250	0.0250	0.0250
	电焊条 J422 综合	kg	1.5800	1.5800	1.5800	1.5800	1.5800
	氧气	m^3	0.5000	0.5000	0.5000	0.5000	0.5000
	乙炔气	m^3	0.1750	0.1750	0.1750	0.1750	0.1750
	其他材料费	元	96.4300	96.4300	96.4300	96.4300	96.4300
机械	汽车式起重机 8t	台班	0.1301	0.1148	0.1530	0.1714	0.1714
	汽车式起重机 25t	台班	0.0357	0.0315	0.0420	0.0504	0.0588
	汽车式起重机 50t	台班	0.0714	0.0630	0.0840	0.1008	0.1176

续表

定额编号			YJ12－47	YJ12－48	YJ12－49	YJ12－50	YJ12－51
项目			钢梁				
			安装高度				
			10m 以内	20m 以内	30m 以内	45m 以内	45m 以外
机械	载重汽车　8t	台班	0.0190	0.0190	0.0190	0.0190	0.0190
	交流电焊机　21kVA	台班	0.2520	0.2520	0.2020	0.2020	0.2020
未计价材料	钢梁（成品）	t	1.0010	1.0010	1.0010	1.0010	1.0010

定额编号			YJ12-52	YJ12-53	YJ12-54	YJ12-55	YJ12-56
项目			附件				
			安装高度				
			10m 以内	20m 以内	30m 以内	45m 以内	45m 以外
单位			t	t	t	t	t
基价（元）			**361.29**	**448.45**	**585.20**	**783.85**	**1018.12**
其中	人工费（元）		72.27	73.61	81.42	87.10	89.80
	材料费（元）		105.05	105.05	105.05	105.05	105.05
	机械费（元）		183.97	269.79	398.73	591.70	823.27
名称		单位	数量				
人工	普通工	工日	1.2190	1.2485	1.2963	1.3385	1.3798
	建筑技术工	工日	0.5225	0.5272	0.6434	0.7227	0.7451
计价材料	板材红白松二等	m^3	0.0060	0.0060	0.0060	0.0060	0.0060
	电焊条 J422 综合	kg	1.3000	1.3000	1.3000	1.3000	1.3000
	其他材料费	元	83.9800	83.9800	83.9800	83.9800	83.9800
机械	汽车式起重机 8t	台班	0.0590	0.0885	0.1328	0.1991	0.2788
	汽车式起重机 25t	台班	0.0160	0.0240	0.0360	0.0540	0.0756
	汽车式起重机 50t	台班	0.0330	0.0495	0.0743	0.1114	0.1559
	交流电焊机 21kVA	台班	0.2080	0.2080	0.2080	0.2080	0.2080
未计价材料	构支架附件（成品）	t	1.0010	1.0010	1.0010	1.0010	1.0010

12.3.6 避雷针塔制作与安装

工作内容：材料放样、下料；平直、钻孔、拼装、焊接；成品校正、除锈、刷防锈漆、刷防腐油漆；成品编号、堆放；运输、安装、校正、固定。

定额编号			YJ12－57	YJ12－58	YJ12－59
项目			避雷针塔现场制作	现场制作避雷针塔安装	成品避雷针塔安装
单位			t	t	t
基价（元）			**1808.28**	**595.25**	**661.12**
其中	人工费（元）		499.64	134.77	143.89
	材料费（元）		681.30	100.38	173.69
	机械费（元）		627.34	360.10	343.54
名称		单位	数量		
人工	普通工	工日	4.3447	2.2731	2.4338
	建筑技术工	工日	6.5170	0.9744	1.0353
计价材料	板材红白松二等	m^3		0.0300	0.0300
	电焊条 J422 综合	kg	18.9600	0.8530	0.8500
	氧气	m^3	4.9280		
	乙炔气	m^3	1.7248		
	其他材料费	元	513.8400	29.2300	102.5500
机械	汽车式起重机 8t	台班		0.0950	0.0760
	汽车式起重机 25t	台班	0.2160	0.1090	0.1090
	汽车式起重机 50t	台班		0.0390	0.0390

续表

定额编号			YJ12-57	YJ12-58	YJ12-59
项目			避雷针塔现场制作	现场制作避雷针塔安装	成品避雷针塔安装
机械	平板拖车组 10t	台班	0.2160	0.0370	0.0280
	摇臂钻床（钻孔直径 50mm）	台班	0.1400		
	剪板机 厚度×宽度 40mm×3100mm	台班	0.0200		
	型钢剪断机 500mm	台班	0.1100		
	型钢调直机	台班	0.1100		
	钢板校平机 30×2600	台班	0.0200		
	交流电焊机 21kVA	台班	2.5930	0.2300	0.2300
	电动空气压缩机 排气量 $6m^3/min$	台班	0.0800		
未计价材料	避雷针塔（成品）	t			1.0010
	等边角钢边长 63 以下	kg	842.0000		
	中厚钢板 12~20	kg	203.0000		

12.4　道路与场地地坪

12.4.1　基层

工作内容： 路床土方开挖、运输、碾压、检验；放样、清理路床、取料、运料、摊铺、灌缝、找平、碾压。

定额编号			YJ12－60	YJ12－61	YJ12－62	YJ12－63	YJ12－64	YJ12－65
项目			路床土方	2:8 灰土基层	粉煤灰基层	块石基层	碎石基层	砂基层
单位			m^3	m^3	m^3	m^3	m^3	m^3
基价（元）			**11.32**	**20.03**	**24.36**	**39.54**	**22.05**	**22.20**
其中	人工费（元）		6.82	13.85	15.29	34.39	16.14	15.20
	材料费（元）		0.48	0.38	1.53	1.54	0.89	1.68
	机械费（元）		4.02	5.80	7.54	3.61	5.02	5.32
名称		单位	数量					
人工	普通工	工日	0.1255	0.1323	0.2184	0.6878	0.3228	0.3039
	建筑技术工	工日	0.0418	0.1722	0.1386	0.1720	0.0807	0.0760
计价材料	水	t	0.1600		0.2005			0.3000
	其他材料费	元		0.3800	0.9300	1.5400	0.8900	0.7800
机械	履带式推土机　105kW	台班	0.0034	0.0034	0.0051	0.0028	0.0034	0.0034
	光轮压路机（内燃）12t	台班	0.0010	0.0033	0.0036	0.0015	0.0036	0.0030
	光轮压路机（内燃）15t	台班	0.0013	0.0029	0.0032	0.0011	0.0011	0.0022

续表

定额编号			YJ12-60	YJ12-61	YJ12-62	YJ12-63	YJ12-64	YJ12-65
项目			路床土方	2:8 灰土基层	粉煤灰基层	块石基层	碎石基层	砂基层
未计价材料	中砂	m^3						1.2240
	碎石 40	m^3					1.1870	
	毛石粗料石	m^3				1.3260		
	块石	m^3				0.1325		
	石屑	m^3					0.1325	
	灰土 2:8	m^3		1.0300				
	粉煤灰	m^3			1.0300			

工作内容：放样、拌和、摊铺、碾压、养护。

定额编号			YJ12－66	YJ12－67
项目			水泥稳定碎石基层	
			厚15cm	每增减1cm
单位			m^2	m^2
基价（元）			**11.09**	**0.76**
其中	人工费（元）		6.89	0.44
	材料费（元）		0.63	0.03
	机械费（元）		3.57	0.29
名称		单位	数量	
人工	普通工	工日	0.0962	0.0062
	建筑技术工	工日	0.0641	0.0041
计价材料	水	t	0.1084	0.0041
	其他材料费	元	0.3100	0.0200
机械	光轮压路机（内燃）12t	台班	0.0005	0.0001
	光轮压路机（内燃）15t	台班	0.0020	0.0002
	机动翻斗车 1t	台班	0.0121	0.0008
	双锥反转出料混凝土搅拌机 350L	台班	0.0050	0.0003
	混凝土振捣器（平台式）	台班	0.0050	0.0003
未计价材料	普通硅酸盐水泥32.5	t	0.0303	0.0020
	中砂	m^3	0.0226	0.0015
	碎石 40	m^3	0.1892	0.0126
	石屑	m^3	0.0773	0.0052

12.4.2 面层

工作内容： 混凝土浇筑、密实、抹光、养护；沥青混凝土摊铺、找平、碾压、养护；配料拌合、分层铺装、找平、洒水、压实、养护；放样、运料、摊平、夯实、铺块料地坪、灌缝、扫缝；清理地坪、撒硬化剂、撒养护液。

定额编号			YJ12－68	YJ12－69	YJ12－70	YJ12－71
项目			混凝土	沥青混凝土		泥结碎石路面
				人工摊铺	机械摊铺	
单位			m^3	m^3	m^3	m^3
基价（元）			**132.59**	**55.00**	**30.02**	**55.72**
其中	人工费（元）		61.24	26.68	4.12	25.35
	材料费（元）		12.24	17.83	5.59	2.04
	机械费（元）		59.11	10.49	20.31	28.33
名称		单位	数量			
人工	普通工	工日	1.2249	0.5337	0.0823	0.5069
	建筑技术工	工日	0.3062	0.1334	0.0206	0.1268
计价材料	加工铁件 综合	kg	0.3667			
	板材红白松一等	m^3	0.0027			
	水	t	0.6870			0.3870
	其他材料费	元	2.8900	17.8300	5.5900	0.8700
机械	履带式推土机 105kW	台班				0.0068
	轮胎式装载机 $2m^3$	台班	0.0753			

续表

定额编号			YJ12－68	YJ12－69	YJ12－70	YJ12－71
项目			混凝土	沥青混凝土		泥结碎石路面
				人工摊铺	机械摊铺	
机械	光轮压路机（内燃）8t	台班		0.0157	0.0111	0.0250
	光轮压路机（内燃）15t	台班		0.0095	0.0111	
	振动压路机（机械式）15t	台班				
	轮胎压路机　9t	台班		0.0019	0.0111	
	沥青混凝土自动找平摊铺机　摊铺宽度4.5m	台班			0.0111	
	混凝土振捣器（平台式）	台班	0.1040			
未计价材料	沥青混凝土中粒式	m^3		1.0400	1.0400	
	现浇混凝土C25－40　集中搅拌	m^3	1.0200			
	中砂	m^3				0.3210
	碎石　40	m^3				0.9720

定额编号			YJ12-72	YJ12-73	YJ12-74	YJ12-75	YJ12-76	YJ12-77
项目			预制块	彩色预制块 水泥砂浆结合层	卵石地坪	广场砖 砂结合层	硬化地坪面层	方整石地面砂结合层
单位			m^2	m^2	m^2	m^2	m^2	m^2
基价（元）			**8.72**	**12.97**	**32.23**	**14.48**	**24.30**	**16.05**
其中	人工费（元）		5.28	9.69	29.23	11.19	4.45	11.95
	材料费（元）		0.49	0.63	0.35	0.64	17.20	0.81
	机械费（元）		2.95	2.65	2.65	2.65	2.65	3.29
名称		单位	数量					
人工	普通工	工日	0.0869	0.1342	0.5113	0.1562	0.0891	0.1710
	建筑技术工	工日	0.0397	0.0909	0.1984	0.1041	0.0222	0.1081
计价材料	硬化剂	kg					6.1800	
	水	t	0.0300	0.0300	0.0500	0.0400		0.0260
	其他材料费	元	0.4000	0.5400	0.2000	0.5200	0.5900	0.7300
机械	光轮压路机（内燃）12t	台班	0.0030	0.0030	0.0030	0.0030	0.0030	
	光轮压路机（内燃）15t	台班						0.0035
	夯实机	台班	0.0500	0.0500	0.0500	0.0500	0.0500	
	机动翻斗车 1t	台班	0.0023					
	石料切割机	台班						0.0126

续表

定额编号			YJ12-72	YJ12-73	YJ12-74	YJ12-75	YJ12-76	YJ12-77
项目			预制块	彩色预制块 水泥砂浆结合层	卵石地坪	广场砖 砂结合层	硬化地坪面层	方整石地面砂结合层
未计价材料	水泥砂浆 1:1	m^3		0.0073				
	水泥砂浆 1:2.5	m^3			0.0360			0.0060
	水泥砂浆 1:3	m^3		0.0216				
	素水泥浆	m^3		0.0010	0.0010	0.0010		
	彩色预制块	m^2		1.0200				
	广场砖 100×100×18	m^2				1.0100		
	方整石厚 120	m^2						1.0500
	混凝土预制块 250×250×55	块	16.5000					
	中砂	m^3	0.0461			0.1370		0.0860
	卵石 综合	m^3			0.1080			

12.4.3 路缘石

工作内容：放样、运料、开槽；整平、安砌、勾缝；清理、养护。

定 额 编 号			YJ12－78	YJ12－79
项 目			安砌侧石	安砌平石
单 位			m	m
基 价（元）			**16.92**	**13.08**
其中	人 工 费（元）		6.56	2.60
	材 料 费（元）		10.12	10.24
	机 械 费（元）		0.24	0.24
名 称		单位	数 量	
人工	普通工	工日	0.1313	0.0521
	建筑技术工	工日	0.0328	0.0130
计价材料	混凝土侧石	m	1.0300	
	混凝土平石	m		1.0300
	水	t		0.0176
	其他材料费	元	0.2000	0.2700
机械	石料切割机	台班	0.0020	0.0020
未计价材料	水泥砂浆 M10	m^3	0.0030	0.0040
	水泥砂浆 1:2.5	m^3		0.0004
	现浇混凝土 C10－40 集中搅拌	m^3	0.0403	0.0685

12.4.4 伸缩缝及其他

工作内容： 放样、备料；锯缝、上料灌缝；搓浆、锯纹；清理、养护。

定额编号			YJ12-80	YJ12-81
项目			伸缩缝 油浸麻丝	混凝土路面锯纹
单位			m	m
基价（元）			**15.83**	**1.33**
其中	人工费（元）		3.35	0.46
	材料费（元）		12.48	0.37
	机械费（元）			0.50
名称		单位	数量	
人工	普通工	工日	0.0468	0.0093
	建筑技术工	工日	0.0311	0.0023
计价材料	石油沥青30号	kg	2.0600	
	水	t		0.1226
	麻丝	kg	0.5459	
	其他材料费	元	0.5300	
机械	混凝土路面刻槽机	台班		0.0055

定额编号			YJ12-82
项目			混凝土路面切缝
单位			m
基价（元）			**2.79**
其中	人工费（元）		1.47
	材料费（元）		0.15
	机械费（元）		1.17
名称		单位	数量
人工	普通工	工日	0.0294
	建筑技术工	工日	0.0073
计价材料	水	t	0.0486
机械	混凝土切缝机	台班	0.0125
	电动空气压缩机　排气量 $0.6m^3/min$	台班	0.0010

12.5 围墙、围墙大门

工作内容：钢结构围墙制作、除锈、刷防锈漆，购置，安装、校正、固定；钢结构大门制作、除锈、刷防锈漆，购置，安装、校正、固定；大门轨道安装。

定额编号			YJ12-83	YJ12-84	YJ12-85	YJ12-86	YJ12-87	YJ12-88	YJ12-89
项目			钢围栅制作、安装	钢柱钢丝网围栅制作、安装	铁艺围栏安装	钢隔栏安装	钢管框铁丝网大门安装	角铁柱铁刺网安装	电动伸缩门
单位			m^2	m^2	m^2	m^2	m^2	m^2	m^2
基价（元）			**128.26**	**114.36**	**69.11**	**60.88**	**69.30**	**52.52**	**64.83**
其中	人工费（元）		61.63	67.62	26.20	25.27	25.88	17.48	13.30
	材料费（元）		26.18	18.72	21.28	15.20	19.10	27.04	32.00
	机械费（元）		40.45	28.02	21.63	20.41	24.32	8.00	19.53
名称		单位	数量						
人工	普通工	工日	0.6217	1.3523	0.5239	0.5054	0.5176	0.3496	0.2047
	建筑技术工	工日	0.7429	0.3381	0.1310	0.1264	0.1294	0.0874	0.1102
计价材料	预埋铁件　综合	kg	1.7950		1.2630	0.8760	1.8760	4.9518	4.4016
	加工铁件　综合	kg		2.7200	2.0000	1.5400	1.1290		
	电焊条 J422　综合	kg	1.8659	0.4860	0.6759	0.3960	0.4860	0.4680	0.1160
	氧气	m^3	0.0280						
	乙炔气	m^3	0.0120						

续表

定额编号			YJ12－83	YJ12－84	YJ12－85	YJ12－86	YJ12－87	YJ12－88	YJ12－89
项目			钢围栅制作、安装	钢柱钢丝网围栅制作、安装	铁艺围栏安装	钢隔栏安装	钢管框铁丝网大门安装	角铁柱铁刺网安装	电动伸缩门
计价材料	其他材料费	元	5.9600	1.2200	0.4300	0.3600	1.1200	0.4400	10.1700
机械	汽车式起重机　5t	台班						0.0060	0.0400
	汽车式起重机　8t	台班	0.0280	0.0195	0.0150	0.0150	0.0195		
	载重汽车　6t	台班						0.0020	
	载重汽车　8t	台班	0.0370	0.0296	0.0210	0.0180	0.0210		
	型钢剪断机　500mm	台班	0.0020	0.0010					
	交流电焊机　21kVA	台班	0.1400	0.0700	0.0700	0.0700	0.0700	0.0819	0.0530
未计价材料	钢轨 6kg/m	m							1.6200
	等边角钢边长 30 以下	kg	16.6000						
	扁钢　综合	kg	8.1600	1.3000					
	方钢　综合	kg	8.2400						
	钢板网围栅	m^2		1.0500					
	钢隔栏	m^2				1.0500			
	钢管框铁丝网大门	m^2					1.0500		
	铁刺网	m^2						1.0650	
	薄钢板 4 以下	kg	1.7200						

续表

定 额 编 号			YJ12－83	YJ12－84	YJ12－85	YJ12－86	YJ12－87	YJ12－88	YJ12－89
项 目			钢围栅制作、安装	钢柱钢丝网围栅制作、安装	铁艺围栏安装	钢隔栏安装	钢管框铁丝网大门安装	角铁柱铁刺网安装	电动伸缩门
未计价材料	中厚钢板 20～30	kg	2.7300	5.2600					
	焊接钢管 DN50	kg		10.5500					
	铁艺围栏	m^2			1.0500				
	不锈钢电动伸缩门 0.9m	m							0.9800

定额编号			YJ12-90
项目			电动门电动装置安装
单位			套
基价（元）			**103.31**
其中	人工费（元）		59.85
	材料费（元）		43.46
	机械费（元）		
名称		单位	数量
人工	普通工	工日	0.3780
	建筑技术工	工日	0.8820
计价材料	其他材料费	元	43.4600
未计价材料	不锈钢电动伸缩门自动装置	套	1.0000

12.6 修　　理

工作内容：调换伞柄镀锌钢管：运料、断管、弯伞柄型、绞丝、凿洞（拆旧）、安装。

定额编号			YJ12－91
项目			明沟修理
			修补粉刷
单位			m
基价（元）			**1.50**
其中	人工费（元）		1.49
	材料费（元）		0.01
	机械费（元）		
名称		单位	数量
人工	普通工	工日	0.0208
	建筑技术工	工日	0.0139
计价材料	其他材料费	元	0.0100
未计价材料	水泥砂浆　1:2	m^3	0.0036

工作内容：运料、划线、打榫、钉扎头、打墙洞、配线。

定额编号			YJ12－92	YJ12－93
项目			混凝土散水修补	卵石路面修补
单位			m^2	m^2
基价（元）			**11.05**	**20.58**
其中	人工费（元）		10.84	20.37
	材料费（元）		0.21	0.21
	机械费（元）			
名称		单位	数量	
人工	普通工	工日	0.1512	0.2843
	建筑技术工	工日	0.1008	0.1895
计价材料	水	t	0.0142	0.0108
	其他材料费	元	0.1700	0.1800
未计价材料	水泥砂浆　1:2	m^3	0.0124	
	水泥砂浆　1:2.5	m^3		0.0360
	现浇混凝土 C15－40　集中搅拌	m^3	0.0550	
	卵石　综合	m^3		0.0884

工作内容：运料、拆旧、换新、出垃圾、一切应有工作；修补化粪池盖圈：凿粉、修补或浇筑。

定额编号			YJ12－94	YJ12－95	YJ12－96	YJ12－97	YJ12－98	YJ12－99
项目			修理窨井		阀门水表箱		化粪池修补	
			换混凝土盖	换铸铁盖	修粉	换盖	盖圈	浇捣盖圈
单位			只	只	只	只	只	只
基价（元）			**4.28**	**11.43**	**6.57**	**3.83**	**22.60**	**35.39**
其中	人工费（元）		3.61	9.39	6.45	3.63	22.58	21.50
	材料费（元）		0.67	2.04	0.12	0.20	0.02	13.89
	机械费（元）							
名称		单位	数量					
人工	普通工	工日	0.0504	0.0529	0.0900	0.0506	0.3120	0.3000
	建筑技术工	工日	0.0336	0.1430	0.0600	0.0338	0.2123	0.2000
计价材料	水	t			0.0036		0.0015	0.0074
	木模板	m^3						0.0074
	其他材料费	元	0.6700	2.0400	0.1100	0.2000	0.0100	0.7800
未计价材料	圆钢 ϕ10 以内	kg						1.1100
	铸铁井盖（连座）	套		1.0100				
	水泥砂浆　1:2	m^3			0.0119		0.0051	0.0101
	现浇混凝土 C20－40　集中搅拌	m^3						0.0404
	水泥窨井盖 300×300	块				1.0100		
	水泥窨井盖 600×600	块	1.0100					
	标准砖 240×115×53	千块			0.0240			

12.7 排管浇制

工作内容：护栏搭设，湿土排水，竹箩滤井，模板安拆，混凝土现场浇制、敷设内衬管、通管等。

定额编号			YJ12－100	YJ12－101	YJ12－102	YJ12－103
项目			排管外浇混凝土			
			单层	双层	三层	四层
单位			m^3	m^3	m^3	m^3
基价（元）			**193.92**	**230.63**	**264.61**	**285.83**
其中	人工费（元）		153.87	179.73	197.09	208.99
	材料费（元）		25.19	34.91	50.96	59.72
	机械费（元）		14.86	15.99	16.56	17.12
名称		单位	数量			
人工	普通工	工日	2.2980	2.6820	2.9460	3.1440
	建筑技术工	工日	1.3240	1.5480	1.6940	1.7820
计价材料	水	t	0.3347	0.3347	0.3347	0.3347
	通用钢模板	kg	0.4084	0.5160	0.9351	1.3560
	木模板	m^3	0.0070	0.0120	0.0190	0.0220
	其他材料费	元	9.5800	9.8600	11.2500	12.4200
机械	机动翻斗车 1t	台班	0.0669	0.0669	0.0669	0.0669
	混凝土振捣器（插入式）	台班	0.1339	0.1339	0.1339	0.1339
	木工圆锯机 500mm	台班	0.1400	0.1800	0.2000	0.2200
未计价材料	现浇混凝土 C30－10 现场搅拌	m^3	1.0090	1.0090	1.0090	1.0090

第13章 脚手架工程

说　明

1．本定额综合脚手架、单项脚手架是按照钢管材质编制，执行定额时其他材质不做调整。

2．脚手架定额中包括上料平台、斜道、上料口、防护栏杆、尼龙编织布等安装与拆除。

3．综合脚手架定额适用于能够计算建筑体积的建筑物与构筑物工程。凡按照“电力工程建筑体积计算规则”能够计算建筑体积的建筑工程，均执行综合脚手架定额。不适用于执行综合脚手架定额的构筑物工程，执行单项脚手架相应定额。

4．综合脚手架定额综合了施工过程中各分部分项工程应搭设脚手架的全部因素。除室内高度大于3.6m 天棚吊顶、天棚抹灰应单独计算满堂脚手架外，执行综合脚手架定额的工程，不再计算其他单项脚手架。

5．综合脚手架定额综合考虑了结构的层高因素，执行定额时不做调整。

6．综合脚手架的建筑高度是指建筑物或构筑物的室外地坪至主体建筑屋面顶面高度。突出主体建筑屋顶的电梯间、楼梯间、水箱间、提物间、通风间等的建筑面积大于主体屋顶面积$\frac{1}{3}$时计算建筑高度，小于$\frac{1}{3}$时不计算建筑高度；突出屋顶的隔热架空层、天窗及支架、通风设备及支架、排气管、挡风架、装饰灯架、电气与通信设备与天线架或塔等不计算高度。建筑物、构筑物的建筑高度根据建筑特点分别确定：

——设有檐口板时，建筑高度计算至檐口板顶标高。

——设有挑檐时，建筑高度计算至挑檐反檐板顶标高。

——设有女儿墙时，建筑高度计算至女儿墙顶标高。

——坡屋面建筑，建筑高度计算至屋脊顶标高。

前后檐高不同时，以高者为准。

——裙房建筑、高低跨联合建筑分别计算高度。

——墙板、幕墙封檐建筑，建筑高度计算至墙板、幕墙封檐顶标高。

7．砌筑高度大于 1.2m 小于 3.6m 的围墙、挡土墙、防火墙、挡煤墙、柱、支架、支墩、突出室外地坪的室外独立设备基础、突出室外地坪的室外沟道、突出室外地坪的室外池井等执行里脚手架；砌筑高度大于 3.6m 的围墙、挡土墙、防火墙、挡煤墙、柱、支架、突出室外地坪的室外沟道、突出室外地坪的室外池井等执行单排外脚手架。围墙、挡土墙、防火墙、挡煤墙等双面抹灰时，增加一面脚手架。

8．浇制混凝土高度大于 1.2m 小于 3.6m 的围墙、挡土墙、防火墙、挡煤墙、柱、支架、突出室外地坪的室外独立设备基础、突出室外地坪的室外沟道、突出室外地坪的室外池井等执行单排外脚手架；浇制混凝土高度大于 3.6m 的围墙、挡土墙、防火墙、挡煤墙、柱、支架、突出室外地坪的室外沟道、突出室外地坪的室外池井等执行双排外脚手架。围墙、挡土墙、防火墙、挡煤墙等双面抹灰时，增加一面脚手架。

9．埋置深度大于 1.5m 小于 3m 的现浇混凝土结构室外沟道、室外设备基础、室外池井、变配电构支架基础、室外独立基础、室外条形基础、室外筏形基础等执行满堂脚手架；埋置深度大于 3m 时，执行双排外脚手架。

10．埋置深度大于 1.5m 小于 3m 的砌体结构室外沟道、室外设备基础、室外池井、变配电构支架基础、室外独立基础、室外条形基础等执行满堂脚手架；埋置深度大于 3m 时，执行单排外脚手架。

11．室内高度大于 3.6m 小于 5.2m 的天棚吊顶、天棚抹灰应计算满堂脚手架，室内高度大于 5.2m 时，天棚吊顶、天棚抹灰应计算满堂脚手架增加层。

12．室外混凝土管道埋深大于 2m 时计算里脚手架。

工程量计算规则

1．综合脚手架按照建筑物、构筑物的建筑体积以立方米为单位计算工程量。建筑体积计算规则执行本定额附录 B“电力工程建筑体积计算规则”。

2．单项脚手架工程量计算

（1）单项脚手架按照面积以平方米为单位计算工程量。

（2）外脚手架、里脚手架按照垂直投影面积计算工程量，其高度从室外地坪计算至构筑物顶。

（3）独立柱或支架按照柱断面外围周长加 3.6m 乘柱高计算工程量。

（4）满堂脚手架按照水平投影面积计算工程量。

（5）天棚吊顶、天棚抹灰搭拆满堂脚手架按照室内地面面积计算工程量，不扣除踢脚板、墙垛、柱、隔断墙所占的面积。

（6）基础、沟道、池井等搭拆满堂脚手架按照基础或底板水平投影面积$\frac{1}{2}$计算工程量。

（7）深基础、沟道、池井等搭拆双排外脚手架按照基础或底板周长乘以埋深计算工程量。

（8）天棚吊顶高度大于 3.6m 小于 5.2m 时搭拆满堂脚手架基本层，高度超过 5.2m 时每增加 1.2m 计算一个增加层，增加高度在 0.6m 以内不计算增加层，增加高度大于 0.6m 计算一个增加层。

（9）围墙脚手架的高度按照场地平整标高计算至围墙顶，长度按照围墙中心线长度计算，不扣除大门与边门面积，墙柱和独立门柱的脚手架不单独计算。围墙上安装的铁刺网不计算高度。

（10）室外混凝土管道安装搭拆脚手架按照面积计算工程量。高度从管道底标高计算至场地平整标高；长度按照管道中心线计算，扣除各种井所占长度。

13.1 综合脚手架

工作内容：场内外材料搬运、搭设、拆除；斜道、上料平台搭拆；施工期间加固、维修；脚手杆堆放、绑扎、场内运输。

定额编号			YJ13-1	YJ13-2	YJ13-3
项目			建筑高度		
			10m 以内	20m 以内	30m 以内
单位			m^3	m^3	m^3
基价（元）			**6.43**	**9.28**	**11.44**
其中	人工费（元）		2.17	2.57	3.10
	材料费（元）		3.77	6.16	7.75
	机械费（元）		0.49	0.55	0.59
名称		单位	数量		
人工	普通工	工日	0.0398	0.0473	0.0572
	建筑技术工	工日	0.0134	0.0157	0.0190
计价材料	镀锌铁丝 8 号	kg	0.0528	0.0772	0.0871
	防锈漆	kg	0.0389	0.0461	0.0590
	钢管脚手架　包括扣件	kg	0.3498	0.5838	0.7561
	钢脚手板 50×250×4000	块	0.0070	0.0125	0.0181
	木脚手板	m^3	0.0002	0.0005	0.0005
	尼龙编织布	m^2	0.0886	0.1160	0.1327

续表

定　额　编　号			YJ13－1	YJ13－2	YJ13－3
项　　目			建筑高度		
			10m 以内	20m 以内	30m 以内
计价材料	其他材料费	元	0.0700	0.1000	0.1200
机械	载重汽车　6t	台班	0.0014	0.0016	0.0017

13.2 单项脚手架

工作内容：场内外材料搬运、搭设、拆除；斜道、上料平台搭拆；施工期间加固、维修；脚手杆堆放、绑扎、场内运输。

定额编号			YJ13－4	YJ13－5	YJ13－6	YJ13－7	YJ13－8
项目			单排外架	双排外架			里脚手架
			建筑高度				
			10m 以内		20m 以内	30m 以内	3.6m 以内
单位			m^2	m^2	m^2	m^2	m^2
基价（元）			**8.37**	**11.33**	**13.43**	**18.15**	**2.33**
其中	人工费（元）		2.69	3.31	4.03	5.69	1.88
	材料费（元）		5.19	7.47	8.74	11.63	0.38
	机械费（元）		0.49	0.55	0.66	0.83	0.07
名称		单位	数量				
人工	普通工	工日	0.0495	0.0609	0.0741	0.1047	0.0346
	建筑技术工	工日	0.0165	0.0203	0.0247	0.0349	0.0115
计价材料	镀锌铁丝 8 号	kg	0.0541	0.0578	0.0742	0.0886	0.0086
	钢管脚手架　包括扣件	kg	0.5784	0.8336	0.9838	1.3290	0.0188
	钢脚手板 50×250×4000	块	0.0090	0.0108	0.0126	0.0178	0.0011
	木脚手板	m^3	0.0004	0.0005	0.0005	0.0006	0.0001
	其他材料费	元	0.6200	1.2300	1.4800	1.9400	0.0200
机械	载重汽车　6t	台班	0.0014	0.0016	0.0019	0.0024	0.0002

定额编号			YJ13-9	YJ13-10
项目			满堂脚手架	
			3.6m 高基本层	1.2m 高增加层
单位			m^2	m^2
基价（元）			**6.50**	**1.51**
其中	人工费（元）		3.21	1.23
	材料费（元）		3.05	0.25
	机械费（元）		0.24	0.03
名称		单位	数量	
人工	普通工	工日	0.0591	0.0228
	建筑技术工	工日	0.0197	0.0075
计价材料	镀锌铁丝 8 号	kg	0.2896	
	防锈漆	kg	0.0125	0.0042
	钢管脚手架　包括扣件	kg	0.1409	0.0372
	钢脚手板 50×250×4000	块	0.0048	
	其他材料费	元	0.1700	0.0100
机械	载重汽车　6t	台班	0.0007	0.0001

第14章 垂直运输及超高工程

说　明

1．垂直运输的工作内容包括单位工程在合理工期内完成垂直运输采取的全部施工措施。垂直运输机械布置及采取的措施在定额中已经综合考虑，工程实际与其不同时，不做调整。

2．超高费包括由于建筑高度的增加产生的人工与机械降效费、垂直运输影响费、超高增加施工措施费等工作内容。

3．能够计算建筑体积的单位工程建筑垂直运输费用，根据建筑结构和建筑高度以建筑体积为计量单位计算其费用；不能够计算建筑体积的单位工程建筑垂直运输费用，根据建筑结构和建筑高度以构筑物实体工程量为计量单位计算其费用。

4．建筑高度的计算规则同脚手架工程中的建筑高度计算规则。

5．建筑高度在 3.6m 以内的工程不计算垂直运输费用。

6．同一建筑多种结构，按照不同结构分别计算建筑体积。

7．同一建筑高度不同，按照不同高度分别计算建筑体积。

8．建筑高度在 20m 以上的工程计算超高费。

9．超高费以单位工程定额人工费、机械费为基数采用费率方式计算。人工费、机械费包括零米以下工程、脚手架工程、垂直运输工程、水平运输工程中的人工费与机械费，超高费费率见表 14-1。增加的超高费用形成相应工程人工工日与机械台班消耗量。

表 14-1　　　　超高费费率表　　　　单位：%

项　　目	建筑高度		
	30m 以内	40m 以内	50m 以内
人工增加费	2.33	4.2	6.3
机械增加费	1.67	3	4.5

工程量计算规则

1．垂直运输按照建筑物、构筑物的建筑体积以立方米为单位计算工程量。建筑体积计算规则执行本定额附录 B“电力工程建筑体积计算规则”。

2．不能够计算建筑体积的构筑物按照构筑物实体工程量计算垂直运输工程量。实体工程量计算规则执行相应章节工程量计算规则。

3．深度大于 4m 沟道、池井垂直运输工程量按照其结构外围轮廓体积计算。集水坑、人孔计算轮廓体积并入工程量内；垫层、外护壁、覆盖层不计算工程量。

14.1 混合结构

工作内容：人员、工具、材料垂直运输；通信联络。

定额编号			YJ14－1	YJ14－2
项目			混合结构	
			建筑高度	
			13m 以内	22m 以内
单位			m^3	m^3
基价（元）			**4.21**	**13.61**
其中	人工费（元）		0.12	0.24
	材料费（元）			
	机械费（元）		4.09	13.37
名称		单位	数量	
人工	普通工	工日	0.0013	0.0027
	建筑技术工	工日	0.0013	0.0027
机械	塔式起重机 20t	台班		0.0060
	电动卷扬机（单筒快速）10kN	台班	0.0304	0.0289
	卷扬机架（单笼5t以内）架高40m以内	台班	0.0304	0.0289

14.2 排架结构

工作内容：人员、工具、材料垂直运输；通信联络。

定额编号			YJ14－3	YJ14－4
项目			排架结构	
			建筑高度	
			15m 以内	25m 以内
单位			m^3	m^3
基价（元）			**3.29**	**6.38**
其中	人工费（元）		0.09	0.20
	材料费（元）			
	机械费（元）		3.20	6.18
名称		单位	数量	
人工	普通工	工日	0.0010	0.0022
	建筑技术工	工日	0.0010	0.0022
机械	汽车式起重机 8t	台班	0.0023	0.0053
	电动卷扬机（单筒快速）10kN	台班	0.0136	0.0224
	卷扬机架（单笼5t以内）架高40m以内	台班	0.0136	0.0224

14.3 框架结构

工作内容：人员、工具、材料垂直运输；通信联络。

定额编号			YJ14－5	YJ14－6	YJ14－7
项目			框架结构		
			建筑高度		
			13m以内	22m以内	30m以内
单位			m^3	m^3	m^3
基价（元）			**4.70**	**8.48**	**13.09**
其中	人工费（元）		0.15	0.28	0.39
	材料费（元）				
	机械费（元）		4.55	8.20	12.70
名称		单位	数量		
人工	普通工	工日	0.0017	0.0031	0.0044
	建筑技术工	工日	0.0017	0.0031	0.0044
机械	汽车式起重机 8t	台班	0.0002	0.0006	
	汽车式起重机 25t	台班			0.0002
	塔式起重机 1500kNm	台班		0.0013	
	塔式起重机 2500kNm	台班			0.0018
	电动卷扬机（单筒快速）10kN	台班	0.0329	0.0085	0.0081
	单笼施工电梯 75m	台班			0.0017
	卷扬机架（单笼5t以内）架高40m以内	台班	0.0329	0.0085	0.0081

14.4 钢 结 构

工作内容：人员、工具、材料垂直运输；通信联络。

定额编号			YJ14-8	YJ14-9	YJ14-10
项目			钢结构		
			建筑高度		
			13m 以内	22m 以内	30m 以内
单位			m^3	m^3	m^3
基价（元）			**3.35**	**6.72**	**10.58**
其中	人工费（元）		0.12	0.26	0.35
	材料费（元）				
	机械费（元）		3.23	6.46	10.23
名称		单位	数量		
人工	普通工	工日	0.0013	0.0029	0.0039
	建筑技术工	工日	0.0013	0.0029	0.0039
机械	汽车式起重机 8t	台班	0.0032	0.0025	
	汽车式起重机 25t	台班		0.0035	0.0002
	塔式起重机 2500kN·m	台班			0.0015
	电动卷扬机（单筒快速）10kN	台班	0.0098	0.0060	0.0045
	单笼施工电梯 75m	台班			0.0011
	卷扬机架（单笼 5t 以内）架高 40m 以内	台班	0.0098	0.0060	0.0045

14.5 单体建筑

工作内容：工具、材料垂直运输；通信联系。

定额编号			YJ14-11	YJ14-12
项目			高度大于3.6m	
			独立防火墙	独立现浇混凝土柱、支架、吊架
单位			m^2	m^3
基价（元）			**37.04**	**56.97**
其中	人工费（元）		8.41	14.02
	材料费（元）			
	机械费（元）		28.63	42.95
名称		单位	数量	
人工	普通工	工日	0.0945	0.1575
	建筑技术工	工日	0.0945	0.1575
机械	汽车式起重机 8t	台班	0.0480	0.0720

附录A　电力建设工程建筑面积计算规则

说　　明

1　规则说明

1.1　为规范电力建设工程建筑面积的计算，统一计算方法，制定本规则。

1.2　本规则适用于新建、扩建、改建的电力工程建筑面积的计算。

1.3　建筑面积计算应遵循科学、合理的原则。

1.4　建筑面积计算除应遵循本规则，尚应符合国家现行的有关标准规范的规定。

2　本规则中的术语

2.1　层高

上下两层楼面或楼面与地面之间的垂直距离。

2.2　自然层

按照楼板、地板结构分层的楼层。

2.3　架空层

建筑物深基础或坡地建筑吊脚架空部位不回填土石方形成的建筑空间。

2.4　走廊

建筑物的水平交通空间。

2.5 挑廊

挑出建筑物外墙的水平空间。

2.6 檐廊

设置在建筑物底层出檐下的水平交通空间。

2.7 回廊

在建筑物门厅、大厅内设置两层或两层以上的回形走廊。

2.8 门斗

在建筑物出入口设置的起分隔、挡风、御寒等作用的建筑过渡空间。

2.9 建筑物通道

由于交通等原因穿过建筑物，在建筑物内形成的建筑空间。

2.10 架空走廊

建筑物与建筑物之间，在两层或两层以上专门为水平交通设置的走廊。

2.11 勒脚

建筑物外墙与室外地面或散水接触部位墙体加厚的部分。

2.12 围护结构

围合建筑空间四周的墙体、门、窗等。

2.13 围护性幕墙

直接作为外墙起围护作用的幕墙。

2.14　装饰性幕墙

设置在建筑物墙体外起装饰作用的幕墙。

2.15　落地橱窗

突出外墙面坐落在地面上的橱窗。

2.16　阳台

突出或凹进外墙供使用者进行活动的建筑空间。

2.17　眺望间

设置在建筑物顶层或挑出房间的供人们远眺或观察周围情况的建筑空间。

2.18　雨篷

设置在建筑物进出口上部的遮雨、遮阳篷。

2.19　地下室

房间地面低于室外地坪面的高度超过该房间净高的$\frac{1}{2}$的建筑空间。

2.20　半地下室

房间地面低于室外地坪面的高度超过该房间净高的$\frac{1}{3}$，且不超过$\frac{1}{2}$的建筑空间。

2.21　变形缝

伸缩缝（温度缝）、沉降缝和抗震缝的总称。

2.22　永久性顶盖

经规划批准设计的永久使用的顶盖。

2.23 天桥

建筑物与建筑物之间，利用支架（柱）架空的水平交通廊道。

2.24 建筑

临时建筑与永久建筑的统称；建筑物与构筑物的统称。

3 计算建筑面积的规定

3.1 单层建筑物的建筑面积，应按照其外墙勒脚以上结构外围水平面积计算，并应符合下列规定：

单层建筑物高度在 2.20m 及以上者应计算全面积；高度不足 2.20m 者应计算 $\frac{1}{2}$ 面积。

3.2 利用坡屋顶内空间时，净高超过 2.10m 的部位应计算全面积：净高在 1.20m 至 2.10m 之间的部位应计算 $\frac{1}{2}$ 面积；净高不足 1.20m 的部位不应计算建筑面积。

3.3 单层建筑物内设有局部楼层者，局部楼层的二层及以上楼层，有围护结构的应按照其围护结构外围水平面积计算，无围护结构的应按照其结构底板水平面积计算。层高在 2.20m 及以上者应计算全面积；层高不足 2.20m 者应计算 $\frac{1}{2}$ 面积。

3.4 多层建筑物首层应按照其外墙勒脚以上结构外围水平面积计算；二层及以上楼层应按照其外墙结构外围水平面积计算。层高在 2.20m 及以上者应计算全面积；层高不足 2.20m 者应计算 $\frac{1}{2}$ 面积。

3.5 多层建筑坡屋顶内，当设计加以利用时净高超过 2.10m 的部位应计算全面积；净高在 1.20m

至 2.10m 的部位应计算$\frac{1}{2}$面积；当设计不利用或室内净高不足 1.20m 时不应计算建筑面积。

3.6 地下室、半地下室、有永久性顶盖的出入口，应按照其外墙上口（不包括采光井、外墙防潮层及其保护墙）外边线所围水平面积计算。层高在 2.20m 及以上者应计算全面积；层高不足 2.20m 者应计算$\frac{1}{2}$面积。

3.7 坡地的建筑物吊脚架空层、深基础架空层，设计加以利用并有围护结构的，层高在 2.20m 及以上的部位应按照其结构外围水平面积计算全面积；层高不足 2.20m 的部位应按照其结构外围水平面积计算$\frac{1}{2}$面积。设计加以利用、无围护结构的建筑吊脚架空层、深基础架空层，应按照其利用部位结构外围水平面积的$\frac{1}{2}$计算；设计不利用的深基础架空层、坡地吊脚架空层的空间不应计算建筑面积。

3.8 建筑物的门厅、大厅按照一层计算建筑面积。门厅、大厅内设有回廊时，应按照其结构外围水平面积计算。层高在 2.20mm 及以上者应计算全面积；层高不足 2.20m 者应计算$\frac{1}{2}$面积。

3.9 建筑物间有围护结构的架空走廊，应按其围护结构外围水平面积计算。层高在 2.20m 及以上者应计算全面积；层高不足 2.20m 者应计算$\frac{1}{2}$面积。有永久性顶盖无围护结构的应按照其结构底板水平面积的$\frac{1}{2}$计算。

3.10 建筑物外有围护结构的落地橱窗、门斗、挑廊、走廊、檐廊，应按照其围护结构外围水平面积计算。层高在 2.20m 及以上者应计算全面积；层高不足 2.20m 者应计算$\frac{1}{2}$面积。有永久性顶盖无围护结构的应按照其永久顶盖水平投影面积的$\frac{1}{2}$计算。

3.11 建筑物顶部有围护结构的楼梯间、水箱间、电梯机房等，层高在 2.20m 及以上者应计算全面积；层高不足 2.20m 者应计算$\frac{1}{2}$面积。

3.12 设有围护结构不垂直于水平面而超出底板外沿的建筑物，应按照其底板面的外围水平面积计算。层高在 2.20m 及以上者应计算全面积；层高不足 2.20m 者应计算$\frac{1}{2}$面积。

3.13 建筑物内的楼梯间、电梯井、观光电梯井、提物井、管道井、电缆竖井、通风排气竖井、垃圾道应按照建筑物的自然层计算。

3.14 雨篷结构的外边线至外墙结构外边线的宽度超过 2.10m 者，应按照雨篷结构板的水平投影面积的$\frac{1}{2}$计算。

3.15 有永久性顶盖的室外楼梯，应按照建筑物自然层的水平投影面积的$\frac{1}{2}$计算。

3.16 建筑物的阳台按照其水平投影面积的$\frac{1}{2}$计算。

3.17　有永久性顶盖无围护结构的车棚、货棚、站台等，应按照其顶盖水平投影面积的$\frac{1}{2}$计算。

3.18　高低联跨的建筑物，应以高跨结构外边线分界分别计算建筑面积；其高低跨内部连通时，其变形缝应计算在低跨面积内。

3.19　以幕墙作为围护结构的建筑物，应按照幕墙外边线计算建筑面积。

3.20　建筑物外墙外侧有保温隔热层的，应按照保温隔热层外边线计算建筑面积。

3.21　建筑物内的变形缝，应按照其自然层合并在建筑物面积内计算。

3.22　天桥面积不分高度按照天桥水平长度计算。

4　不应计算建筑面积的项目

4.1　建筑物通道。

4.2　建筑物内分隔的单层房间。

4.3　建筑物内操作平台、上料平台、安装箱或罐体平台。

4.4　勒脚、附墙柱、垛、台阶、墙面抹灰、装饰面、镶贴块料面层、装饰性幕墙、空调机外机搁板（箱）、构件、配件、宽度在2.10m及以内的雨篷。

4.5　无永久性顶盖的架空走廊、室外楼梯；用于检修、消防的室外钢楼梯、爬梯。

4.6　室外沟道、油池、水池、井、设备基础、箱罐基础。

4.7　水渠、截洪沟。

4.8　A排外构支架、防火墙、开关场构支架。

4.9　围墙、地坪、道路、支架、挡土墙、绿化等。

附录B　电力建设工程建筑体积计算规则

说　明

1　规则说明

1.1　为规范电力建设工程建筑体积的计算，统一计算方法，制定本规则。

1.2　本规则适用于新建、扩建、改建的电力工程建筑体积的计算。

1.3　建筑体积计算应遵循科学、合理的原则。

1.4　建筑体积计算除应遵循本规则，尚应符合国家现行的有关标准规范的规定。

2　本规则中的术语

2.1　层高

上下两层楼面或楼面与地面之间的垂直距离。

2.2　自然层

按照楼板、地板结构分层的楼层。

2.3　架空层

建筑物深基础或坡地建筑吊脚架空部位不回填土石方形成的建筑空间。

2.4　走廊

建筑物的水平交通空间。

2.5　挑廊

挑出建筑物外墙的水平空间。

2.6　檐廊

设置在建筑物底层出檐下的水平交通空间。

2.7　回廊

在建筑物门厅、大厅内设置二层或二层以上的回形走廊。

2.8　门斗

在建筑物出入口设置的起分隔、挡风、御寒等作用的建筑过渡空间。

2.9　建筑物通道

由于交通等原因穿过建筑物，在建筑物内形成的建筑空间。

2.10　架空走廊

建筑物与建筑物之间，在二层或二层以上专门为水平交通设置的走廊。

2.11　勒脚

建筑物外墙与室外地面或散水接触部位墙体加厚的部分。

2.12　围护结构

围合建筑空间四周的墙体、门、窗等。

2.13　围护性幕墙

直接作为外墙起围护作用的幕墙。

2.14 装饰性幕墙

设置在建筑物墙体外起装饰作用的幕墙。

2.15 落地橱窗

突出外墙面坐落在地面上的橱窗。

2.16 阳台

突出或凹进外墙供使用者进行活动的建筑空间。

2.17 眺望间

设置在建筑物顶层或挑出房间的供人们远眺或观察周围情况的建筑空间。

2.18 雨篷

设置在建筑物进出口上部的遮雨、遮阳篷。

2.19 地下室

房间地面低于室外地坪面的高度超过该房间净高的$\frac{1}{2}$的建筑空间。

2.20 半地下室

房间地面低于室外地坪面的高度超过该房间净高的$\frac{1}{2}$，且不超过$\frac{1}{2}$的建筑空间。

2.21 变形缝

伸缩缝（温度缝）、沉降缝和抗震缝的总称。

2.22 永久性顶盖

经规划批准设计的永久使用的顶盖。

2.23　天桥

建筑物与建筑物之间，利用支架（柱）架空的水平交通廊道。

2.24　建筑

临时建筑与永久建筑的统称；建筑物与构筑物的统称。

2.25　建筑高度

建筑物室外地坪至其檐口或屋面面层的垂直距离。

2.26　建筑物高度

建筑物高度泛指建筑物整体高度、或部位高度、或部件高度。是指建筑物上某标高相对室内地面、或相对室外地坪、或相对指定标高间的垂直距离。

3　计算建筑体积的规定

3.1　单层建筑物的建筑体积，应按照其外墙勒脚以上结构外围水平面积乘以建筑物高度计算，不同高度建筑物应分别计算。高低联跨的建筑物，应以高跨结构外边线分界分别计算建筑体积；其高低跨内部连通时，其变形缝应计算在低跨体积内。

结构找坡或建筑找坡的平屋面、单坡或双坡或四坡的坡屋面单层建筑物高度从其室内地面计算至屋面面层间的平均标高。女儿墙、挑檐、屋顶架空隔热层不计算建筑物高度。

3.2　多层建筑物首层应按照其外墙勒脚以上结构外围水平面积乘以首层建筑物高度计算，首层建筑物高度从室内地面计算至二层楼板建筑顶面；二层及以上楼层应按照其外墙结构外围水平面积乘以二层及以上楼层建筑物高度计算，二层及以上楼层建筑物高度从其室内地面计算至上层楼板建筑顶面；顶层应按照其外墙结构外围水平面积乘以顶层建筑物高度计算，顶层建筑物高度从室内地面计算至屋面面层间的平均标高。女儿墙、挑檐、屋顶架空隔热层不计算建筑物高度。

3.3　突出主体建筑屋顶有维护结构的电梯间、楼梯间、水箱间、提物间、通风间等按照顶层建筑物计算建筑体积。无围护结构的应按照其体积的 $\frac{1}{2}$ 计算。

3.4　地下室、半地下室、有永久性顶盖的出入口，应按照其外墙上口（不包括采光井、外墙防潮层及其保护墙）外边线所围水平面积乘以建筑物高度计算。地下室、半地下室建筑物高度从其底板结构底标高计算至首层建筑地面；有永久性顶盖的出入口建筑物高度从其底板结构底标高计算至出口顶板建筑顶面。独立的电梯坑、提物间坑不计算建筑体积。

3.5　坡地吊脚架空层、深基础架空层，设计加以利用并有围护结构的部位按照其结构外围水平面积乘以建筑物高度计算。坡地吊脚架空层、深基础架空层建筑物高度从其底板结构底标高计算至首层建筑地面；设计加以利用、无围护结构的坡地吊脚架空层、深基础架空层，应按照其利用部位体积的 $\frac{1}{2}$ 计算；设计不利用的深基础架空层、坡地吊脚架空层的空间不应计算建筑体积。

3.6　建筑物间有围护结构的架空走廊，应按其围护结构外围水平面积乘以建筑物高度计算。架空走廊建筑物高度从走廊底板结构底标高计算至走廊顶板建筑顶标高。有永久性顶盖无围护结构的应按照其体积的 $\frac{1}{2}$ 计算。

3.7　建筑物外有围护结构的落地橱窗、门斗、挑廊、走廊、檐廊，应按照其围护结构外围体积计算。有永久性顶盖无围护结构的应按照其体积的$\frac{1}{2}$计算。

3.8 建筑物内的楼梯间、电梯井、观光电梯井、提物井、管道井、电缆竖井、通风排气竖井、垃圾道、附墙烟囱应计算建筑体积，并入建筑物体积内。

3.9 有永久性顶盖的室外楼梯，应按照楼梯结构水平投影面积$\frac{1}{2}$乘以建筑物高度计算。室外楼梯建筑物高度从室外地坪标高计算至永久性顶盖建筑顶面。

3.10 建筑物的阳台按照其水平投影面积的$\frac{1}{2}$乘以建筑物高度计算。阳台建筑物高度从阳台地面底板结构底标高计算至阳台顶板建筑顶面或上一层阳台地面建筑顶面。

3.11 有柱雨篷按照其水平投影面积的$\frac{1}{2}$乘以建筑物高度计算。雨篷建筑物高度从雨篷地面标高（台阶上平台标高）计算至雨篷板建筑顶面。

3.12 有永久性顶盖无围护结构的车棚、货棚、站台等，应按照其顶盖水平投影面积的$\frac{1}{2}$乘以建筑物高度计算。车棚、货棚、站台等建筑物高度从其地坪标高计算至车棚、货棚、站台等顶板建筑顶面平均标高。

3.13 以幕墙作为围护结构的建筑物，应按照幕墙外边线计算建筑体积。

3.14 建筑物外墙外侧有保温隔热层的，应按照保温隔热层外边线计算建筑体积。

3.15 建筑物内的变形缝计算体积，合并在建筑物体积内。

3.16　天桥体积按照结构外轮廓尺寸计算，长度按照水平长计算，天桥建筑物高度从天桥底板结构底标高计算至天桥顶板建筑顶面。

4　不应计算建筑体积的项目

4.1　建筑物通道。

4.2　勒脚、附墙柱、垛、台阶、墙面抹灰、装饰面、镶贴块料面层、装饰性幕墙、空调机外机搁板（箱）。

4.3　无柱雨篷。

4.4　无永久性顶盖的架空走廊、室外楼梯和用于检修、消防等的室外钢楼梯、爬梯。

4.5　室外沟道、油池、水池、井、设备基础、箱罐基础。

4.6　水渠、截洪沟。

4.7　A 排外构支架、防火墙、开关场构支架。

4.8　围墙、地坪、道路、支架、挡土墙、护坡、护岸、绿化等。

附录C 材料取定表

材料取定表

编号	组合材料名称	单位	组合比例
1	圆钢ϕ10以内	t	Ⅰ级ϕ6 25%，Ⅰ级ϕ8 35%，Ⅰ级ϕ10 30%，Ⅱ级ϕ12 10%
2	圆钢ϕ10以外	t	Ⅰ级ϕ12 15%，Ⅱ级ϕ16 15%，Ⅱ级ϕ20 20%
			Ⅱ级ϕ25 25%，Ⅱ级ϕ28 10%，Ⅲ级ϕ25 15%
3	薄钢板	t	热轧厚0.5 15%，热轧厚1.2 35%，热轧厚2 25%，热轧厚3.5 25%
4	中厚钢板	t	热轧厚5 12%，热轧厚10 20%，热轧厚20 25%，热轧厚30 25%，Q345结构厚50 18%
5	花纹钢板	t	厚5
6	镀锌薄钢板	t	厚0.5 25%，厚1 25%，厚1.2 25%，厚2 25%
7	扁钢	t	热轧3×25 50%，热轧5×50 50%
8	角钢	t	热轧等边50×5 30%，热轧等边63×5 30% 热轧等边75×8 20%，热轧等边110×12 20%
9	工字钢	t	热轧#12 20%，热轧#18 30% 热轧#24 30%，热轧#32 20%

续表

编号	组合材料名称	单位	组 合 比 例
10	槽钢	t	热轧#6 15%，热轧#8 25%，热轧#12 20% 热轧#20 20%，热轧#24 20%
11	镀锌成品铁件	t	水泥杆钢抱箍、水泥杆柱头连接铁件
12	钢支撑	t	钢支撑 90%，连接扣件 10%，回库维修计算在推销量内
13	通用钢模板	t	钢模板 70%，卡具配件 30%，回库维修计算在推销量内
14	木模板	m^3	包括模板、支撑。白松二等板材 50%，落叶松板材 50%
15	复合木模板	m^2	包括模板、支撑。竹胶板 46%，细木工板 12mm46%，白松二等板材 8%
16	水泥 32.5	t	普通硅酸盐水泥散装 40%，矿渣硅酸盐水泥散装 60%
17	水泥 42.5	t	普通硅酸盐水泥散装 40%，矿渣硅酸盐水泥散装 60%
18	水泥 52.5	t	普通硅酸盐水泥袋装 100%
19	混凝土离心杆	m^3	ϕ300×4.5m 0.13 根；ϕ300×9m 0.4 根；ϕ400×4.5m 0.62 根；ϕ400×6m 0.47 根

附录D 混凝土制备

说　明

1．混凝土制备费用中包括混凝土材料费、制备所需的人工费、制备所需的机械费、制备所需的辅助材料费、搅拌地至地面操作点水平运输费、混凝土制备材料损耗费、混凝土搅拌与水平运输损耗费。

2．定额中混凝土配合比仅供编制预算时确定材料用量，同标号、同骨料、同粒径混凝土工程实际配比与定额配比不同时，不做调整。

3．混凝土配合比材料用量以凝固的密实体积计算，包括混凝土配合比材料用量、搅拌混凝土原材料损耗量、混凝土搅拌损耗量、混凝土由搅拌地至地面操作点水平运输损耗量。

4．混凝土配合比表中碎石规格指最大粒径。中砂用量以干砂（含水率为零）计算。砂的膨胀系数和过筛损耗已包括在定额中。

5．混凝土配合比中不包括外加剂，泵送混凝土配合比中包括高效减水剂与泵送剂。

D-1 现浇混凝土制备表—现场搅拌机搅拌 单位：m^3

材料编号			4000001	4000002	4000003	4000004	4000005
项目			碎石最大粒径 10mm				
			C20	C25	C30	C35	C40
材料基价（元）			**263.34**	**285.13**	**295.75**	**318.35**	**338.6**
人工费（元）			12.51	12.51	12.51	12.51	12.51
材料费（元）			233.19	254.98	265.60	288.20	308.45
机械费（元）			17.64	17.64	17.64	17.64	17.64
名称		单位	数量				
人工	普通工	工日	0.2163	0.2163	0.2163	0.2163	0.2163
	建筑技术工	工日	0.0927	0.0927	0.0927	0.0927	0.0927
材料	普通硅酸盐水泥 32.5	t	0.3970	0.4650			
	普通硅酸盐水泥 42.5	t			0.4110	0.4650	0.5150
	中砂	m^3	0.5000	0.4700	0.4600	0.4600	0.4500
	碎石 10	m^3	0.8600	0.8500	0.8600	0.8500	0.8400
	水	t	0.4000	0.4000	0.4000	0.4000	0.4000
机械	机动翻斗车 1t	台班	0.0800	0.0800	0.0800	0.0800	0.0800
	滚筒式混凝土搅拌机 400L	台班	0.0620	0.0620	0.0620	0.0620	0.0620

续表

单位：m^3

材 料 编 号			4000006	4000007	4000008	4000009	4000010
项 目			碎石最大粒径 20mm				
			C15	C20	C25	C30	C35
材料基价（元）			**237.67**	**247.2**	**262.37**	**301.07**	**314.42**
人 工 费（元）			12.51	12.51	12.51	12.51	12.51
材 料 费（元）			207.52	217.05	232.22	270.92	284.27
机 械 费（元）			17.64	17.64	17.64	17.64	17.64
名 称		单位	数 量				
人工	普通工	工日	0.2163	0.2163	0.2163	0.2163	0.2163
	建筑技术工	工日	0.0927	0.0927	0.0927	0.0927	0.0927
材料	普通硅酸盐水泥 32.5	t	0.3110	0.3430	0.3890		
	普通硅酸盐水泥 42.5	t				0.4160	0.4500
	中砂	m^3	0.5600	0.5400	0.5300	0.5100	0.5000
	碎石 20	m^3	0.8800	0.8700	0.8600	0.8600	0.8500
	水	t	0.4000	0.4000	0.4000	0.4000	0.4000
机械	机动翻斗车 1t	台班	0.0800	0.0800	0.0800	0.0800	0.0800
	滚筒式混凝土搅拌机 400L	台班	0.0620	0.0620	0.0620	0.0620	0.0620

续表

单位：m^3

材料编号			4000011	4000012	4000013	4000014	4000015
项目			碎石最大粒径 20mm				
			C40	C45	C50	C55	C60
材料基价（元）			**335.51**	**349.68**	**370.88**	**389.23**	**402.4**
人工费（元）			12.51	12.51	12.51	12.51	12.51
材料费（元）			305.36	319.53	340.73	359.08	372.25
机械费（元）			17.64	17.64	17.64	17.64	17.64
名称		单位	数量				
人工	普通工	工日	0.2163	0.2163	0.2163	0.2163	0.2163
	建筑技术工	工日	0.0927	0.0927	0.0927	0.0927	0.0927
材料	普通硅酸盐水泥 42.5	t	0.5050	0.5410			
	普通硅酸盐水泥 52.5	t			0.5410	0.5800	0.6080
	中砂	m^3	0.4800	0.4800	0.4800	0.4800	0.4800
	碎石 20	m^3	0.8300	0.8100	0.8100	0.8100	0.8100
	水	t	0.4000	0.4000	0.4000	0.4000	0.4000
机械	机动翻斗车 1t	台班	0.0800	0.0800	0.0800	0.0800	0.0800
	滚筒式混凝土搅拌机 400L	台班	0.0620	0.0620	0.0620	0.0620	0.0620

续表

单位：m^3

材料编号			4000016	4000017	4000018	4000019	4000020	4000021
项目			碎石最大粒径 40mm					
			C10	C15	C20	C25	C30	C35
材料基价（元）			**215.54**	**226.05**	**240.44**	**253.15**	**288.13**	**300.19**
人工费（元）			12.51	12.51	12.51	12.51	12.51	12.51
材料费（元）			185.39	195.90	210.29	223.00	257.98	270.04
机械费（元）			17.64	17.64	17.64	17.64	17.64	17.64
名称		单位	数量					
人工	普通工	工日	0.2163	0.2163	0.2163	0.2163	0.2163	0.2163
	建筑技术工	工日	0.0927	0.0927	0.0927	0.0927	0.0927	0.0927
材料	普通硅酸盐水泥 32.5	t	0.2380	0.2710	0.3220	0.3630		
	普通硅酸盐水泥 42.5	t					0.3860	0.4170
	中砂	m^3	0.5700	0.5600	0.5200	0.5100	0.5100	0.5000
	碎石 40	m^3	0.9300	0.9200	0.9000	0.8800	0.8600	0.8500
	水	t	0.4000	0.4000	0.4000	0.4000	0.4000	0.4000
机械	机动翻斗车 1t	台班	0.0800	0.0800	0.0800	0.0800	0.0800	0.0800
	滚筒式混凝土搅拌机 400L	台班	0.0620	0.0620	0.0620	0.0620	0.0620	0.0620

续表

单位：m^3

材料编号			4000022	4000023	4000024	4000025	4000026
项目			碎石最大粒径 40mm				
			C40	C45	C50	C55	C60
材料基价（元）			**319.33**	**328.95**	**350.04**	**365.56**	**380.62**
人工费（元）			12.51	12.51	12.51	12.51	12.51
材料费（元）			289.18	298.80	319.89	335.41	350.47
机械费（元）			17.64	17.64	17.64	17.64	17.64
名称		单位	数量				
人工	普通工	工日	0.2163	0.2163	0.2163	0.2163	0.2163
	建筑技术工	工日	0.0927	0.0927	0.0927	0.0927	0.0927
材料	普通硅酸盐水泥 42.5	t	0.4660	0.4900			
	普通硅酸盐水泥 52.5	t			0.4940	0.5270	0.5590
	中砂	m^3	0.4900	0.5000	0.5000	0.5000	0.5000
	碎石 40	m^3	0.8300	0.8100	0.8100	0.8100	0.8100
	水	t	0.4000	0.4000	0.4000	0.4000	0.4000
机械	机动翻斗车 1t	台班	0.0800	0.0800	0.0800	0.0800	0.0800
	滚筒式混凝土搅拌机 400L	台班	0.0620	0.0620	0.0620	0.0620	0.0620

D-2 预制混凝土制备表—现场搅拌机搅拌 单位：m^3

材料编号			4000027	4000028	4000029	4000030	4000031
项目			碎石最大粒径 20mm				
			C20	C25	C30	C35	C40
材料基价（元）			**241.14**	**251.99**	**281.35**	**301.84**	**322.95**
人工费（元）			12.51	12.51	12.51	12.51	12.51
材料费（元）			208.36	219.21	248.57	269.06	290.17
机械费（元）			20.27	20.27	20.27	20.27	20.27
名称		单位	数量				
人工	普通工	工日	0.2163	0.2163	0.2163	0.2163	0.2163
	建筑技术工	工日	0.0927	0.0927	0.0927	0.0927	0.0927
材料	普通硅酸盐水泥 32.5	t	0.3230	0.3530			
	普通硅酸盐水泥 42.5	t			0.3660	0.4150	0.4670
	中砂	m^3	0.5500	0.5300	0.5100	0.5000	0.4900
	碎石 20	m^3	0.8400	0.8600	0.8500	0.8500	0.8400
	水	t	0.3500	0.3500	0.3500	0.3500	0.3500
机械	机动翻斗车 1t	台班	0.1000	0.1000	0.1000	0.1000	0.1000
	滚筒式混凝土搅拌机 400L	台班	0.0620	0.0620	0.0620	0.0620	0.0620

续表

单位：m^3

材料编号			4000032	4000033	4000034	4000035	4000036
项目			碎石最大粒径 40mm				
			C20	C25	C30	C35	C40
材料基价（元）			**234.35**	**245.98**	**272.18**	**287.68**	**310.7**
人工费（元）			12.51	12.51	12.51	12.51	12.51
材料费（元）			204.20	215.83	242.03	257.53	280.55
机械费（元）			17.64	17.64	17.64	17.64	17.64
名称		单位	数量				
人工	普通工	工日	0.2163	0.2163	0.2163	0.2163	0.2163
	建筑技术工	工日	0.0927	0.0927	0.0927	0.0927	0.0927
材料	普通硅酸盐水泥 32.5	t	0.3050	0.3430			
	普通硅酸盐水泥 42.5	t			0.3490	0.3880	0.4460
	中砂	m^3	0.5200	0.5100	0.5100	0.5000	0.4900
	碎石 40	m^3	0.9000	0.8800	0.8600	0.8500	0.8300
	水	t	0.4000	0.4000	0.4000	0.4000	0.4000
机械	机动翻斗车 1t	台班	0.0800	0.0800	0.0800	0.0800	0.0800
	滚筒式混凝土搅拌机 400L	台班	0.0620	0.0620	0.0620	0.0620	0.0620

D-3 现浇水工混凝土制备表—现场搅拌机搅拌 单位：m^3

材料编号			4000037	4000038	4000039	4000040	4000041
项目			碎石最大粒径 20mm				
			C20	C25	C30	C35	C40
材料基价（元）			**249.43**	**279.99**	**305.61**	**326.64**	**341.69**
人工费（元）			12.51	12.51	12.51	12.51	12.51
材料费（元）			219.28	249.84	275.46	296.49	311.54
机械费（元）			17.64	17.64	17.64	17.64	17.64
名称		单位	数量				
人工	普通工	工日	0.2163	0.2163	0.2163	0.2163	0.2163
	建筑技术工	工日	0.0927	0.0927	0.0927	0.0927	0.0927
材料	普通硅酸盐水泥 32.5	t	0.3630				
	普通硅酸盐水泥 42.5	t		0.3710	0.4320		
	普通硅酸盐水泥 52.5	t				0.4410	0.4730
	中砂	m^3	0.5800	0.5800	0.5800	0.6100	0.6100
	碎石 20	m^3	0.7600	0.7700	0.7600	0.7300	0.7300
	水	t	0.4000	0.4000	0.4000	0.4000	0.4000
机械	机动翻斗车 1t	台班	0.0800	0.0800	0.0800	0.0800	0.0800
	滚筒式混凝土搅拌机 400L	台班	0.0620	0.0620	0.0620	0.0620	0.0620

续表

单位：m^3

材料编号			4000042	4000043	4000044	4000045	4000046
项目			碎石最大粒径 40mm				
			C20	C25	C30	C35	C40
材料基价（元）			**238.54**	**264.99**	**292.79**	**312.34**	**322.64**
人工费（元）			12.51	12.51	12.51	12.51	12.51
材料费（元）			208.39	234.84	262.64	282.19	292.49
机械费（元）			17.64	17.64	17.64	17.64	17.64
名称		单位	数量				
人工	普通工	工日	0.2163	0.2163	0.2163	0.2163	0.2163
	建筑技术工	工日	0.0927	0.0927	0.0927	0.0927	0.0927
材料	普通硅酸盐水泥 32.5	t	0.3340				
	普通硅酸盐水泥 42.5	t		0.3420	0.4050		
	普通硅酸盐水泥 52.5	t				0.4130	0.4350
	中砂	m^3	0.5400	0.5300	0.5400	0.5600	0.5700
	碎石 40	m^3	0.7900	0.7800	0.7800	0.7600	0.7500
	水	t	0.4000	0.4000	0.4000	0.4000	0.4000
机械	机动翻斗车 1t	台班	0.0800	0.0800	0.0800	0.0800	0.0800
	滚筒式混凝土搅拌机 400L	台班	0.0620	0.0620	0.0620	0.0620	0.0620

D-4

预制水工混凝土制备表—现场搅拌机搅拌

单位：m^3

材料编号			4000047	4000048	4000049	4000050	4000051
项目			碎石最大粒径 20mm				
			C20	C25	C30	C35	C40
材料基价（元）			**241.86**	**276.7**	**302.96**	**317.25**	**331.53**
人工费（元）			12.51	12.51	12.51	12.51	12.51
材料费（元）			211.71	246.55	272.81	287.10	301.38
机械费（元）			17.64	17.64	17.64	17.64	17.64
名称		单位	数量				
人工	普通工	工日	0.2163	0.2163	0.2163	0.2163	0.2163
	建筑技术工	工日	0.0927	0.0927	0.0927	0.0927	0.0927
材料	普通硅酸盐水泥 32.5	t	0.3430				
	普通硅酸盐水泥 42.5	t		0.3660	0.4270		
	普通硅酸盐水泥 52.5	t				0.4220	0.4510
	中砂	m^3	0.5200	0.5300	0.5400	0.5600	0.5700
	碎石 20	m^3	0.8100	0.8000	0.7900	0.7700	0.7700
	水	t	0.4000	0.4000	0.4000	0.4000	0.4000
机械	机动翻斗车 1t	台班	0.0800	0.0800	0.0800	0.0800	0.0800
	滚筒式混凝土搅拌机 400L	台班	0.0620	0.0620	0.0620	0.0620	0.0620

续表

单位：m^3

材料编号			4000052	4000053	4000054	4000055	4000056
项目			碎石最大粒径 40mm				
			C20	C25	C30	C35	C40
材料基价（元）			**228.45**	**255.12**	**274.91**	**292.63**	**318.03**
人工费（元）			12.51	12.51	12.51	12.51	12.51
材料费（元）			198.30	224.97	244.76	262.48	287.88
机械费（元）			17.64	17.64	17.64	17.64	17.64
名称		单位	数量				
人工	普通工	工日	0.2163	0.2163	0.2163	0.2163	0.2163
	建筑技术工	工日	0.0927	0.0927	0.0927	0.0927	0.0927
材料	普通硅酸盐水泥 32.5	t	0.3090				
	普通硅酸盐水泥 42.5	t		0.3190	0.3650		
	普通硅酸盐水泥 52.5	t				0.3710	0.4250
	中砂	m^3	0.4900	0.5200	0.5300	0.5500	0.5500
	碎石 40	m^3	0.8200	0.7900	0.7800	0.7700	0.7700
	水	t	0.4000	0.4000	0.4000	0.4000	0.4000
机械	机动翻斗车 1t	台班	0.0800	0.0800	0.0800	0.0800	0.0800
	滚筒式混凝土搅拌机 400L	台班	0.0620	0.0620	0.0620	0.0620	0.0620

D-5 现浇混凝土制备表—集中搅拌站搅拌 单位：m^3

材料编号			4000057	4000058	4000059	4000060	4000061
项目			碎石最大粒径 10mm				
			C20	C25	C30	C35	C40
材料基价（元）			**274.85**	**296.64**	**307.26**	**329.86**	**350.11**
人工费（元）			3.44	3.44	3.44	3.44	3.44
材料费（元）			233.19	254.98	265.60	288.20	308.45
机械费（元）			38.22	38.22	38.22	38.22	38.22
名称		单位	数量				
人工	普通工	工日	0.0222	0.0222	0.0222	0.0222	0.0222
	建筑技术工	工日	0.0518	0.0518	0.0518	0.0518	0.0518
材料	普通硅酸盐水泥 32.5	t	0.3970	0.4650			
	普通硅酸盐水泥 42.5	t			0.4110	0.4650	0.5150
	中砂	m^3	0.5000	0.4700	0.4600	0.4600	0.4500
	碎石 10	m^3	0.8600	0.8500	0.8600	0.8500	0.8400
	水	t	0.4000	0.4000	0.4000	0.4000	0.4000
机械	混凝土搅拌输送车 $6m^3$	台班	0.0170	0.0170	0.0170	0.0170	0.0170
	混凝土搅拌站 $50m^3/h$	台班	0.0070	0.0070	0.0070	0.0070	0.0070

续表

单位：m^3

材料编号			4000062	4000063	4000064	4000065	4000066
项目			碎石最大粒径20mm				
			C15	C20	C25	C30	C35
材料基价（元）			**249.18**	**258.71**	**273.88**	**312.58**	**325.93**
人工费（元）			3.44	3.44	3.44	3.44	3.44
材料费（元）			207.52	217.05	232.22	270.92	284.27
机械费（元）			38.22	38.22	38.22	38.22	38.22
名称		单位	数量				
人工	普通工	工日	0.0222	0.0222	0.0222	0.0222	0.0222
	建筑技术工	工日	0.0518	0.0518	0.0518	0.0518	0.0518
材料	普通硅酸盐水泥 32.5	t	0.3110	0.3430	0.3890		
	普通硅酸盐水泥 42.5	t				0.4160	0.4500
	中砂	m^3	0.5600	0.5400	0.5300	0.5100	0.5000
	碎石 20	m^3	0.8800	0.8700	0.8600	0.8600	0.8500
	水	t	0.4000	0.4000	0.4000	0.4000	0.4000
机械	混凝土搅拌输送车 $6m^3$	台班	0.0170	0.0170	0.0170	0.0170	0.0170
	混凝土搅拌站 $50m^3/h$	台班	0.0070	0.0070	0.0070	0.0070	0.0070

续表

单位：m^3

材料编号			4000067	4000068	4000069	4000070	4000071
项目			碎石最大粒径 20mm				
			C40	C45	C50	C55	C60
材料基价（元）			**347.02**	**361.19**	**382.39**	**400.74**	**413.91**
人工费（元）			3.44	3.44	3.44	3.44	3.44
材料费（元）			305.36	319.53	340.73	359.08	372.25
机械费（元）			38.22	38.22	38.22	38.22	38.22
名称		单位	数量				
人工	普通工	工日	0.0222	0.0222	0.0222	0.0222	0.0222
	建筑技术工	工日	0.0518	0.0518	0.0518	0.0518	0.0518
材料	普通硅酸盐水泥 42.5	t	0.5050	0.5410			
	普通硅酸盐水泥 52.5	t			0.5410	0.5800	0.6080
	中砂	m^3	0.4800	0.4800	0.4800	0.4800	0.4800
	碎石 20	m^3	0.8300	0.8100	0.8100	0.8100	0.8100
	水	t	0.4000	0.4000	0.4000	0.4000	0.4000
机械	混凝土搅拌输送车 $6m^3$	台班	0.0170	0.0170	0.0170	0.0170	0.0170
	混凝土搅拌站 $50m^3/h$	台班	0.0070	0.0070	0.0070	0.0070	0.0070

续表

单位：m^3

材料编号			4000072	4000073	4000074	4000075	4000076	4000077
项目			碎石最大粒径 40mm					
			C10	C15	C20	C25	C30	C35
材料基价（元）			**227.05**	**237.56**	**251.95**	**264.66**	**299.64**	**311.7**
人工费（元）			3.44	3.44	3.44	3.44	3.44	3.44
材料费（元）			185.39	195.90	210.29	223.00	257.98	270.04
机械费（元）			38.22	38.22	38.22	38.22	38.22	38.22
名称		单位	数量					
人工	普通工	工日	0.0222	0.0222	0.0222	0.0222	0.0222	0.0222
	建筑技术工	工日	0.0518	0.0518	0.0518	0.0518	0.0518	0.0518
材料	普通硅酸盐水泥 32.5	t	0.2380	0.2710	0.3220	0.3630		
	普通硅酸盐水泥 42.5	t					0.3860	0.4170
	中砂	m^3	0.5700	0.5600	0.5200	0.5100	0.5100	0.5000
	碎石 40	m^3	0.9300	0.9200	0.9000	0.8800	0.8600	0.8500
	水	t	0.4000	0.4000	0.4000	0.4000	0.4000	0.4000
机械	混凝土搅拌输送车 $6m^3$	台班	0.0170	0.0170	0.0170	0.0170	0.0170	0.0170
	混凝土搅拌站 $50m^3/h$	台班	0.0070	0.0070	0.0070	0.0070	0.0070	0.0070

续表

单位：m^3

材料编号			4000078	4000079	4000080	4000081	4000082
项目			碎石最大粒径 40mm				
			C40	C45	C50	C55	C60
材料基价（元）			**330.84**	**340.46**	**361.55**	**377.07**	**392.13**
人工费（元）			3.44	3.44	3.44	3.44	3.44
材料费（元）			289.18	298.80	319.89	335.41	350.47
机械费（元）			38.22	38.22	38.22	38.22	38.22
名称		单位	数量				
人工	普通工	工日	0.0222	0.0222	0.0222	0.0222	0.0222
	建筑技术工	工日	0.0518	0.0518	0.0518	0.0518	0.0518
材料	普通硅酸盐水泥 42.5	t	0.4660	0.4900			
	普通硅酸盐水泥 52.5	t			0.4940	0.5270	0.5590
	中砂	m^3	0.4900	0.5000	0.5000	0.5000	0.5000
	碎石 40	m^3	0.8300	0.8100	0.8100	0.8100	0.8100
	水	t	0.4000	0.4000	0.4000	0.4000	0.4000
机械	混凝土搅拌输送车 $6m^3$	台班	0.0170	0.0170	0.0170	0.0170	0.0170
	混凝土搅拌站 $50m^3/h$	台班	0.0070	0.0070	0.0070	0.0070	0.0070

D-6 预制混凝土制备表—集中搅拌站搅拌 单位：m^3

材料编号			4000083	4000084	4000085	4000086	4000087
项目			碎石最大粒径 20mm				
			C20	C25	C30	C35	C40
材料基价（元）			**250.02**	**260.87**	**290.23**	**310.72**	**331.83**
人工费（元）			3.44	3.44	3.44	3.44	3.44
材料费（元）			208.36	219.21	248.57	269.06	290.17
机械费（元）			38.22	38.22	38.22	38.22	38.22
名称		单位	数量				
人工	普通工	工日	0.0222	0.0222	0.0222	0.0222	0.0222
	建筑技术工	工日	0.0518	0.0518	0.0518	0.0518	0.0518
材料	普通硅酸盐水泥 32.5	t	0.3230	0.3530			
	普通硅酸盐水泥 42.5	t			0.3660	0.4150	0.4670
	中砂	m^3	0.5500	0.5300	0.5100	0.5000	0.4900
	碎石 20	m^3	0.8400	0.8600	0.8500	0.8500	0.8400
	水	t	0.3500	0.3500	0.3500	0.3500	0.3500
机械	混凝土搅拌输送车 $6m^3$	台班	0.0170	0.0170	0.0170	0.0170	0.0170
	混凝土搅拌站 $50m^3/h$	台班	0.0070	0.0070	0.0070	0.0070	0.0070

续表

单位：m^3

材料编号			4000088	4000089	4000090	4000091	4000092
项目			碎石最大粒径 40mm				
			C20	C25	C30	C35	C40
材料基价（元）			**245.86**	**257.49**	**283.69**	**299.19**	**322.21**
人工费（元）			3.44	3.44	3.44	3.44	3.44
材料费（元）			204.20	215.83	242.03	257.53	280.55
机械费（元）			38.22	38.22	38.22	38.22	38.22
名称		单位	数量				
人工	普通工	工日	0.0222	0.0222	0.0222	0.0222	0.0222
	建筑技术工	工日	0.0518	0.0518	0.0518	0.0518	0.0518
材料	普通硅酸盐水泥 32.5	t	0.3050	0.3430			
	普通硅酸盐水泥 42.5	t			0.3490	0.3880	0.4460
	中砂	m^3	0.5200	0.5100	0.5100	0.5000	0.4900
	碎石 40	m^3	0.9000	0.8800	0.8600	0.8500	0.8300
	水	t	0.4000	0.4000	0.4000	0.4000	0.4000
机械	混凝土搅拌输送车 $6m^3$	台班	0.0170	0.0170	0.0170	0.0170	0.0170
	混凝土搅拌站 $50m^3/h$	台班	0.0070	0.0070	0.0070	0.0070	0.0070

D-7

现浇水工混凝土制备表—集中搅拌站搅拌

单位：m^3

材 料 编 号			4000093	4000094	4000095	4000096	4000097
项 目			碎石最大粒径 20mm				
			C20	C25	C30	C35	C40
材 料 基 价（元）			**260.94**	**291.5**	**317.12**	**338.15**	**353.2**
人 工 费 （元）			3.44	3.44	3.44	3.44	3.44
材 料 费 （元）			219.28	249.84	275.46	296.49	311.54
机 械 费 （元）			38.22	38.22	38.22	38.22	38.22
名 称		单位	数 量				
人工	普通工	工日	0.0222	0.0222	0.0222	0.0222	0.0222
	建筑技术工	工日	0.0518	0.0518	0.0518	0.0518	0.0518
材料	普通硅酸盐水泥 32.5	t	0.3630				
	普通硅酸盐水泥 42.5	t		0.3710	0.4320		
	普通硅酸盐水泥 52.5	t				0.4410	0.4730
	中砂	m^3	0.5800	0.5800	0.5800	0.6100	0.6100
	碎石 20	m^3	0.7600	0.7700	0.7600	0.7300	0.7300
	水	t	0.4000	0.4000	0.4000	0.4000	0.4000
机械	混凝土搅拌输送车 $6m^3$	台班	0.0170	0.0170	0.0170	0.0170	0.0170
	混凝土搅拌站 $50m^3/h$	台班	0.0070	0.0070	0.0070	0.0070	0.0070

续表

单位：m^3

材料编号			4000098	4000099	4000100	4000101	4000102
项目			碎石最大粒径 40mm				
			C20	C25	C30	C35	C40
材料基价（元）			**250.05**	**276.5**	**304.3**	**323.85**	**334.15**
人工费（元）			3.44	3.44	3.44	3.44	3.44
材料费（元）			208.39	234.84	262.64	282.19	292.49
机械费（元）			38.22	38.22	38.22	38.22	38.22
名称		单位	数量				
人工	普通工	工日	0.0222	0.0222	0.0222	0.0222	0.0222
	建筑技术工	工日	0.0518	0.0518	0.0518	0.0518	0.0518
材料	普通硅酸盐水泥 32.5	t	0.3340				
	普通硅酸盐水泥 42.5	t		0.3420	0.4050		
	普通硅酸盐水泥 52.5	t				0.4130	0.4350
	中砂	m^3	0.5400	0.5300	0.5400	0.5600	0.5700
	碎石 40	m^3	0.7900	0.7800	0.7800	0.7600	0.7500
	水	t	0.4000	0.4000	0.4000	0.4000	0.4000
机械	混凝土搅拌输送车 $6m^3$	台班	0.0170	0.0170	0.0170	0.0170	0.0170
	混凝土搅拌站 $50m^3/h$	台班	0.0070	0.0070	0.0070	0.0070	0.0070

D-8

预制水工混凝土制备表—集中搅拌站搅拌

单位：m^3

材料编号			4000103	4000104	4000105	4000106	4000107
项目			碎石最大粒径 20mm				
			C20	C25	C30	C35	C40
材料基价（元）			**253.37**	**288.21**	**314.47**	**328.76**	**343.04**
人工费（元）			3.44	3.44	3.44	3.44	3.44
材料费（元）			211.71	246.55	272.81	287.10	301.38
机械费（元）			38.22	38.22	38.22	38.22	38.22
名称		单位	数量				
人工	普通工	工日	0.0222	0.0222	0.0222	0.0222	0.0222
	建筑技术工	工日	0.0518	0.0518	0.0518	0.0518	0.0518
材料	普通硅酸盐水泥 32.5	t	0.3430				
	普通硅酸盐水泥 42.5	t		0.3660	0.4270		
	普通硅酸盐水泥 52.5	t				0.4220	0.4510
	中砂	m^3	0.5200	0.5300	0.5400	0.5600	0.5700
	碎石 20	m^3	0.8100	0.8000	0.7900	0.7700	0.7700
	水	t	0.4000	0.4000	0.4000	0.4000	0.4000
机械	混凝土搅拌输送车 $6m^3$	台班	0.0170	0.0170	0.0170	0.0170	0.0170
	混凝土搅拌站 $50m^3/h$	台班	0.0070	0.0070	0.0070	0.0070	0.0070

续表

单位：m^3

材料编号			4000108	4000109	4000110	4000111	4000112
项目			碎石最大粒径 40mm				
			C20	C25	C30	C35	C40
材料基价（元）			**239.96**	**266.63**	**286.42**	**304.14**	**329.54**
人工费（元）			3.44	3.44	3.44	3.44	3.44
材料费（元）			198.30	224.97	244.76	262.48	287.88
机械费（元）			38.22	38.22	38.22	38.22	38.22
名称		单位	数量				
人工	普通工	工日	0.0222	0.0222	0.0222	0.0222	0.0222
	建筑技术工	工日	0.0518	0.0518	0.0518	0.0518	0.0518
材料	普通硅酸盐水泥 32.5	t	0.3090				
	普通硅酸盐水泥 42.5	t		0.3190	0.3650		
	普通硅酸盐水泥 52.5	t				0.3710	0.4250
	中砂	m^3	0.4900	0.5200	0.5300	0.5500	0.5500
	碎石 40	m^3	0.8200	0.7900	0.7800	0.7700	0.7700
	水	t	0.4000	0.4000	0.4000	0.4000	0.4000
机械	混凝土搅拌输送车 $6m^3$	台班	0.0170	0.0170	0.0170	0.0170	0.0170
	混凝土搅拌站 $50m^3/h$	台班	0.0070	0.0070	0.0070	0.0070	0.0070

D-9 　　　　　　　　　　泵送混凝土制备表　　　　　　　　　　单位：m^3

材 料 编 号			4000113	4000114	4000115	4000116	4000117
项 目			碎石最大粒径 20mm				
			C15	C20	C25	C30	C35
材料基价（元）			**265.76**	**277.68**	**296.63**	**339.14**	**354.78**
人 工 费 （元）			3.44	3.44	3.44	3.44	3.44
材 料 费 （元）			225.61	237.53	256.48	298.99	314.63
机 械 费 （元）			36.71	36.71	36.71	36.71	36.71
名 称		单位	数 量				
人工	普通工	工日	0.0222	0.0222	0.0222	0.0222	0.0222
	建筑技术工	工日	0.0518	0.0518	0.0518	0.0518	0.0518
材料	普通硅酸盐水泥 32.5	t	0.3360	0.3700	0.4210		
	普通硅酸盐水泥 42.5	t				0.4500	0.4860
	中砂	m^3	0.6400	0.6310	0.6220	0.6000	0.5800
	碎石 20	m^3	0.7460	0.7310	0.7200	0.7150	0.7150
	高效减水剂	kg	1.6800	1.8500	2.1100	2.2500	2.4300
	泵送剂（液体）	kg	2.3500	2.5900	2.9500	3.1500	3.4000
	水	t	0.5000	0.5000	0.5000	0.5000	0.5000
机械	混凝土搅拌输送车 $6m^3$	台班	0.0160	0.0160	0.0160	0.0160	0.0160
	混凝土搅拌站 $50m^3/h$	台班	0.0070	0.0070	0.0070	0.0070	0.0070

续表

单位：m^3

材料编号			4000118	4000119	4000120	4000121	4000122
项目			碎石最大粒径 20mm				
			C40	C45	C50	C55	C60
材料基价（元）			**382**	**400.22**	**421.72**	**442.08**	**458.35**
人工费（元）			3.44	3.44	3.44	3.44	3.44
材料费（元）			341.85	360.07	381.57	401.93	418.20
机械费（元）			36.71	36.71	36.71	36.71	36.71
名称		单位	数量				
人工	普通工	工日	0.0222	0.0222	0.0222	0.0222	0.0222
	建筑技术工	工日	0.0518	0.0518	0.0518	0.0518	0.0518
材料	普通硅酸盐水泥 42.5	t	0.5460	0.5850			
	普通硅酸盐水泥 52.5	t			0.5850	0.6250	0.6570
	中砂	m^3	0.5680	0.5680	0.5560	0.5560	0.5560
	碎石 20	m^3	0.7120	0.7100	0.7000	0.7000	0.7000
	高效减水剂	kg	2.7300	2.9300	2.9300	3.1300	3.2900
	泵送剂（液体）	kg	3.8200	4.1000	4.1000	4.3800	4.6000
	水	t	0.5000	0.5000	0.5000	0.5000	0.5000
机械	混凝土搅拌输送车 $6m^3$	台班	0.0160	0.0160	0.0160	0.0160	0.0160
	混凝土搅拌站 $50m^3/h$	台班	0.0070	0.0070	0.0070	0.0070	0.0070

续表

单位：m^3

材料编号			4000123	4000124	4000125	4000126	4000127	4000128
项目			碎石最大粒径 40mm					
			C10	C15	C20	C25	C30	C35
材料基价（元）			**238**	**248.1**	**267.56**	**284.7**	**324.63**	**340.1**
人工费（元）			3.44	3.44	3.44	3.44	3.44	3.44
材料费（元）			197.85	207.95	227.41	244.55	284.48	299.95
机械费（元）			36.71	36.71	36.71	36.71	36.71	36.71
名称		单位	数量					
人工	普通工	工日	0.0222	0.0222	0.0222	0.0222	0.0222	0.0222
	建筑技术工	工日	0.0518	0.0518	0.0518	0.0518	0.0518	0.0518
材料	普通硅酸盐水泥 32.5	t	0.2570	0.2930	0.3480	0.3920		
	普通硅酸盐水泥 42.5	t					0.4170	0.4510
	中砂	m^3	0.6600	0.6260	0.6100	0.6160	0.6100	0.6020
	碎石 40	m^3	0.7800	0.7500	0.7300	0.7200	0.7200	0.7200
	高效减水剂	kg	1.2900	1.4700	1.7400	1.9600	2.0900	2.2600
	泵送剂（液体）	kg	1.8000	2.0500	2.4400	2.7400	2.9200	3.1600
	水	t	0.5000	0.5000	0.5000	0.5000	0.5000	0.5000
机械	混凝土搅拌输送车 $6m^3$	台班	0.0160	0.0160	0.0160	0.0160	0.0160	0.0160
	混凝土搅拌站 $50m^3/h$	台班	0.0070	0.0070	0.0070	0.0070	0.0070	0.0070

续表

单位：m^3

材料编号			4000129	4000130	4000131	4000132	4000133
项目			碎石最大粒径 40mm				
			C40	C45	C50	C55	C60
材料基价（元）			**362.44**	**373.54**	**396.62**	**414.43**	**432.25**
人工费（元）			3.44	3.44	3.44	3.44	3.44
材料费（元）			322.29	333.39	356.47	374.28	392.10
机械费（元）			36.71	36.71	36.71	36.71	36.71
名称		单位	数量				
人工	普通工	工日	0.0222	0.0222	0.0222	0.0222	0.0222
	建筑技术工	工日	0.0518	0.0518	0.0518	0.0518	0.0518
材料	普通硅酸盐水泥 42.5	t	0.5030	0.5290			
	普通硅酸盐水泥 52.5	t			0.5340	0.5690	0.6040
	中砂	m^3	0.5800	0.5700	0.5700	0.5700	0.5700
	碎石 40	m^3	0.7100	0.7030	0.7000	0.7000	0.7000
	高效减水剂	kg	2.5200	2.6500	2.6700	2.8500	3.0200
	泵送剂（液体）	kg	3.5200	3.7000	3.7400	3.9800	4.2300
	水	t	0.5000	0.5000	0.5000	0.5000	0.5000
机械	混凝土搅拌输送车 $6m^3$	台班	0.0160	0.0160	0.0160	0.0160	0.0160
	混凝土搅拌站 $50m^3/h$	台班	0.0070	0.0070	0.0070	0.0070	0.0070

附录E 砂浆制备表

说　　明

1．砂浆制备费用中包括砂浆材料费、制备所需的人工费、制备所需的机械费、制备所需的辅助材料费、搅拌地至地面操作点水平运输费、砂浆制备材料损耗费、砂浆搅拌与水平运输损耗费。

2．定额中砂浆配合比仅供编制预算时确定材料用量。同标号、同种类砂浆工程实际配比与定额配比不同时，不做调整。

3．砂浆配合比材料用量以凝固、固化的密实体积计算，包括砂浆配合比材料用量、搅拌砂浆原材料损耗量、砂浆搅拌损耗量、砂浆由搅拌地至地面操作点水平运输损耗量。

4．砂浆配合比表中砂的用量以干砂（含水率为零）计算。砂的膨胀系数和过筛损耗已包括在定额中。

5．石灰膏按照成品考虑，现场进行生石灰熟化时，发生的费用不做调整。

E-1

砌筑砂浆制备表

单位：m^3

材 料 编 号			4200001	4200002	4200003	4200004	4200005
项 目			混合砂浆				
			M10	M7.5	M5	M2.5	M1
材 料 基 价（元）			**220.16**	**206.81**	**193.77**	**168.82**	**150.72**
人 工 费 （元）			12.87	12.87	12.87	12.87	12.87
材 料 费 （元）			196.09	182.74	169.70	144.75	126.65
机 械 费 （元）			11.20	11.20	11.20	11.20	11.20
名 称		单位	数 量				
人工	普通工	工日	0.2640	0.2640	0.2640	0.2640	0.2640
	建筑技术工	工日	0.0660	0.0660	0.0660	0.0660	0.0660
材料	普通硅酸盐水泥 32.5	t	0.3150	0.2560	0.2050	0.1170	0.0500
	中砂	m^3	1.1200	1.1200	1.1200	1.1200	1.1200
	石灰膏	m^3	0.0850	0.1430	0.1820	0.2310	0.2750
	水	t	0.4000	0.4000	0.4000	0.4000	0.4000
机械	灰浆搅拌机 200L	台班	0.1370	0.1370	0.1370	0.1370	0.1370

续表

单位：m^3

材料编号			4200006	4200007	4200008	4200009	4200010
项目			水泥砂浆				
			M15	M10	M7.5	M5	M2.5
材料基价（元）			**255.34**	**215.92**	**193.34**	**176.14**	**148.18**
人工费（元）			12.87	12.87	12.87	12.87	12.87
材料费（元）			231.27	191.85	169.27	152.07	124.11
机械费（元）			11.20	11.20	11.20	11.20	11.20
名称		单位	数量				
人工	普通工	工日	0.2640	0.2640	0.2640	0.2640	0.2640
	建筑技术工	工日	0.0660	0.0660	0.0660	0.0660	0.0660
材料	普通硅酸盐水泥 32.5	t	0.4410	0.3310	0.2680	0.2200	0.1420
	中砂	m^3	1.1500	1.1500	1.1500	1.1500	1.1500
	水	t	0.2000	0.2000	0.2000	0.2000	0.2000
机械	灰浆搅拌机 200L	台班	0.1370	0.1370	0.1370	0.1370	0.1370

E-2

抹灰砂浆制备表

单位：m^3

材　料　编　号			4200011	4200012	4200013	4200014	4200015	4200016	4200017
项　　目			混合砂浆						
			1:1:2	1:1:4	1:1:6	1:2:1	1:2:8	1:3:9	1:1:1
材 料 基 价（元）			**251.53**	**222.48**	**194.15**	**243.42**	**181.99**	**183.99**	**272.33**
人　工　费（元）			12.87	12.87	12.87	12.87	12.87	12.87	12.87
材　料　费（元）			227.46	198.41	170.08	219.35	157.92	159.92	248.26
机　械　费（元）			11.20	11.20	11.20	11.20	11.20	11.20	11.20
名　称		单位	数　　量						
人工	普通工	工日	0.2640	0.2640	0.2640	0.2640	0.2640	0.2640	0.2640
	建筑技术工	工日	0.0660	0.0660	0.0660	0.0660	0.0660	0.0660	0.0660
材料	普通硅酸盐水泥 32.5	t	0.3820	0.2780	0.2040	0.3400	0.1510	0.1300	0.4650
	中砂	m^3	0.7300	1.0300	1.1500	0.3300	1.1200	1.0900	0.4400
	石灰膏	m^3	0.3200	0.2400	0.1700	0.5600	0.2350	0.3200	0.3900
	水	t	0.6000	0.6000	0.6000	0.6000	0.6000	0.6000	0.6000
机械	灰浆搅拌机 200L	台班	0.1370	0.1370	0.1370	0.1370	0.1370	0.1370	0.1370

续表

单位：m^3

材料编号			4200018	4200019	4200020	4200021	4200022	4200023	4200024
项目			混合砂浆						
			1:0.5:1	1:0.5:2	1:0.5:3	1:0.5:4	1:0.5:5	1:0.3:3	1:0.2:2
材料基价（元）			**297.13**	**267.09**	**243.72**	**225.33**	**202.49**	**247.88**	**279.07**
人工费（元）			12.87	12.87	12.87	12.87	12.87	12.87	12.87
材料费（元）			273.06	243.02	219.65	201.26	178.42	223.81	255.00
机械费（元）			11.20	11.20	11.20	11.20	11.20	11.20	11.20
名称		单位	数量						
人工	普通工	工日	0.2640	0.2640	0.2640	0.2640	0.2640	0.2640	0.2640
	建筑技术工	工日	0.0660	0.0660	0.0660	0.0660	0.0660	0.0660	0.0660
材料	普通硅酸盐水泥 32.5	t	0.5830	0.4530	0.3710	0.3060	0.2480	0.3890	0.5100
	中砂	m^3	0.4800	0.8500	1.0300	1.1500	1.1600	1.1000	0.9500
	石灰膏	m^3	0.2410	0.1900	0.1500	0.1300	0.1100	0.1000	0.0800
	水	t	0.6000	0.6000	0.6000	0.6000	0.6000	0.6000	0.6000
机械	灰浆搅拌机 200L	台班	0.1370	0.1370	0.1370	0.1370	0.1370	0.1370	0.1370

续表

单位：m^3

材料编号			4200025	4200026	4200027	4200028	4200029
项目			水泥砂浆				
			1:1	1:1.5	1:2	1:2.5	1:3
材料基价（元）			**348.91**	**320.03**	**290.81**	**271.23**	**253.87**
人工费（元）			12.87	12.87	12.87	12.87	12.87
材料费（元）			324.84	295.96	266.74	247.16	229.80
机械费（元）			11.20	11.20	11.20	11.20	11.20
名称		单位	数量				
人工	普通工	工日	0.2640	0.2640	0.2640	0.2640	0.2640
	建筑技术工	工日	0.0660	0.0660	0.0660	0.0660	0.0660
材料	普通硅酸盐水泥 32.5	t	0.7650	0.6650	0.5570	0.4900	0.4080
	中砂	m^3	0.7900	0.9000	1.0500	1.1200	1.3100
	水	t	0.3000	0.3000	0.3000	0.3000	0.3000
机械	灰浆搅拌机 200L	台班	0.1370	0.1370	0.1370	0.1370	0.1370

续表

单位：m^3

材料编号			4200030	4200031	4200032	4200033
项目			水泥防水砂浆			
			1:1	1:2	1:2.5	1:3
材料基价（元）			**394.55**	**321.23**	**297.31**	**276.4**
人工费（元）			12.87	12.87	12.87	12.87
材料费（元）			370.48	297.16	273.24	252.33
机械费（元）			11.20	11.20	11.20	11.20
名称		单位	数量			
人工	普通工	工日	0.2640	0.2640	0.2640	0.2640
	建筑技术工	工日	0.0660	0.0660	0.0660	0.0660
材料	普通硅酸盐水泥 32.5	t	0.7650	0.5570	0.4900	0.4080
	中砂	m^3	0.7900	1.0500	1.1200	1.3100
	防水粉	kg	40.7500	27.1600	23.2800	20.1200
	水	t	0.3000	0.3000	0.3000	0.3000
机械	灰浆搅拌机 200L	台班	0.1370	0.1370	0.1370	0.1370

续表

单位：m^3

材料编号			4200034	4200035	4200036	4200037	4200038	4200039
项目			石灰砂浆			麻刀纸筋浆		
			1:2	1:2.5	1:3	麻刀石灰浆	水泥石灰麻刀浆	石膏纸筋浆
材料基价（元）			**151.07**	**145.62**	**141.51**	**226.34**	**177.25**	**160.93**
人工费（元）			12.87	12.87	12.87	12.87	12.87	12.87
材料费（元）			127.00	121.55	117.44	202.27	153.18	136.86
机械费（元）			11.20	11.20	11.20	11.20	11.20	11.20
名称		单位	数量					
人工	普通工	工日	0.2640	0.2640	0.2640	0.2640	0.2640	0.2640
	建筑技术工	工日	0.0660	0.0660	0.0660	0.0660	0.0660	0.0660
材料	普通硅酸盐水泥 32.5	t					0.1340	
	中砂	m^3	1.0300	1.0500	1.0700		1.1980	
	石灰膏	m^3	0.4500	0.4000	0.3600	1.0100	0.2100	1.0100
	麻刀	kg				14.6000		
	纸筋	kg						26.400
	水	t	0.6000	0.6000	0.6000	0.5000	0.5000	0.5000
机械	灰浆搅拌机 200L	台班	0.1370	0.1370	0.1370	0.1370	0.1370	0.1370

续表

单位：m^3

材料编号			4200040	4200041	4200042	4200043	4200044
项目			水泥膏浆				
			水泥膏	白水泥膏	白水泥浆	素水泥浆	素石膏浆
材料基价（元）			**701.85**	**1412.34**	**1150.85**	**568.95**	**1093.56**
人工费（元）			12.87	12.87	12.87	12.87	12.87
材料费（元）			677.78	1388.27	1126.78	544.88	1069.49
机械费（元）			11.20	11.20	11.20	11.20	11.20
名称		单位	数量				
人工	普通工	工日	0.2640	0.2640	0.2640	0.2640	0.2640
	建筑技术工	工日	0.0660	0.0660	0.0660	0.0660	0.0660
材料	普通硅酸盐水泥 32.5	t	1.8880			1.5170	
	白水泥	t		1.8880	1.5320		
	石膏粉	kg					867.0000
	水	t	0.5000	0.5000	0.5300	0.5300	0.6000
机械	灰浆搅拌机 200L	台班	0.1370	0.1370	0.1370	0.1370	0.1370

E-3

其他砂浆制备表

单位：m^3

材料编号			4200045	4200046	4200047	4200048	4200049
项目			水磨石子浆				
			1:1	1:1.25	1:1.5	1:2	1:2.5
材料基价（元）			**359.79**	**324.34**	**288.89**	**258.82**	**217.64**
人工费（元）			12.87	12.87	12.87	12.87	12.87
材料费（元）			335.72	300.27	264.82	234.75	193.57
机械费（元）			11.20	11.20	11.20	11.20	11.20
名称		单位	数量				
人工	普通工	工日	0.2640	0.2640	0.2640	0.2640	0.2640
	建筑技术工	工日	0.0660	0.0660	0.0660	0.0660	0.0660
材料	普通硅酸盐水泥 32.5	t	0.9340	0.8350	0.7360	0.6520	0.5370
	白石子	kg	1.1880	1.2960	1.4040	1.5580	1.6780
	水	t	0.3000	0.3000	0.3000	0.3000	0.3000
机械	灰浆搅拌机 200L	台班	0.1370	0.1370	0.1370	0.1370	0.1370

续表

单位：m^3

材料编号			4200050	4200051	4200052	4200053	4200054
项目			白水泥石子浆				
			1:1	1:1.25	1:1.5	1:2	1:2.5
材料基价（元）			**711.28**	**638.57**	**565.86**	**504.18**	**419.72**
人工费（元）			12.87	12.87	12.87	12.87	12.87
材料费（元）			687.21	614.50	541.79	480.11	395.65
机械费（元）			11.20	11.20	11.20	11.20	11.20
名称		单位	数量				
人工	普通工	工日	0.2640	0.2640	0.2640	0.2640	0.2640
	建筑技术工	工日	0.0660	0.0660	0.0660	0.0660	0.0660
材料	白水泥	t	0.9340	0.8350	0.7360	0.6520	0.5370
	白石子	kg	1.1880	1.2960	1.4040	1.5580	1.6780
	水	t	0.3000	0.3000	0.3000	0.3000	0.3000
机械	灰浆搅拌机 200L	台班	0.1370	0.1370	0.1370	0.1370	0.1370

续表

单位：m^3

材料编号			4200055	4200056	4200057
项目			TG 胶浆	TG 砂浆	水泥豆石浆
			1:1.5:4	1:0.2:6	
材料基价（元）			**618.36**	**312.7**	**574.49**
人工费（元）			12.87	12.87	12.87
材料费（元）			595.27	288.63	550.42
机械费（元）			10.22	11.20	11.20
名称		单位	数量		
人工	普通工	工日	0.2640	0.2640	0.2640
	建筑技术工	工日	0.0660	0.0660	0.0660
材料	普通硅酸盐水泥 32.5	t	0.3000	0.2640	1.1350
	胶浆 TG 胶浆	kg	200.0000	53.0000	
	中砂	m^3		1.0200	
	小豆石	m^3			0.6900
	水	t	0.7800	0.3000	0.3000
机械	灰浆搅拌机 200L	台班	0.1250	0.1370	0.1370

续表

单位：m^3

材料编号			4200058	4200059	4200060	4200061	4200062
项目			水玻璃耐酸砂浆			水玻璃耐酸胶泥	
			1:1.5:0.12:0.8	1:3:0.1:0.5	1:0.17:1.1:1:2.6	1:0.18:1.2:1.1	1:0.15:0.5:0.5
材料基价（元）			**2036.54**	**1830.29**	**2155.43**	**2180.46**	**2440.86**
人工费（元）			13.26	13.26	13.26	13.26	13.26
材料费（元）			2012.08	1805.83	2130.97	2156.00	2416.40
机械费（元）			11.20	11.20	11.20	11.20	11.20
名称		单位	数量				
人工	普通工	工日	0.2720	0.2720	0.2720	0.2720	0.2720
	建筑技术工	工日	0.0680	0.0680	0.0680	0.0680	0.0680
材料	水玻璃	kg	504.0000	338.0000	412.0000	636.0000	911.0000
	石英砂	kg	954.0000	1170.0000	1082.0000		
	石英粉	kg	630.0000	605.0000	458.0000	770.0000	460.0000
	铸石粉	kg			416.0000	708.0000	460.0000
	氟硅酸钠 98%	kg	75.3000	50.0000	70.0000	115.0000	137.0000
机械	灰浆搅拌机 200L	台班	0.1370	0.1370	0.1370	0.1370	0.1370

E-4

耐酸、防腐及特种砂浆制备表

单位：m^3

材料编号			4200063	4200064	4200065	4200066	4200067
项目			沥青砂浆	耐酸沥青砂浆		耐酸沥青胶泥	
			1:2:6	12:26:74	12:13:35	1:0.3:0.05	1:0.8:0.05
材料基价（元）			**1668.21**	**2367.05**	**2680.15**	**3819.3**	**3416.88**
人工费（元）			13.26	13.26	13.26	13.26	13.26
材料费（元）			1643.75	2342.59	2655.69	3794.84	3392.42
机械费（元）			11.20	11.20	11.20	11.20	11.20
名称		单位	数量				
人工	普通工	工日	0.2720	0.2720	0.2720	0.2720	0.2720
	建筑技术工	工日	0.0680	0.0680	0.0680	0.0680	0.0680
材料	中砂	m^3	1.0200				
	石英砂	kg		1547.0000	1239.0000		
	滑石粉	kg	530.0000				
	石英粉	kg		543.0000	460.0000	293.0000	665.0000
	石油沥青 30 号	kg	275.0000	280.0000	439.0000	1013.0000	862.0000
	石棉粉	kg				49.0000	42.0000
机械	灰浆搅拌机 200L	台班	0.1370	0.1370	0.1370	0.1370	0.1370

续表

单位：m^3

材料编号			4200068	4200069	4200070
项目			耐酸沥青胶泥		
			1:1:0.05	1:2:0.05	1:0.3
材料基价（元）			**3273.75**	**2795.45**	**4013.79**
人工费（元）			13.26	13.26	13.26
材料费（元）			3249.29	2770.99	3989.33
机械费（元）			11.20	11.20	11.20
名称		单位	数量		
人工	普通工	工日	0.2720	0.2720	0.2720
	建筑技术工	工日	0.0680	0.0680	0.0680
材料	石英粉	kg	783.0000	1220.0000	
	石油沥青 30 号	kg	810.0000	631.0000	1029.0000
	石棉粉	kg	39.0000	31.0000	299.0000
机械	灰浆搅拌机 200L	台班	0.1370	0.1370	0.1370

续表

单位：m^3

材 料 编 号			4200071	4200072	4200073	4200074
项 目			环氧树脂胶泥	酚醛树脂胶泥	环氧煤焦油砂浆	环氧酚醛胶泥
			1:0.1:0.08:2	1:0.06:0.08:1.8	0.1:2:4:0.04	0.7:0.3:0.06:0.05:1.7
材 料 基 价（元）			**17956.11**	**10248.6**	**6281.17**	**4695.03**
人 工 费 （元）			13.26	13.26	13.26	13.26
材 料 费 （元）			17931.65	10224.14	6256.71	4670.57
机 械 费 （元）			11.20	11.20	11.20	11.20
名 称		单位	数 量			
人工	普通工	工日	0.2720	0.2720	0.2720	0.2720
	建筑技术工	工日	0.0680	0.0680	0.0680	0.0680
材料	石英砂	kg			1310.0000	
	石英粉	kg	1294.0000	1158.0000	655.0000	1231.0000
	煤焦油	kg			166.0000	
	乙醇（酒精）工业用 99.5%	kg		39.0000		
	丙酮 95%	kg	65.0000		14.0000	29.0000
	乙二胺	kg	52.0000		14.0000	34.0000
	二甲苯	kg			33.0000	
	苯磺酰氯	kg		52.0000		
	环氧树脂 6101 号	kg	652.0000		165.0000	
	酚醛树脂	kg		649.0000		205.0000
机械	灰浆搅拌机 200L	台班	0.1370	0.1370	0.1370	0.1370

续表

单位：m^3

材料编号			4200075	4200076	4200077	4200078
项目			环氧呋喃胶泥	环氧煤焦油胶泥	硫磺胶泥	环氧树脂打底料
			0.7:0.3:0.06	0.5:0.5:0.04:2.2	6:4:0.15	1:1:0.07:0.15
材料基价（元）			**15137.63**	**9910.98**	**5865.15**	**36640.68**
人工费（元）			13.26	13.26	13.26	13.26
材料费（元）			15113.17	9886.52	5840.69	36616.22
机械费（元）			11.20	11.20	11.20	11.20
名称		单位	数量			
人工	普通工	工日	0.2720	0.2720	0.2720	0.2720
	建筑技术工	工日	0.0680	0.0680	0.0680	0.0680
材料	石英粉	kg	1190.0000	1337.0000	864.0000	175.0000
	硫化橡胶	kg			45.0000	
	煤焦油	kg		306.0000		
	丙酮 95%	kg		25.0000		1174.0000
	乙二胺	kg	35.0000	25.0000		82.0000
	二甲苯	kg		61.0000		
	硫磺粉	kg			1909.0000	
	环氧树脂 6101 号	kg	495.0000	308.0000		1174.0000
	呋喃树脂	kg	212.0000			
机械	灰浆搅拌机 200L	台班	0.1370	0.1370	0.1370	0.1370

续表

单位：m^3

材料编号			4200079	4200080	4200081
项目			耐酸沥青混凝土 中粒式	石油沥青混凝土	水玻璃耐酸混凝土
材料基价（元）			**1943.3**	**1190.21**	**1910.98**
人工费（元）			12.48	12.48	12.48
材料费（元）			1913.18	1160.09	1880.86
机械费（元）			17.64	17.64	17.64
名称		单位	数量		
人工	普通工	工日	0.2560	0.2560	0.2560
	建筑技术工	工日	0.0640	0.0640	0.0640
材料	水玻璃	kg			284.0000
	中砂	m^3		0.6500	
	石英砂	kg	854.0000		705.0000
	碎石 20～40	m^3		0.7800	
	石英石	kg	1067.0000		934.0000
	滑石粉	kg		427.0000	
	石英粉	kg	213.0000		259.0000
	铸石粉	kg			287.0000
	石油沥青 30 号	kg	187.0000	164.0000	
	氟硅酸钠 98%	kg			45.0000
机械	机动翻斗车 1t	台班	0.0800	0.0800	0.0800
	滚筒式混凝土搅拌机 400L	台班	0.0620	0.0620	0.0620

续表

单位：m^3

材料编号			4200082	4200083	4200084	4200085	4200086
项目			冷底子油（kg）		石油沥青马蹄脂	钢屑砂浆	重晶石砂浆
			3:7	5:5		1:0.3:1.5	1:4
材料基价（元）			**7.64**	**6.57**	**4101.93**	**2164.96**	**2776.06**
人工费（元）			0.04	0.04	13.26	13.26	13.26
材料费（元）			7.53	6.46	4077.47	2140.50	2751.60
机械费（元）			0.07	0.07	11.20	11.20	11.20
名称		单位	数量				
人工	普通工	工日	0.0008	0.0008	0.2720	0.2720	0.2720
	建筑技术工	工日	0.0002	0.0002	0.0680	0.0680	0.0680
材料	普通硅酸盐水泥 32.5	t				1.0850	0.4780
	中砂	m^3				0.2100	
	滑石粉	kg			255.0000		
	金属屑	kg				1650.0000	
	重晶石粉	t					1.9240
	石油沥青 30 号	kg	0.3200	0.5300	1058.0000		
	汽油 93 号	kg	0.7700	0.5500			
	水	t				0.4000	0.4000
机械	灰浆搅拌机 200L	台班			0.1370	0.1370	0.1370
	搅拌器	台班	0.0005	0.0005			

续表

单位：m^3

材料编号			4200087	4200088	4200089
项目			重晶石砂浆		膨胀水泥砂浆
			1:2:1	1:0.25:4	1:1
材料基价（元）			**1656.72**	**2647.87**	**1116.85**
人工费（元）			13.26	13.26	13.26
材料费（元）			1632.26	2623.41	1092.39
机械费（元）			11.20	11.20	11.20
名称		单位	数量		
人工	普通工	工日	0.2720	0.2720	0.2720
	建筑技术工	工日	0.0680	0.0680	0.0680
材料	普通硅酸盐水泥 32.5	t	0.5370	0.4580	
	膨胀水泥	t			0.8195
	中砂	m^3	0.4300		0.8081
	石灰膏	m^3		0.0970	
	重晶石粉	t	1.0530	1.8240	
	水	t	0.4000	0.4000	0.3000
机械	灰浆搅拌机 200L	台班	0.1370	0.1370	0.1370

E-5

绝热材料制备表

单位：m^3

材料编号			4200090	4200091	4200092	4200093	4200094
项目			水泥蛭石			水泥珍珠岩	
			1:8	1:10	1:12	1:8	1:10
材料基价（元）			**183.51**	**180.58**	**178.92**	**228.09**	**227.75**
人工费（元）			12.87	12.87	12.87	12.87	12.87
材料费（元）			159.44	156.51	154.85	204.02	203.68
机械费（元）			11.20	11.20	11.20	11.20	11.20
名称		单位	数量				
人工	普通工	工日	0.2640	0.2640	0.2640	0.2640	0.2640
	建筑技术工	工日	0.0660	0.0660	0.0660	0.0660	0.0660
材料	普通硅酸盐水泥 32.5	t	0.1750	0.1490	0.1310	0.1680	0.1430
	膨胀蛭石粉	m^3	1.2000	1.2800	1.3400		
	珍珠岩	m^3				1.1600	1.2300
	水	t	0.4000	0.4000	0.4000	0.4000	0.4000
机械	灰浆搅拌机 200L	台班	0.1370	0.1370	0.1370	0.1370	0.1370

续表

单位：m^3

材料编号			4200095	4200096	4200097
项目			水泥珍珠岩	水泥炉渣	陶粒混凝土
			1:12	1:06	
材料基价（元）			**230.28**	**166.65**	**560.43**
人工费（元）			12.87	12.48	12.48
材料费（元）			206.21	136.19	529.28
机械费（元）			11.20	17.98	18.67
名称		单位	数量		
人工	普通工	工日	0.2640	0.2560	0.2560
	建筑技术工	工日	0.0660	0.0640	0.0640
材料	普通硅酸盐水泥 32.5	t	0.1260	0.2100	0.3860
	中砂	m^3			0.6200
	陶粒	m^3			0.8930
	炉渣	m^3		1.2000	
	珍珠岩	m^3	1.3000		
	水	t	0.4000	0.2000	0.7350
机械	机动翻斗车 1t	台班		0.0800	0.0800
	滚筒式混凝土搅拌机 400L	台班		0.0650	0.0710
	灰浆搅拌机 200L	台班	0.1370		

E-6

灰土、三合土制备表

单位：m^3

材料编号			4200098	4200099	4200100	4200101	4200102
项目			灰土		碎石三合土		石棉水泥
			2:8	3:7	1:3:6	1:4:8	C25
材料基价（元）			**36.57**	**50.18**	**128.38**	**127.85**	**2544.84**
人工费（元）			1.95	1.95	3.12	3.12	12.87
材料费（元）			27.66	41.27	117.77	117.24	2520.77
机械费（元）			6.96	6.96	7.49	7.49	11.20
名称		单位	数量				
人工	普通工	工日	0.0400	0.0400	0.0640	0.0640	0.2640
	建筑技术工	工日	0.0100	0.0100	0.0160	0.0160	0.0660
材料	普通硅酸盐水泥 32.5	t					1.2600
	中砂	m^3			0.5200	0.5300	
	碎石 40	m^3			1.0300	1.0600	
	生石灰	kg	162.0000	243.0000	85.0000	66.0000	
	土综合	m^3	（1.3100）	（1.1500）			
	石棉绒	kg					540.0000
	水	t	0.2000	0.2000	0.3000	0.3000	0.4400
机械	履带式推土机 75kW	台班	0.0015	0.0015	0.0018	0.0018	
	轮胎式装载机 $1m^3$	台班	0.0020	0.0020	0.0026	0.0026	
	自卸汽车 8t	台班	0.0090	0.0090	0.0090	0.0090	
	灰浆搅拌机 200L	台班					0.1370
	刨毛机	台班	0.0018	0.0018	0.0018	0.0018	

附录 F　土石方松实系数表

土石方松实系数表

土石名称	自然密实体积	松散体积	密实后体积
土方	1	1.33	0.85
石方	1	1.53	1.31
砂	1	1.07	0.94
混合料	1	1.19	0.88
块方	1	1.75	1.43

附录 G　土壤及岩石（普氏）分类表

土壤及岩石（普氏）分类表

定额分类	普氏分类	土壤及岩石名称	天然湿度下平均容重（kg/m^3）	极限压碎强度（MPa）	用轻钻孔机钻进 1m 耗时（min）	开挖方法及工具	紧固系数
一类土壤	I	砂	1500			用尖锹开挖	0.5～0.6
		砂壤土	1600				
		腐殖土	1200				
		泥炭	600				
二类土壤	II	轻壤土和黄土类土	1600			用尖锹开挖并少数用镐开挖	0.6～0.8
		潮湿而松散的黄土，软的盐渍土和碱土	1600				
		平均 15mm 以内的松散而软的砾石	1700				
		含有草根的密实腐殖土	1400				
		含有直径在 30mm 以内根类的泥炭和腐殖土	1100				
		掺有卵石、碎石和石屑的砂和腐殖土	1650				
		含有卵石或碎石杂质的胶结成块的填土	1750				
		含有卵石、碎石和建筑料杂质的砂壤土	1900				

续表

定额分类	普氏分类	土壤及岩石名称	天然湿度下平均容重（kg/m^3）	极限压碎强度（MPa）	用轻钻孔机钻进1m耗时（min）	开挖方法及工具	紧固系数
三类土壤	Ⅲ	肥黏土其中包括石炭纪、侏罗纪的黏土和冰冻土	1800			用尖锹并同时用镐开挖（30%）	0.81～1.0
		重壤土、粗砾石，粒径为15～40mm的碎石和卵石	1750				
		干黄土和掺有碎石或卵石的自然含水量黄土	1790				
		含有直径大于30mm根类的腐殖土或泥炭	1400				
		掺有碎石或卵石和建筑料的土壤	1900				
四类土壤	Ⅳ	土含碎石重黏土，其中包括侏罗纪和石炭纪的硬黏土	1950			用尖锹并同时用镐和撬棍开挖（30%）	1.0～1.5
		含有碎石、卵石、建筑碎料和重达25kg的顽石（总体积10%以内）等杂质的肥黏土和重壤土	1950				
		冰碛黏土，含有重量在50kg以内的巨砾，其含量为总体积10%以内	2000				
		泥板岩	2000				
		不含或含有重量达10kg的顽石	1950				

续表

定额分类	普氏分类	土壤及岩石名称	天然湿度下平均容重（kg/m³）	极限压碎强度（MPa）	用轻钻孔机钻进1m耗时（min）	开挖方法及工具	紧固系数
松石	Ⅴ	含有重量在50%以内的巨砾（占体积10%以上）的冰碛石	2100	小于20	小于3.5	部分用手凿工具，部分用爆破来开挖	1.5～2.0
		矽藻岩和软白垩岩	1800				
		胶结力弱的砾岩	1900				
		各种不坚实的片岩	2600				
		石膏	2200				
次坚石	Ⅵ	凝灰岩和浮石	1100	20～40	3.5	用风镐的爆破法来开挖	2～4
		松软多孔和裂隙严重的石灰岩和介质石灰岩	1200				
		中等硬变的片岩	2700				
		中等硬变的泥灰岩	2300				
	Ⅶ	石灰石胶结的带有卵石和沉积岩的砾石	2200	40～60	6	用爆破方法开挖	4～6
		风化的和有大裂缝的黏土质砂岩	2000				
		坚实的泥岩	2800				
		坚实泥灰岩	2500				

续表

定额分类	普氏分类	土壤及岩石名称	天然湿度下平均容重（kg/m³）	极限压碎强度（MPa）	用轻钻孔机钻进1m耗时（min）	开挖方法及工具	紧固系数
次坚石	Ⅷ	砾质花岗岩	2300	60～80	8.5	用爆破方法开挖	6～8
		泥灰质石灰岩	2300				
		黏土质砂岩	2200				
		砂质云片岩	2300				
		硬石膏	2900				
普坚石	Ⅸ	严重分化的软弱的花岗岩、片麻岩和正长岩	2500	80～100	11.5	用爆破方法开挖	8～10
		滑石化的蛇纹岩	2400				
		致密的石灰岩	2500				
		含有卵石、沉积岩的渣质胶结的砾岩	2500				
		砂岩	2500				
		砂质石灰质片岩	2500				
		菱镁矿	3000				
	Ⅹ	白云山	2700	100～120	15	用爆破方法开挖	10～12
		坚固的石灰岩	2700				
		大理石	2700				

续表

定额分类	普氏分类	土壤及岩石名称	天然湿度下平均容重（kg/m³）	极限压碎强度（MPa）	用轻钻孔机钻进1m耗时（min）	开挖方法及工具	紧固系数
普坚石	X	石灰岩质胶结的致密砾石	2600	100～120	15	用爆破方法开挖	10～12
		坚固砂质片岩	2600				
特坚石	XI	粗花岗岩	2800	120～140	18.5	用爆破方法开挖	12～14
		非常坚硬的白云岩	2900				
		蛇纹岩	2600				
		石灰质胶结的含有火成岩之卵石的砾石	2800				
		石英胶结的坚固砂岩	2700				
		粗粒正长岩	2700				
	XII	具有风化痕迹的安山岩和玄武岩	2700	140～160	22	用爆破方法开挖	14～16
		片麻岩	2600				
		非常坚固的石炭岩	2900				
		硅质胶结的含有火成岩之卵石的砾岩	2900				
		粗石岩	2600				
	XIII	中粒花岗岩	3100	160～180	27.5	用爆破方法开挖	16～18
		坚固的片麻岩	2800				

续表

<table>
<tr><th>定额分类</th><th>普氏分类</th><th>土壤及岩石名称</th><th>天然湿度下平均容重（kg/m³）</th><th>极限压碎强度（MPa）</th><th>用轻钻孔机钻进1m耗时（min）</th><th>开挖方法及工具</th><th>紧固系数</th></tr>
<tr><td rowspan="14">特坚石</td><td rowspan="4">XIII</td><td>辉绿岩</td><td>2700</td><td rowspan="4">160～180</td><td rowspan="4">27.5</td><td rowspan="4">用爆破方法开挖</td><td rowspan="4">16～18</td></tr>
<tr><td>玢岩</td><td>2500</td></tr>
<tr><td>坚固的粗面岩</td><td>2800</td></tr>
<tr><td>中粒正长岩</td><td>2800</td></tr>
<tr><td rowspan="5">XIV</td><td>非常坚硬的细粒花岗岩</td><td>3300</td><td rowspan="5">180～200</td><td rowspan="5">32.5</td><td rowspan="5">用爆破方法开挖</td><td rowspan="5">18～20</td></tr>
<tr><td>花岗岩麻岩</td><td>2900</td></tr>
<tr><td>闪长岩</td><td>2900</td></tr>
<tr><td>高硬度的石灰岩</td><td>3100</td></tr>
<tr><td>坚固的玢岩</td><td>2700</td></tr>
<tr><td rowspan="3">XV</td><td>安山岩、玄武岩、坚固的角页岩</td><td>3100</td><td rowspan="3">200～250</td><td rowspan="3">46</td><td rowspan="3">用爆破方法开挖</td><td rowspan="3">20～25</td></tr>
<tr><td>高硬度的辉绿岩和闪长岩</td><td>2900</td></tr>
<tr><td>坚固的辉长岩和石英岩</td><td>2800</td></tr>
<tr><td rowspan="2">XVI</td><td>拉长玄武岩和橄榄玄武岩</td><td>3300</td><td rowspan="2">＞250</td><td rowspan="2">＞60</td><td rowspan="2">用爆破方法开挖</td><td rowspan="2">＞25</td></tr>
<tr><td>特别坚固的辉长辉绿岩、石英石和玢岩</td><td>3000</td></tr>
</table>

附录 H　打桩土质鉴别表

打桩土质鉴别表

内容		土壤级别	
		一级土	二级土
砂夹层	砂层连续厚度	<1m	>1m
	砂层中卵石含量		<15%
物理性能	压缩系数	>0.02	<0.02
	孔隙比	>0.70	<0.70
力学性能	静力触探值	<50	>50
	动力触探系数（n）	<12	>12
每米纯沉桩时间平均值		<2min	>2min
说明		桩经外力作用较易沉入的土。土壤中夹有较薄的砂层	桩经外力作用较难沉入的土，土壤中夹有不超过 3m 的连续厚度砂层